Le tragique

Anthologie constituée
et lecture
accompagnée par
Dinah Ribard
agrégée de lettres modernes,
professeur au lycée Jacques Feyder à Épinay
et Alain Viala
chaire de Littérature française
Université d'Oxford/Université de Paris III

La bibliothèque Gallimard

Florilège

« Lourd est le joug de la nécessité. » (Euripide)

« Je vois ma ville s'effondrer
De nouveaux enterrements
De nouvelles pleureuses défilent sans fin
Je vois mon peuple s'enliser dans la mort
Et je reste là
Spectateur invulnérable. » (Sénèque)

« D'un incurable amour remèdes impuissants !
En vain sur les autels ma main brûlait l'encens [...] » (Racine)

« Je ne sais si vous êtes comme moi ; mais moi dans la Tragédie, la pharaonne qui se suicide me dit espoir, le maréchal qui trahit me dit foi, le duc qui assassine me dit tendresse. C'est une entreprise d'amour la cruauté... Pardon, je veux dire la Tragédie. » (Jean Giraudoux)

« C'est propre, la tragédie. C'est reposant, c'est sûr... Dans le drame, avec ces traîtres, ces méchants acharnés, cette innocence persécutée, ces vengeurs, ces terre-neuve, ces lueurs d'espoir, cela devient épouvantable de mourir, comme un accident. » (Jean Anouilh)

« La fin est dans le commencement et cependant on continue. » (Samuel Beckett)

« Le monde est ce qu'il est : irrémédiablement tragique. Projets grandioses, résultats Laurel et Hardy. » (Patrick Declerck)

Ouvertures

Ce que des mots veulent dire

Tragique et tragédie

Le tragique au-delà de la tragédie – Les mots de « tragique » et de « tragédie » sont d'usage courant. Ils s'emploient pour désigner un genre littéraire et ce qui le caractérise. Chacun sait plus ou moins clairement de quoi il s'agit : une catégorie de pièces de théâtre qui représentent des événements funestes dans un style élevé. Mais ces mots qualifient également des événements, des situations : d'une guerre, d'un accident, d'un attentat, d'une maladie incurable, on dit couramment qu'il y a là des « moments tragiques », des « circonstances tragiques »…

Cet ouvrage se propose d'explorer tous les sens de ces mots, tout ce qu'ils peuvent « vouloir dire ». Le seul fait de les utiliser donne des indications sur ce que celui ou celle qui les emploie veut dire, ou dit sans vraiment le souhaiter. Car, à première vue, devant un carnage provoqué par un chauffard, un « tragique accident » – autre expression très fréquente – on pourra déplorer la « mort tragique » des victimes, dire que les familles ainsi frappées « vivent une tragédie » sans qu'il n'y ait en rien théâtre, ni *a fortiori* style élevé. La question qui se pose est alors celle de ce qui reste des emplois premiers et précis de ces mots dans ces autres acceptions en quelque sorte banalisées, et, inversement, ce que cette banalisation dit sur le théâtre, et sur la littérature. Car s'il y a du tragique en dehors de la littérature comme dans celle-ci, il y en a au théâtre mais aussi en dehors du théâtre. Enfin, au théâtre, il y a des moments tragiques dans des pièces qui ne sont pas des tragédies. Il s'agit donc ici d'observer les rapports entre des termes littéraires dans leur diversité et ces mêmes termes lorsqu'ils renvoient à des manières de comprendre le réel.

Les mots et les choses – Ces différents emplois des mêmes mots réfèrent à des « choses » de statuts différents : des événements, une œuvre théâtrale, un sentiment... Le seul fait de qualifier une situation de « tragique » signifie que l'on adopte, fût-ce inconsciemment, un point de vue, celui des victimes, ou plus précisément le point de vue de quelqu'un qui ressentirait une émotion de pitié devant ce qui leur arrive. Inversement, une expression comme « Oh, ne prends pas ça au tragique ! » indique un refus des manifestations d'angoisse et d'horreur, un rejet du langage fort, des cris ou des pleurs comme en ont des personnages de tragédie. Ainsi, affronter les mots, c'est aussi affronter des jugements, dans leur diversité, et même leurs oppositions : on verra ce que ces mots portent avec eux, ce qu'ils nous font dire, que nous le voulions ou non, que nous en soyons ou non conscients, dès que nous les prononçons ou les écrivons.

Variations sur le tragique : trois regards actuels

Si les mots de « tragédie » et de « tragique » sont d'usage courant mais sont employés, dans cet usage courant, en des sens divers, un premier pas dans l'exploration de ce qu'ils recouvrent consiste à en déployer les nuances. Les trois textes contemporains qui suivent sont issus respectivement du billet d'humeur d'un quotidien, *Le Monde*, d'un article publié par un philosophe italien dans une revue à vocation littéraire, *Europe*, et du livre d'un psychanalyste sur les clochards de Paris et de sa région. Ils témoignent de l'omniprésence, voire de la banalité de la catégorie du tragique, utilisée pour qualifier des choses très diverses d'une manière assez floue.

L'impuissance face au malheur – Dans le texte qui suit, le plus éloigné de la référence littéraire, le mot « tragique » apparaît trois fois, toujours comme substantif. Il résume la présence dans la vie quotidienne de menaces mortelles et du sentiment de peur qu'elles engendrent. Un mois après les attentats du 11 septembre 2001, Pierre Georges avait

Dans les décombres du World Trade Center, les pompiers tentent de retrouver des survivants. Les événements du 11 septembre 2001 ont été qualifiés de tragiques.

choisi de plaisanter dans son « billet d'humeur » du *Monde*. Des lecteurs le lui reprochèrent ; il s'en explique :

« [...] Tout lâchage de vapeur, quand la pression devient trop forte, pourra être considéré comme une atteinte au tragique sécuritaire de l'époque. Et punie comme telle d'un retour de courrier [...] Monsieur, comment osez-vous ? Tant et de si nécessiteuse désinvolture ? [...]

Et pourtant il le faut. Sourire encore. Moquer toujours. Faire le pied de nez au tragique. User malgré tout, et contre toute convenance, de cette faculté de l'homme de retomber sur ses pieds, sur ses rires, pour desserrer un peu l'étau. En un mot, faire front à l'anxiété générale avec le seul missile qui nous reste et des plus aimables celui-là : le rire, propre de l'homme.

Car sinon, gare. Si vous voulez une ration supplémentaire de tragique, tout l'arsenal est à disposition. Ne respirez plus l'air-bacille. Ne buvez plus, eau empoisonnée. Ne vivez plus, ne volez plus, ne sortez plus, n'enfantez plus, attentats en stock ! Surveillez votre voisin, votre courrier, l'étranger, ses paquets, sa barbe, méfiez-vous de tout et partout dorénavant.

Serait-ce, est-ce une vie ? Évidemment, non. Tout juste la victoire de ceux qui voudraient précisément que notre vie ne soit plus une vie [...] »

(Pierre Georges, « Le Homard et le Spectre »,
Le Monde, 19 octobre 2001.)

Ces menaces tiennent à l'action politique, puisque le texte fait référence avant tout au terrorisme ; elles tiennent aussi, plus largement, à la pollution (« l'air-bacille » – référence à des attentats passant par la diffusion du virus d'une maladie mortelle – et l'« eau empoisonnée » font allusion à ces deux types de dangers). Mais le tragique réside aussi dans la manière qu'a « l'époque » de comprendre ces menaces, donc dans les réactions des humains : la peur, la méfiance, et plus encore le sentiment que, l'univers étant dangereux, il convient d'avoir une attitude de déploration.

Dans de tels emplois, « tragique » renvoie donc à la fois aux choses (les événements, l'environnement) et aux façons de les penser et d'y réagir (les sentiments des humains). En constatant l'omniprésence des menaces, Pierre Georges révèle et dénonce l'obsession générale qu'elles suscitent. Le tragique, par opposition à l'humour, désigne ici une manière de vivre un moment historique – en l'occurrence notre présent – dans la passivité, dans un sentiment d'impuissance face aux malheurs : accepter de vivre l'histoire comme tragique, c'est renoncer à en être un acteur, c'est-à-dire aussi à être l'acteur de sa propre vie.

« Une tragédie est toujours une action » – Le texte suivant envisage une perception commune de l'histoire du XXe siècle comme tragique – le mot renvoyant ici au sentiment éprouvé par les hommes de notre temps face à la Shoah – et ses effets sur l'histoire du théâtre, plus précisément sur la relecture des tragédies antiques.

« Auschwitz négation de la tragédie, ou, au contraire, Auschwitz accomplissement du tragique de notre temps ? Mais qu'entend-on au juste par tragique et par tragédie ? Qu'est-ce qui nous pousse à invoquer un archétype aussi éloigné ? Si nous re-*parcourons* le chemin de la réflexion sur ce thème au cours de la première moitié de notre siècle, nous nous apercevons que tragique et tragédie ont été progressivement séparés l'un de l'autre [...].

On peut constater que les définitions courantes du tragique finissent par influencer ceux qui travaillent à l'exégèse de la tragédie antique, leur imposant assez souvent l'application de leurs abstraites catégorisations. Comment sortir alors de cette impasse ? Nous réclamer d'une illusoire et inefficace neutralité philologique, ou bien tenter, avec les yeux de notre temps, de nous réapproprier d'une façon ou d'une autre le tragique de la tragédie ? Une tragédie est toujours une action, pas une réflexion abstraite sur la condition humaine. Une action, c'est-à-dire une histoire, la narration d'événements dont l'enchaînement a un sens. »

(Diego Lanza, *De l'émotion tragique, aujourd'hui*
in *Europe*, n° 837-838, « Les Tragiques grecs »,
janv.-févr. 1999)

Pour Diego Lanza, le fait que les émotions suscitées par la réalité historique puissent se dire en utilisant des mots qui renvoient au théâtre modifie en retour l'émotion théâtrale, ou plus précisément les interprétations des tragédies antiques faites au XXe siècle.

Les luttes de héros dérisoires – Dans un livre qui relate son compagnonnage avec les clochards, Patrick Declerck met en scène des héros dérisoires – lui compris, dans son impuissance à les soigner – et il décrit leur univers fait de ruines et d'échecs, tout comme leur comportement grandiose dans l'échec même. Dans une partie de son ouvrage, il rassemble en une série de récits frappants les comportements des clochards observés à Nanterre, où ils lui étaient envoyés en consultation. La passivité, l'acceptation du malheur que Pierre Georges dénonce dans une certaine vision tragique de l'existence et de l'histoire sont ici complétées, voire contredites par une attitude de lutte acharnée au sein de ce malheur. Mais cette lutte est aussi, en raison de son décalage avec le réel, le signe même de ce malheur. Le tragique renverrait donc aux sentiments qu'éveille le combat nécessairement voué à la défaite contre des choses qui nous dépassent :

« Une scène à Nanterre, sorte de parabole, reste pour moi emblématique du monde des clochards et de ses ambiguïtés.

[...] C'était un vieillard, assis, les jambes étendues et écartées. Nu. Le pantalon tire-bouchonné sur les chevilles. Aux pieds, des chaussures confites de crasse. [...]

Sous ses cheveux en pluie, il fixait quelque chose. Ivre de concentration, il [...] tenait sous son nez, bien serrée dans sa main gauche, une poignée de ses excréments qu'il tentait de laver à l'aide d'une parcelle de savon qu'il avait trouvée par terre [...]. Il s'appliquait, méthodique et follement sérieux, saisi d'une improbable et tardive volonté de pureté. Héroïque aussi, un peu...

Le monde est ce qu'il est : irrémédiablement tragique. Projets grandioses, résultats Laurel et Hardy. Bref, ça ne marchait pas bien fort... C'est que l'eau dissout et son bel ouvrage s'en allait en rigoles. [...] Il luttait le vieux [...] Il haletait de rage, d'effort et de dépit. [...] Tout enrobé d'un lourd silence... Celui des soirs de Waterloo et de toutes les batailles perdues.

[...] Ce patient, ce « Monsieur », ce fou dangereux, je le vois finalement. [...] Je feuillette le dossier. Les graviers [qu'il ramasse par terre] l'absorbent entièrement. [...] Ils roulent, déboulent, s'éparpillent partout. Sous les chaises, le bureau... Il court après. Rassemble, appliqué et sévère. [...] Ces graviers, il en fait des petits tas. Veut les organiser. [...] Hybris*. Tragique inévitable. Ça ne marche pas. Ça ne peut pas marcher. Ça échappe. Ça refuse. Se moque. Se rit de lui. Il fronce un peu le sourcil, se concentre. Battu et admirable. Tout tombe. [...] On le sent un peu triste, résigné. Mais les choses vont trop loin, il faut s'en séparer. Adieu chers cailloux. À la poubelle, un à un, deux à deux, pas plus. Consciencieux. »

(Patrick Declerck, *Les Naufragés. Avec les clochards de Paris,* Paris, Plon, coll. « Terre humaine », 2001)

* Les mots signalés par un astérisque sont définis dans le glossaire.

Ici, le rapport à l'histoire s'atténue – reste, cependant, l'allusion à Waterloo et à « toutes les batailles perdues » – tandis que la référence à des traits considérés comme caractéristiques du genre de la tragédie, à travers l'usage du terme grec *hybris* qui désigne la démesure dont sont à la fois coupables et victimes les héros des tragédies antiques, se fait très présente.

Les trois textes que nous venons de lire font jouer selon des modalités diverses la référence à ce que l'histoire littéraire dit de la tragédie, en particulier de la tragédie grecque, et le sens commun du mot « tragique ». Celui-ci apparaît ainsi comme renvoyant à quelque chose de triste, de funeste, de mortifère, et plus précisément mais aussi plus obscurément, à quelque chose qui implique des forces dépassant l'individu.

Rétrospective

Le mot « tragique » semble donc désigner toutes les formes du sentiment de peur et de désolation que les dangers et les malheurs du monde peuvent susciter, dans la mesure où les motifs de la peur et de la désolation dépassent celui qui les éprouve. Il s'agit de choses trop fondamentales, trop vastes, trop universelles en quelque sorte, pour pouvoir être combattues par des actions efficaces. Dès lors, deux sortes de remarques peuvent être faites.

Une « histoire tragique » sous l'Ancien Régime – La première est suggérée par le texte de Pierre Georges. En soulignant qu'il peut y avoir un abus du mot et du sentiment tragique, il indique que ce sentiment n'est pas mécaniquement déterminé par les événements, qu'il est de l'ordre du choix et qu'on peut décider de réagir autrement aux mêmes circonstances.

Or ces réactions sont culturellement déterminées, ou du moins culturellement orientées : elles ont elles-mêmes une histoire. Ainsi, dans la France de l'Ancien Régime, l'expression « histoire tragique* » désigne les très nombreux récits de faits divers présentés comme authentiques qui pouvaient être publiés sous la forme de textes d'information, gazettes ou occasionnels, ou en recueils de nouvelles. Mais ces récits ne se terminent pas forcément mal : l'impuissance humaine y apparaît aussi bien dans le bonheur que dans le malheur. Ainsi l'anonyme

Histoire d'Hélène Gillet, ou Relation d'un événement extraordinaire et tragique, survenu à Dijon, parue dans le *Mercure français* en 1625, raconte l'histoire d'une jeune fille noble condamnée pour infanticide, mais dont l'exécution avait été ratée par le bourreau de Dijon, lequel avait été par la suite lynché par la foule. Le récit s'achève sur la grâce accordée par le roi à la jeune fille. L'important, ici, n'est pas la fin funeste, mais le renversement de situation qui démontre à tous l'impuissance humaine et la puissance de Dieu. La conclusion du *Mercure français* est très explicite à cet égard :

« Voilà la fin de cette tragique histoire, en laquelle il faut croire que les juges avaient prononcé selon leurs consciences, mais Dieu en avait disposé d'autre façon. »

Un tel événement ne serait pas aujourd'hui qualifié de tragique. L'usage de ce terme semble donc impliquer une mise en doute du contrôle des hommes sur leurs actes et sur leur vie, un questionnement sur la responsabilité et l'irresponsabilité humaine. Mais il faut aussitôt souligner que l'interprétation de cette mise en doute a beaucoup varié. Retenons donc que le tragique a à voir avec l'histoire, qu'il propose un regard sur ce qui fait l'histoire, c'est-à-dire l'action des hommes, et que ce regard sur l'histoire est lui-même historiquement déterminé.

Les leçons d'un dictionnaire classique – Notre seconde remarque concerne l'extension possible de l'usage des mots « tragique » et « tragédie », qui n'a pas forcément pour origine la perte ou l'oubli de leur lien avec le théâtre. Pierre Georges, par exemple, ne le mentionne pas. Mais ce n'est pas seulement parce que ces termes auraient cessé pour nous de renvoyer purement et simplement au genre de la tragédie qu'ils s'en trouveraient affectés par un processus de banalisation. En effet, l'usage non générique du terme « tragique », mais aussi du terme « tragédie », est attesté dans les premiers dictionnaires de la langue française, c'est-à-dire dès le XVIIe siècle. Furetière, l'auteur du *Dictionnaire universel* (1690), retient pour sa part l'idée de fin malheureuse et funeste, et propose plusieurs définitions des deux mots :

« **Tragédie**. S. f. Poème dramatique, qui représente sur le théâtre quelque action signalée de personnages illustres, laquelle souvent a une issue funeste. Les Tragédies de Sophocle, d'Euripide, de Sénèque, de Corneille. La tragédie est un des grands efforts de la Poésie.

Tragédie, se dit aussi d'un événement, d'une histoire, ou même d'une action funeste, cruelle, sanglante. Les hérésies causent à la fin quelque révolte, quelque ***tragédie*** dans un État. Les jalousies des Princes finissent souvent en ***tragédies***.

Tragique. Adj. Qui appartient à la Tragédie, qui est funeste, sanglant. Ainsi Euripide répondit fort bien au Roy Archelaüs, qui voulait qu'il écrivît de lui une Tragédie : *Ne plaise aux Dieux*, dit-il, *qu'il vous puisse arriver quelque chose qui soit propre au Poème* ***tragique***. Histoire ***tragique*** et pitoyable. Un Poète ***tragique***, qui a fait des Tragédies. Ceux qui ont Saturne en la Maison de la Mort, sont menacés d'une fin violente et ***tragique***. »

Tragique et tragédie : une dualité ancienne – On le voit, si la première définition de « tragédie » est consacrée au genre théâtral, dans la seconde et dans les exemples qui suivent celle de « tragique », ces mots dépassent ce seul domaine. De plus, l'idée qu'au théâtre même le tragique est distinct de la tragédie (comme genre) ne date pas du XXe siècle, contrairement à ce que semble affirmer Diego Lanza. Ainsi la *Poétique* d'Aristote contient une remarque sur le fait qu'Euripide serait « le plus tragique des poètes » (*Poétique* 53 a 34), qui a été interprétée de manières très diverses. Si elle peut signifier qu'Euripide est de tous les poètes celui qui se rapproche le plus dans ses tragédies des critères techniques définis par le philosophe, elle peut aussi, et plus vraisemblablement, renvoyer à l'idée d'un caractère plus ou moins tragique de pièces qui sont toutes formellement des tragédies. Cette dualité ne s'est pas effacée au cours du temps, mais s'est au contraire confirmée. On en retrouve par exemple un témoignage chez un auteur du XVIIIe siècle, le comte de Lauraguais, auteur d'une *Jocaste* – c'est-à-dire d'une tragédie consacrée à l'histoire d'Œdipe* – publiée en 1781. Il dit très nettement que le tragique n'est pas fondamentalement de nature théâtrale lorsqu'il parle des invraisemblances de l'*Œdipe roi* de

Sophocle, qui selon lui « donnent un caractère si artificiel à son action, qu'elle ne paraît dramatique, que parce qu'elle est tragique ». Pour Lauraguais, le caractère tragique du destin* d'Œdipe dissimule le fait que la pièce, réduite à une enquête, est complètement statique. Le tragique, ici, est bien du côté des émotions ressenties – par le public, puisqu'il s'agit de théâtre – et non du genre. Même si ce public est habitué à ce que les tragédies soient tragiques, et croit donc voir une pièce qui appartient au genre dramatique de la tragédie quand il voit une pièce où les personnages subissent des événements tragiques, les deux éléments sont en réalité pour Lauraguais de nature différente. La question de la différence entre « tragique » et « tragédie » mérite donc d'être examinée en elle-même.

La tragédie : tentative de définition

Un genre rigide ?

Règles et transgressions – La tragédie, comme genre théâtral, semble avoir reçu des définitions plus précises et plus techniques que le tragique. Elle a été très tôt théorisée, puisque dès le IVe siècle avant J.-C. Aristote en fait l'un des sujets centraux de sa *Poétique*. On sait également que la tragédie dite « classique » est un genre codifié par des règles inspirées de cette *Poétique* : en France – mais sur ce point la France a servi de modèle à de nombreux auteurs européens – le mot désigne une pièce en cinq actes et en vers alexandrins, écrite dans un style soutenu, qui retrace, en obéissant à un certain nombre de contraintes (les trois unités de temps, de lieu et d'action), une histoire malheureuse (quoique pouvant se terminer bien) dont les personnages sont des figures marquantes de l'histoire ou de la mythologie. Mais cette précision ne doit pas masquer le fait que le genre de la tragédie est plus souple que ces critères ne semblent le laisser penser. Avant ou en même temps qu'apparaissait ce type de tragédies codifiées, certains ne satisfaisaient pas à cette norme – Shakespeare, par exemple. Définir le genre est donc plus complexe qu'il n'y paraît. En témoignent les deux textes suivants, dus l'un à Aristote et l'autre à un auteur considéré comme « classique » du XVIIe siècle français, Racine.

La représentation d'une action noble – Retraçant l'histoire de la poésie, Aristote affirme qu'elle « se divisa suivant les caractères propres de chacun : les auteurs graves représentaient des actions de qualité accomplies par des hommes de qualité, les auteurs plus légers celles d'hommes bas, en composant d'abord des blâmes comme les autres composaient des hymnes et des éloges ». Ainsi, dit-il, la tragédie « est née, au début, de l'improvisation (la tragédie elle-même et tout aussi bien la comédie : l'une vient de ceux qui conduisaient le dithyrambe, l'autre de ceux qui conduisaient les chants phalliques qui sont encore

Le masque tragique tel que le théâtre antique l'a défini : une expression de sidération.

en usage aujourd'hui dans nombre de cités) ; puis la tragédie s'épanouit peu à peu, les auteurs développant tout ce qui se faisait jour en elle ; enfin, après de multiples transformations, elle se fixa lorsqu'elle eut atteint sa pleine maturité ». Mais cette maturité même a marqué une évolution : « En outre, pour ce qui est de l'ampleur, délaissant les histoires brèves et l'expression comique qu'elle tenait de son origine satyrique, la tragédie prit, sur le tard, de la gravité – et le mètre iambique remplaça le tétramètre. » Enfin, il donne la définition synthétique suivante :

« La tragédie est la représentation d'une action noble, menée jusqu'à son terme et ayant une certaine étendue, au moyen d'un langage relevé d'assaisonnements d'espèces variées, utilisés séparément selon les parties de l'œuvre ; la représentation est mise en œuvre par les personnages et n'a pas recours à la narration ; et, en représentant la pitié et la frayeur, elle réalise une épuration de ce genre d'émotions. »

(Aristote, *La Poétique*, éd. et trad. R. Dupont-Roc et J. Lallot, Paris, Seuil, 1980)

« Ce n'est point une nécessité qu'il y ait du sang et des morts… » – Pour présenter et justifier sa tragédie *Bérénice*, Racine en expose le sujet et en vante la simplicité. Il explique que certes ses personnages ne meurent pas à la fin, puisque toute l'histoire est celle de la séparation de Titus et de Bérénice alors qu'ils s'aiment. Mais, ajoute-t-il à propos du personnage de Bérénice :

« À cela près, le dernier adieu qu'elle dit à Titus, et l'effort qu'elle fait pour s'en séparer, n'est pas le moins tragique de la pièce, et j'ose dire qu'il renouvelle assez bien dans le cœur des spectateurs l'émotion que le reste y avait pu exciter. Ce n'est point une nécessité qu'il y ait du sang et des morts dans une tragédie ; il suffit que l'action en soit grande, que les acteurs en soient héroïques, que les passions y soient excitées, et que tout s'y ressente de cette tristesse majestueuse qui fait tout le plaisir de la tragédie. »

(*Préface* de *Bérénice*,1670, éd. 1671)

Émotions

La « tristesse majestueuse » – Des deux textes que nous venons de citer, nous pouvons extraire des éléments de définition de la tragédie qui se complètent mutuellement. Aristote, qui définit la tragédie d'abord par son caractère théâtral, la distingue de l'épopée, genre narratif qui raconte. La tragédie est un **genre dramatique**, qui représente des actions sur la scène. Sont également précisés un type de sujet, de personnages et un registre de langage : des **actions nobles** accomplies par des **personnages héroïques** et exprimées dans un **langage relevé**. L'ensemble doit produire un certain ordre d'émotions : la **pitié*** et la **frayeur**, en fonction d'un but, **l'épuration** (ou la catharsis*) de ces **passions***, qui est un moyen de les limiter, d'en éviter l'excès chez les spectateurs une fois qu'ils sont sortis du théâtre. Racine reprend certains éléments de cette définition : il souligne que les personnages doivent être « héroïques », l'action « grande » et les passions « excitées ». Mais il spécifie plus précisément qu'Aristote que l'action tragique n'est pas obligatoirement mortelle (« ce n'est point une nécessité qu'il y ait du sang et des morts dans une tragédie »), et que *l'émotion* qu'il s'agit d'éveiller chez les spectateurs et qui leur donne du *plaisir* est plutôt une « *tristesse majestueuse* » que la terreur : la grandeur, la dignité dans le chagrin constitue une attitude montrée sur scène et induite chez les spectateurs.

Compassion et distance – Ce qui se modifie et s'affirme d'Aristote à Racine montre que la tragédie se définit non seulement par des contenus (un type de sujet traité d'une certaine manière), mais aussi par une attitude, une catégorie d'émotions, de réactions attendues de la part du public devant des événements tristes qui adviennent à des personnages nobles. Une forme d'expression – un langage « relevé » – est de la sorte en correspondance avec un type d'émotions. Ces émotions sont caractérisées de manière assez souple : signalons qu'à partir du couple « frayeur et pitié » dégagé par Aristote, c'est la pitié, qualifiée de manières diverses, qui tend à dominer au cours de l'histoire du genre et de ses théorisations. Mais ces émotions exigent toujours de la part du spectateur un mouvement de participation à ce que vivent des personnages, qui sont dans le même temps clairement et fortement distingués de lui. Ce sont les modalités de cette combinaison de compassion – le partage des sentiments de celui qui souffre – et de distance qui déterminent les effets moraux du spectacle tragique. Ces modalités n'ont pas cessé d'être rediscutées au cours de l'histoire du genre.

Par exemple, l'effet de compassion excessive avait motivé l'interdiction, au Vᵉ siècle avant J.-C., de la représentation d'une tragédie sur la prise de Milet : cette ville alliée d'Athènes venait d'être conquise par les Perses, aussi les autorités athéniennes y virent-elles le rappel d'événements trop proches et trop douloureux pour leurs concitoyens. Mais à l'inverse, l'effet de distance, l'absence d'émotion provoquée par les malheurs de princes guindés trop différents des spectateurs, sont au centre des critiques qui s'élèvent contre la tragédie française classique à la fin du XVIIIᵉ et au début du XIXᵉ siècle.

La réception – Ces éléments de définition du genre par les émotions qu'il vise à produire ont intégré au cours du temps la culture et donc trouvent un écho dans la perception du public. Voici par exemple le témoignage de quelqu'un qui n'est ni un théoricien ni un auteur dramatique, mais un spectateur autodidacte, et qui de plus écrit au XIXᵉ siècle, c'est-à-dire à un moment où les genres théâtraux se sont beaucoup diversifiés, où l'on continue à produire des tragédies mais où celles-ci sont en concurrence avec des drames et des mélodrames*. Dans ses *Mémoires d'un compagnon* (1854-1855), Agricol Perdiguier raconte comment, dans son tour de France d'artisan, il a pris goût au théâtre, et tout particulièrement aux tragédies. Il donne sur ce goût deux indications. La première associe, dans la tragédie, l'historique et le sombre ou le pathétique :

« Les pièces pour lesquelles j'avais le plus de passion, c'étaient les tragédies. Il me semblait qu'il y avait là quelque chose d'historique, et je voulais apprendre l'histoire. Je vis représenter *Othello*, *Hamlet*, *Mérope*, *Œdipe*, *Jeanne d'Arc*, *Marie Stuart*, *Léonidas*, *Rienzi*, *Tancrède*, *Zaïre*. J'aimais le sombre, le terrible, le pathétique. Tout trait de générosité, de piété filiale, m'impressionnait et trempait mes yeux de douces larmes. »

La deuxième indication concerne le caractère héroïque des personnages : il est devenu moins important pour lui comme pour ses contemporains :

« Nous aimions surtout les pièces sombres, terribles ; et, je le déclare, plus il y avait de morts à la fin d'une tragédie, plus nous la trouvions sublime, magnifique, parfaite. »

Les émotions identifiées par Aristote, pitié et terreur, sont ici reconnaissables dans les réactions d'un spectateur, tandis que la perception du type de sujet propre à la tragédie s'est modifiée par rapport à celle qui avait cours à l'âge classique. Les personnages nobles et héroïques sont maintenant perçus comme des personnages historiques : leur distance sociale avec les spectateurs s'explique par leur qualité d'acteurs de l'histoire. Ainsi, en deçà des définitions techniques, la tragédie apparaît comme le genre qui émeut en montrant aux spectateurs des sujets « sombres et terribles » mais éloignés d'eux, et par là même impressionnants. Mais il ne faut pas exclure l'éventualité d'une reconstitution par Perdiguier des émotions qu'il a autrefois éprouvées à la lumière de connaissances acquises depuis. Son goût pour les morts nombreuses – ainsi que les titres qu'il cite – semble attester d'une possible confusion entre la tragédie et le drame, voire le mélodrame*, qui indiquerait qu'il ne maîtrise pas très bien la culture lettrée.

Tragique et tragédie : une problématique

Deux démarches possibles

Il y a deux manières de considérer les rapports entre tragique et tragédie. La première, classique en histoire littéraire, procède en deux temps : elle consiste d'abord à extraire les critères du tragique d'un corpus prédéterminé d'œuvres littéraires, les tragédies grecques ou, plus rarement, françaises, puis à revenir sur ce corpus pour y vérifier qu'on y trouve bien l'expression de ce tragique. On cherchera enfin à retrouver le tragique, par comparaison et sous des formes plus ou moins impures, dans d'autres œuvres littéraires. Mais on le voit, en procédant ainsi, on tourne finalement en rond : on définit quelque chose à partir de la littérature, puis on applique la définition ainsi obtenue à la littérature dont on l'a tirée. La seconde démarche se caractérise par la volonté de prendre en compte, de façon empirique, l'ensemble des usages explicites des termes de tragique et de tragédie – dans les titres ou les sous-titres, dans les préfaces et commentaires, dans les textes eux-mêmes, littéraires ou non littéraires, et dans les productions d'histoire littéraire ou culturelle que l'on vient d'évoquer – pour comprendre comment au cours du temps, et dans des contextes différents, ces usages interfèrent les uns sur les autres. C'est cette posture que nous adoptons dans cette anthologie.

L'hypothèse de critères universels

La démarche « circulaire » et ses limites – Pour justifier et expliciter cette démarche, nous partirons à nouveau de deux textes représentatifs de la première manière de comprendre les rapports entre tragique et tragédie, l'un extrait des travaux d'une spécialiste de la tragédie grecque, Jacqueline de Romilly, l'autre du manuel d'histoire littéraire de Lagarde et Michard, qui fut le plus célèbre du XXe siècle en son genre. Jacqueline de Romilly retrace l'histoire et la signification de la tragédie grecque. Elle la présente comme porteuse, constitutive même, du premier modèle du tragique, ce qu'elle appelle « le schéma tragique initial ». Puis elle précise :

« Du schéma tragique initial, chaque époque ou chaque pays donne une interprétation différente. Mais c'est dans les œuvres grecques qu'il se traduit avec le plus de force, parce qu'il y apparaît dans sa nudité première.

Ce fut d'ailleurs, en Grèce, une éclosion soudaine, brève, éblouissante.

La tragédie grecque, avec sa moisson de chefs-d'œuvre, dura en tout quatre-vingts ans.

Par une relation qui ne peut être de hasard, ces quatre-vingts ans correspondent exactement au moment de l'épanouissement politique d'Athènes [...]. »

(*La Tragédie grecque*, 1960, rééd. Paris, PUF, 1997)

J. de Romilly estime que se manifeste au cœur du genre tragique quelque chose de fondamental, qu'elle appelle « le principe commun, et [...] – par-delà le genre tragique et les auteurs de tragédies – ce qui fait l'esprit même de leurs œuvres, c'est-à-dire ce qu'après eux on n'a jamais cessé d'appeler le tragique ». Ce principe commun est le fait de donner accès à une vision du monde et de l'homme : « La tragédie grecque présentait, dans le langage directement accessible de l'émotion, une réflexion sur l'homme. » Ainsi, la tragédie aborderait une question philosophique – la condition de l'homme –, mais dans un langage et selon une démarche autres que la rationalisation philosophique, en passant « directement » par l'émotion.

Le texte suivant représente également une tentative de définition du tragique par la tragédie :

« Au XVIe siècle, la tragédie est conçue comme la peinture d'une illustre infortune, « la présentation d'un fait tragique à l'aide d'acteurs » (Lanson). Elle est éloquente, lyrique, le chœur* déplorant longuement la catastrophe, mais en général ne comporte pas de véritable action tragique. L'idée même de tragique ne semble pas nettement dégagée : c'est le *pathétique* qui règne, avec le spectacle douloureux du malheur des héros et les accents déchirants de leurs plaintes. La tragédie classique, au contraire, marquera le triomphe de l'émotion tragique proprement dite, Racine incarnant l'idéal du *tragique pur* comme du dramatique. Le *dramatique* (tragi-comédie ou drame romantique) repose sur l'attente anxieuse du dénouement*, tandis que les péripéties fortuites d'un conflit violent font alterner l'espoir et la crainte. Le *tragique* comporte des éléments pathétiques (pitié) et dramatiques, mais il les dépasse et se fonde sur la lutte éternelle de l'homme contre le destin inéluctable : il tient sa grandeur presque sacrée du mystère de la condition humaine tel qu'il

tragique = lutte

s'exprime dans le paroxysme d'une crise où sont plongés des êtres hors du commun, mais représentatifs de toute l'humanité. »

(Lagarde et Michard, *Les Textes littéraires français, XVIIe siècle*, Paris, Bordas, 1962)

Le corpus et la définition – Ces deux textes extraient la caractérisation du tragique des tragédies qu'ils ont en vue. Le genre de la tragédie apparaît ici, bien qu'à deux moments de son histoire très éloignés l'un de l'autre, comme proposant aux hommes une perception affective, sensible, de faits funestes interprétés comme significatifs d'une « condition » qui serait la nôtre. Définie comme tragique, cette perception est supposée préexister aux tragédies, qui n'en seraient que la manifestation artistique. Au fil du temps, l'histoire de la culture en Occident donnerait à voir des évolutions, des transformations de ce mode de manifestation d'un sentiment éprouvé face au monde ; mais ce sentiment lui-même serait intemporel, et le « vrai » tragique serait celui qui reprend ce sentiment, quelle que soit l'époque concernée. Cette idée constitue un refus de l'histoire ; aussi la mise en histoire du genre est-elle marquée par un point culminant suivi d'une nécessaire dégradation. Ces textes sont donc représentatifs de la circularité de la définition du tragique par la tragédie (plus précisément par une partie des pièces qui portent le titre ou le sous-titre de tragédie) et de la tragédie par le tragique. C'est pourquoi, au-delà des critiques qu'ils appellent, ils sont aussi représentatifs de la solidarité entre le corpus d'œuvres qu'ont en tête ceux qui manipulent, implicitement ou explicitement, la notion de tragique, et le sens qu'ils donnent à cette notion.

Ce phénomène est vérifié d'une autre manière par le témoignage d'Agricol Perdiguier, qui mentionne des titres de tragédies de Shakespeare et d'auteurs du XVIIIe (dont Voltaire) et du tout début du XIXe siècle, mais aucune tragédie grecque, pas plus que de Racine. Il insiste donc, dans sa caractérisation du genre, sur l'histoire et ses grands morts plutôt que sur la « condition humaine ». De même Nietzsche, mais de manière tout à fait explicite, dit-il dans *La Naissance de la tragédie* que les tragédies d'Euripide (présenté comme athée, et comme ayant donné à ses personnages l'esprit discutailleur des citoyens athéniens dès l'Antiquité, en fait dès *Les Grenouilles* d'Aristophane) ne sont pas de véritables tragédies, mais au contraire entérinent la mort du genre, après avoir fait du tragique l'expression d'une conception religieuse et anti-politique du monde qu'il découvre chez Sophocle et surtout chez Eschyle.

Peut-on être confronté à la mort sans éprouver le sentiment du tragique ? Iphigénie sacrifiée à Artémis qui permettra alors que des vents favorables emportent la flotte des Grecs vers Troie est remplacée au moment ultime par une biche. La tragédie d'Euripide, *Iphigénie en Aulide*, mêle deux sentiments propres au tragique, la terreur et la pitié.

De la tragédie au « sentiment tragique de la vie » – Cette façon de procéder est donc présente ailleurs que chez les spécialistes d'histoire littéraire. Elle l'est notamment chez les philosophes et les essayistes, comme en témoigne l'examen d'un autre texte, extrait de l'essai de l'écrivain espagnol Miguel de Unamuno intitulé *Le Sentiment tragique de la vie,* publié en 1912. Unamuno entreprend de définir une attitude devant l'existence, en indiquant ses références majeures, le corpus dont il se sert pour définir ce « sentiment tragique ». La première de ces références est « l'esprit de Pascal, le grand tragique, suprême homme de science et suprême croyant, lui qui enseigna mieux que personne que le cœur a ses raisons ». On voit qu'ici tragique est employé aux sens de « qui écrit des textes tragiques » mais aussi de « qui est le modèle même du tragique ». La deuxième référence mobilisée par Unamuno est un autre philosophe du XVIIe siècle, Spinoza, parce qu'il a selon lui montré que chaque être tend à persévérer dans cet être, à refuser d'être détruit. Ce désir des hommes d'échapper à la mort, Unamuno l'appelle « tout ce combat tragique de l'homme pour se sauver, toute cette immortelle aspiration d'immortalité [...] ». Il enchaîne ensuite :

« Il y a quelque chose que, à défaut d'autre nom, nous appellerons le sentiment tragique de la vie, qui entraîne derrière soi toute une conception de la vie même et de l'univers, toute une philosophie plus ou moins formulée, plus ou moins consciente. Ce sentiment, non seulement peuvent l'avoir et l'ont des hommes individuels, mais des peuples entiers. Et ce sentiment, plutôt que de procéder de certaines idées, les détermine, même quand, bien entendu, ces idées réagissent sur lui en le corroborant. Parfois il peut provenir d'une maladie accidentelle, d'une dyspepsie par exemple ; mais d'autres fois il est constitutionnel. Et il ne sert de rien de parler, comme nous le verrons, d'hommes sains et malades. Sans compter que nous n'avons pas de notion déterminante de la santé, personne n'a prouvé que l'homme soit fait pour être naturellement joyeux. Il y a plus : l'homme, par le fait d'être homme, d'avoir une conscience, est déjà, par rapport à l'âne ou au crabe, un animal malade. La conscience est une maladie. **»**

(*Le Sentiment tragique de la vie*, 1912,
Gallimard, 1937, rééd. Folio, 1997)

On voit bien, par la confrontation de ces différents textes, que le sens donné à la notion de tragique dans de tels usages dépend, même si c'est parfois implicite, des objets culturels et des textes par rapport auxquels on la définit.

La grandeur comme constante – On voit aussi chez l'artisan Perdiguier, chez l'essayiste Unamuno comme chez les historiens de la littérature spécialistes de la Grèce ou de l'âge classique, que l'élément de définition de cette notion qui reste stable par rapport aux théoriciens anciens du genre tragique est un type d'émotion, celui que provoquent des faits porteurs d'une certaine grandeur, sociopolitique, historique ou métaphysique. Nous pouvons donc constater que le sens du mot « tragique » est donné, dans chacun de ses emplois, par rapport à un corpus plus ou moins clairement défini de textes qui ont quelque chose à voir avec la question de la grandeur. Mais celle-ci prend elle-même sens à l'intérieur d'un cadre de pensée historiquement variable. La grandeur des personnages de la tragédie d'inspiration aristotélicienne telle que la comprennent ses contemporains, c'est-à-dire comme liée à un statut social (de roi ou de héros mythique), est très différente de la grandeur telle que des modernes la comprennent dans un autre contexte, en particulier politique. Par exemple, Victor Hugo conçoit une sorte de grandeur collective lorsqu'il écrit dans *Quatre-vingt-treize* : « Rien de tragique comme le fourmillement d'une foule foudroyée » par une fusillade. L'idée illustrée par le texte d'Unamuno est qu'il y a une réalité fondamentale qui concerne tous les hommes, leur condition. C'est cette condition mortelle de l'homme qui est censée pouvoir entraîner différentes réactions, dont l'une est un sentiment de tristesse, d'angoisse et de conscience de cette mortalité, qu'il appelle le « sentiment tragique ». Collective ou universelle, comme chez Unamuno ou Jacqueline de Romilly, l'idée de grandeur s'est en quelque sorte élargie, mais aussi intériorisée : nous sommes à présent invités à voir dans les textes tragiques, même ceux du passé, une image de la collectivité ou de l'humanité qui nous engage, et non plus seulement un spectacle ou un exemple moral.

La démarche empirique et historique

La démarche que nous venons d'examiner s'attache à découvrir des constantes, des traits universels, alors même que les textes cités au début de l'ouvrage témoignent du « jeu » entre les codifications rigides du genre de la tragédie et les interprétations souples que celui-ci a pu recevoir au cours de l'histoire. Conséquemment, on observe un « jeu » important lui aussi entre les divers usages, littéraire ou autres, du qualificatif « tragique ». Aussi, plutôt que de chercher à reconnaître dans les tragédies un tragique qu'on en a préalablement extrait, il vaut sans doute mieux essayer de penser ensemble le couple tragique et tragédie. C'est-à-dire, notamment, de prendre en compte l'histoire de ce couple.

L'histoire polémique du tragique – Cette histoire apparaît comme faite de moments d'isolement de ce qui serait une manière tragique de percevoir le monde et de réagir à ce qui s'y passe à partir de ce qui est donné à voir dans les tragédies, et, au contraire, de mouvements de retour au genre de la tragédie quand cet isolement de la notion de tragique est considéré comme abusif. Elle est aussi une histoire polémique. Ainsi, contre la place que tient la tragédie – qui « montre » des conflits mettant aux prises des personnages aux points de vue inconciliables, sans que le spectacle tranche jamais en faveur d'une vérité et d'une justice supérieures à ces points de vue – dans les institutions démocratiques athéniennes, Platon, dans *La République* mais aussi dans le *Phédon*, propose une opposition entre vie tragique, où la mort est un mal infligé aux hommes par des forces extérieures, et vie philosophique, celle de Socrate, pour qui la mort, acceptée en toute responsabilité, n'est pas un mal. C'est inversement contre les philosophes, contre le mode de pensée dialectique, contre Socrate*, Platon et leurs successeurs, que Nietzsche pense le tragique comme acceptation sereine de la contradiction et de la souffrance, en s'appuyant sur Eschyle et Sophocle.

Dans l'histoire même du théâtre, ces variations jouent un rôle capital. Comment comprendre, par exemple, le passage suivant du *Cid* de Corneille (1637), et ce qu'il signifie relativement à la façon dont l'auteur donne forme au genre de la tragédie, auquel il va se consacrer après le succès de sa tragi-comédie (acte III, scène 3, v. 825-830) ?

« CHIMÈNE

Ah ! cruelle pensée !
Et cruelle poursuite où je me vois forcée !
Je demande sa tête, et crains de l'obtenir :
Ma mort suivra la sienne, et je le veux punir !

ELVIRE

Quittez, quittez, Madame, un dessein si tragique ;
Ne vous imposez pas de loi si tyrannique. »

Il est clair que ce « dessein tragique » a peu à voir avec la condition de l'homme : il s'agit du plan conçu par Chimène, et il est dit « tragique » parce qu'il la conduirait à la mort en même temps qu'il provoquerait celle de Rodrigue. En revanche, ce passage est à mettre en relation avec le vaste corpus des « histoires tragiques » de la fin du XVIe et du début du XVIIe siècle, histoires de famille et faits divers où l'on voit des personnages acharnés, en dehors de toute destinée et de toute force extérieure, à faire leur propre malheur. Or ce corpus lui-même est constitué de textes qui rapprochent et opposent les histoires qu'ils racontent aux tragédies, notamment antiques.

Changement de scène – Enfin, en dehors du théâtre cette fois-ci, et pour choisir une autre période, voici une conception très différente de la tragédie, mais toujours à l'écart du souci de rendre compte d'une quelconque condition de l'homme. Contre une représentation de la tragédie qui en exclut la violence et le mal véritables, l'auteur de *De l'assassinat considéré comme un des beaux-arts*, Thomas De Quincey, propose dans *Justice sanglante* une écriture tragique caractérisée par l'excès, comme l'indique le début du livre (*The Avenger*, 1838) :

« En 1816, notre paisible ville universitaire située au nord-est de l'Allemagne fut bouleversée par une succession d'événements terrifiants, dus au déchaînement d'une haine digne d'une tigresse altérée de sang. Les faits offrent un caractère trop atroce pour être passés sous silence ; ils méritent même une relation exceptionnelle. La leçon à tirer de ces horreurs devra servir aux générations futures dans leur lutte contre l'inhumain et tout ce qui s'en rapproche. À plus d'une reprise *cette leçon* a retenu l'attention de souverains et de princes chrétiens, réunis en congrès. Aucune tragédie, si dramatique soit-elle, n'a autant révolté le cœur humain, accablé un foyer, ni exigé davantage un chapitre à part dans l'histoire des mœurs et de la vie sociale en Allemagne. »

Le tragique

Anthologie

Eschyle (525-456 av. J.-C.)

Prométhée enchaîné
(Trad. Paul Mazon)

Eschyle est, chronologiquement, le premier des grands tragiques grecs. Son théâtre est structuré de façon assez simple, mettant en présence un héros et un Chœur. Ses pièces les plus célèbres sont* Les Perses, *la trilogie de* L'Orestie, *et* Prométhée enchaîné *– appelé aussi* Prométhée. *Cette tragédie montre le Titan Prométhée* puni par Zeus : selon le mythe, il est condamné à être enchaîné (ou cloué) par Héphaïstos au sommet du Caucase et un aigle (ou un vautour) vient lui dévorer le foie, qui se reforme sans cesse. L'action de la pièce d'Eschyle se situe au moment où Prométhée est conduit au supplice, et où le chœur* lui demande les raisons de sa condamnation.*

1. LE CORYPHÉE. – [...] pour quel grief Zeus s'est-il donc saisi de toi et t'inflige-t-il cet infâme et amer outrage ? Apprends-le-nous, si le récit ne t'en coûte pas trop.

PROMÉTHÉE. – En parler, déjà, m'est douloureux ; mais me taire aussi est une douleur : de tous côtés, rien que misères. Du jour où la colère fut entrée dans le cœur des dieux, tandis que la discorde s'élevait entre eux – les uns voulant chasser Cronos[1] de son trône, afin que Zeus fût désormais leur maître, les autres au contraire, luttant pour que Zeus jamais ne régnât sur les dieux – j'eus beau donner les plus sages conseils et chercher à persuader les Titans[2], fils d'Ouranos et de la Terre, je n'y réussis pas. Dédaignant les moyens de ruse, ils crurent, en leur brutalité présomptueuse, qu'ils n'auraient point de peine à triompher par la force. Moi, plus d'une fois, ma mère, Thémis ou Gaia, forme unique sous maints noms divers, m'avait prédit comment se réaliserait l'avenir : à qui l'emporterait non par force et par violence, mais par ruse, appartiendrait la victoire. Je le leur expliquai avec force raisons : ils ne daignèrent pas m'accorder un regard ! Le mieux, dans ces conjonctures, m'apparaissait dès lors d'avoir pour moi ma mère en m'allant placer aux côtés de Zeus, qui volontiers accueillit le volontaire. Et c'est grâce à mes plans qu'aujourd'hui le profond et noir repaire du Tartare[3] cache l'antique Cronos avec ses alliés. Voilà les services qu'a obtenus de moi le roi des dieux et qu'il a payés de cette cruelle récompense. C'est un mal inhérent, sans doute, au pouvoir suprême que la défiance à l'égard des amis ! – Quant à l'objet de votre question : pour quel grief m'outrage-t-il

1. Cronos : selon la mythologie, le premier dieu supérieur, père de Zeus ; sachant qu'il devait être supplanté par un de ses descendants, il dévorait ses propres enfants ; son épouse cacha l'un de ses fils, Zeus, qui combattit son père et prit le trône des dieux.
2. Titans : autre groupe de divinités archaïques selon la mythologie grecque : les Titans, fils d'Ouranos (ou Uranus), le Ciel, et de Gaia, la Terre, étaient de la même famille que les Cyclopes et Cronos.
3. Le Tartare : le fond des Enfers.

ainsi ? je vais vous l'éclaircir. Aussitôt assis sur le trône paternel, sans retard, il répartit les divers privilèges entre les divers dieux, et commence à fixer les rangs dans son empire. Mais aux malheureux mortels, pas un moment il ne songea. Il voulait au contraire en anéantir la race, afin d'en créer une toute nouvelle. À ce projet nul ne s'opposait – que moi. Seul, j'ai eu cette audace, j'ai libéré les hommes et fait qu'ils ne sont pas descendus écrasés dans l'Hadès [1]. Et c'est là pourquoi aujourd'hui je ploie sous de telles douleurs, cruelles à subir, pitoyables à voir. Pour avoir pris les mortels en pitié, je me suis vu refuser la pitié, et voilà comment implacablement je suis ici traité, spectacle funeste au renom de Zeus.

LE CORYPHÉE. – Il aurait un cœur fait de roc ou de fer, Prométhée, celui qui ne s'indignerait avec toi de tes peines. Je n'eusse pas, pour moi, souhaité voir un tel spectacle et, à le voir, mon cœur douloureusement s'émeut.

PROMÉTHÉE. – Oui, j'offre ici à des amis une vue pitoyable.

LE CORYPHÉE. – Tu as, sans doute, été plus loin encore ?

PROMÉTHÉE. – Oui, j'ai délivré les hommes de l'obsession de la mort.

LE CORYPHÉE. – Quel remède as-tu donc découvert à ce mal ?

PROMÉTHÉE. – J'ai installé en eux les aveugles espoirs.

1. L'Hadès : les Enfers – Hadès est le nom grec du dieu Pluton, dieu des Enfers.

LE CORYPHÉE. – Le puissant réconfort que tu as ce jour-là apporté aux mortels !

PROMÉTHÉE. – J'ai fait plus cependant : je leur ai fait présent du feu.

LE CORYPHÉE. – Quoi ! Le feu flamboyant est aujourd'hui aux mains des éphémères ?

PROMÉTHÉE. – Et de lui ils apprendront des arts sans nombre.

LE CORYPHÉE. – Ce sont là les griefs pour lesquels Zeus…

PROMÉTHÉE. – M'inflige cet opprobre, sans laisser de relâche à mes maux !

LE CORYPHÉE. – Et nul terme n'est proposé à ton épreuve ?

PROMÉTHÉE. – Nul autre que son bon plaisir.

LE CORYPHÉE. – Et ce bon plaisir, d'où naîtrait-il donc ? Comment l'espérer ? Ne vois-tu pas que tu as fait erreur ? Où fut l'erreur ? je n'aurais point plaisir à te le dire et tu aurais peine à l'entendre.

(Éditions Gallimard.)

Sophocle (497 ou 495-406 av. J.-C.)

Ajax (vers 424 av. J.-C.)
(Trad. Robert Pignarre)

Sophocle est le deuxième des grands tragiques grecs. Il apporta des innovations techniques à la tragédie : diminuant le rôle du chœur, il introduisit plus de personnages et donna une place plus grande à l'action proprement dite. Il composa notamment :* Antigone, Électre, Les Trachiniennes, Œdipe roi, Œdipe à Colone *(où le héros est jugé par les Athéniens et absous), et* Ajax. *La pièce est, autre innovation technique, divisée en « épisodes ». Ce passage appartient au troisième épisode. Il expose les raisons de l'emportement qui s'est emparé d'Ajax*. Celui-ci, guerrier particulièrement puissant, est un des chefs grecs durant l'expédition contre Troie. Après la mort d'Achille, un débat a lieu pour savoir à qui seront données ses armes. Ulysse et Ajax se les disputent. Les Grecs décident en faveur d'Ulysse. Ajax se retire alors sous sa tente, furieux. La suite de la pièce le montrera atteint de folie. Ici, un messager expose les faits, et souligne l'« orgueil fou » d'Ajax, c'est-à-dire son* hybris**, ou démesure, qui caractérise le héros tragique.*

2. LE MESSAGER. – Voici ce que je sais pour l'avoir vu de mes yeux. En pleine assemblée des rois, Calchas[1] se détache du groupe où se tenaient les Atrides et s'avance vers Teucer[2]. Il lui presse la main avec amitié, il l'adjure, il lui enjoint de retenir à tout prix Ajax dans sa tente jusqu'à

1. Calchas : grand prêtre et devin des Grecs.
2. Teucer : lieutenant et ami d'Ajax.

la fin de la journée, s'il tient à le revoir vivant. Il ajoute que le ressentiment de la divine Athéna ne le poursuivra pas au-delà de ce soir. Ceux qui ne connaissent ni mesure ni raison, expliquait-il, les dieux les poussent, et ils choient lourdement dans l'infortune, lorsque par eux la nature humaine prétend s'élever au-dessus de l'humaine condition. Or Ajax, dès son départ, avait pris une attitude insensée à l'égard de son père qui lui donnait de sages conseils. « Mon fils, lui disait le vieillard, souhaite le triomphe de ta lance mais ne triomphe pas sans les dieux. » Fou d'orgueil, il avait répondu : « Père, avec les dieux, un homme de rien peut vaincre ; moi, je me fais fort de triompher sans leur aide ! » Vous voyez jusqu'où allait sa jactance. Une autre fois, comme la divine Athéna, fouettant son ardeur, l'excitait à diriger sur l'ennemi ses coups meurtriers, il lui crie cette réponse incroyable : « Maîtresse, va donc aider un peu les autres Grecs : là où je me tiens, jamais le combat ne rompra ses digues ! » C'est par ces propos outrecuidants qu'il a irrité la déesse. Quoi qu'il en soit, s'il est encore en vie ce soir, peut-être le sauverons-nous avec l'aide du ciel. Le devin n'en a pas dit davantage.

(Troisième épisode, Éditions Garnier-Flammarion.)

Antigone (441 av. J.-C.)
(Trad. Robert Pignarre)

Antigone *est une des tragédies grecques les plus célèbres et les plus imitées. Après le bannissement d'Œdipe*, ses fils jumeaux, Étéocle et Polynice, se disputent le trône de Thèbes. Il avait été convenu qu'ils règneraient à tour de rôle, mais Étéocle, qui règne la première année, refuse* *ensuite de céder la place. Polynice se rend alors dans la ville voisine, Argos, et réussit à susciter une coalition de sept chefs contre Thèbes (épisode qui a fait l'objet d'une tragédie d'Eschyle,* Les Sept contre Thèbes*). Les jumeaux finissent par s'affronter et s'entretuent. Leur oncle, Créon*, frère de la reine Jocaste, prend alors le pouvoir. Il décide que Thèbes fera des funérailles grandioses à Étéocle et que le corps de Polynice ne devra pas être enseveli mais laissé en plein champ pour être dévoré par les fauves. Or un mort sans sépulture était condamné à errer éternellement sans trouver jamais le repos. Antigone, sœur des frères ennemis, va alors recouvrir de terre le corps de Polynice, en dépit de l'interdit et au péril de sa vie. Ce passage, un commentaire des événements par le chœur*, permet de voir le tragique se manifester aussi dans des passages de chant, ou de mélopée, qui ont fonction de lamentations. L'action y fait place à un temps de méditation. Le chœur est ici composé de vieillards de Thèbes.*

3.

CHANT DU CHŒUR

Entre tant de merveilles du monde, la grande merveille,
[c'est l'homme.
Il parcourt la mer qui moutonne quand la tempête souffle
[du sud,
il passe au creux des houles mugissantes,
et la mère des Dieux, la Terre souveraine,
l'immortelle, l'inépuisable,
une année après l'autre
il la travaille, il la retourne,
alignant les sillons au pas lent de ses mules.
Le peuple oiseau, race légère,
et les fauves des bois et la faune marine,

il les capture au creux mouvant de ses filets,
cet inventeur de stratagèmes !
Il attire dans ses pièges
le gros gibier des plateaux,
il courbe sous le collier le col crépu du cheval,
ou le taureau des monts dans le plein de sa force.
Et le langage et la pensée agile et les lois et les mœurs,
il s'est tout enseigné sans maître,
comme à s'abriter des grands froids
et des traits perçants de la pluie.
Génie universel et que rien ne peut prendre
au dépourvu, du seul Hadès [1]
il n'élude point l'échéance,
bien qu'à des cas désespérés, parfois, il ait trouvé remède.
Riche d'une intelligence incroyablement féconde,
du mal comme du bien il subit l'attirance,
et sur la justice éternelle
il greffe les lois de la terre.
Mais le plus haut dans la cité se met au ban de la cité
si, dans sa criminelle audace, il s'insurge contre la loi.
À mon foyer ni dans mon cœur
le révolté n'aura jamais sa place.

LE CORYPHÉE. – Par quel prodige… non je n'ose en croire mes yeux, mais comment nier que c'est ma petite Antigone que j'aperçois ? Ah ! Malheureuse, digne fille du malheureux Œdipe, se peut-il ? Est-ce bien toi qu'on amène rebelle aux ordres du prince ? Toi qu'on aurait surprise à commettre cette folie ?

(Premier épisode, Éditions Garnier-Flammarion.)

1. Voir note 1, p. 33.

*Ce passage, extrait du deuxième épisode, est une scène d'*agôn*, *c'est-à-dire un affrontement par le langage, relevant du genre judiciaire. Antigone* est amenée devant Créon*, dont elle a enfreint les ordres. Elle est jugée par celui-ci, et elle plaide coupable. Mais elle oppose à la loi politique une autre loi, plus ancienne et plus haute, celle de la piété familiale qui exige de rendre hommage aux morts de la famille, fussent-ils criminels.*

Créon est ici coupable de tyrannie, et Antigone de démesure, ou hybris*. *Cet affrontement de la tyrannie, excès du pouvoir humain, et de l'*hybris, *défi aux lois qui valent pour tous, est caractéristique de la tragédie antique : on se reportera notamment au texte de J.-P. Vernant et P. Vidal-Naquet (41). La pièce peut ainsi apparaître comme une manière de poser les questions que faisait surgir le nouvel ordre politique qui prenait forme à Athènes au Ve siècle : dans un régime démocratique, les responsabilités individuelles devenaient une question cruciale. Le défi à l'ordre politique est ici incarné par une femme : or les femmes n'avaient pas le rang de citoyennes. L'ordre humain, politique, celui de la Cité, n'est pas dit supérieur ou inférieur à l'ordre ancien, celui de la piété familiale : c'est le conflit des deux qui est mis en images sur scène.*

4. CRÉON. – Réponds en peu de mots. Connaissais-tu mon édit ?

ANTIGONE. – Comment ne l'aurais-je pas connu, il était public.

CRÉON. – Et tu as osé passer outre à mon ordonnance ?

ANTIGONE. – Oui, car ce n'est pas Zeus qui l'a promulguée,

et la Justice qui siège auprès des dieux de sous terre n'en a point tracé de telles parmi les hommes. Je ne croyais pas, certes, que tes édits eussent tant de pouvoir qu'ils permissent à un mortel de violer les lois divines : lois non écrites, celles-là, mais intangibles. Ce n'est pas d'aujourd'hui ni d'hier, c'est depuis l'origine qu'elles sont en vigueur, et personne ne les a vues naître. Leur désobéir, n'était-ce point, par un lâche respect pour l'autorité d'un homme, encourir la rigueur des dieux ? Je savais bien que je mourrais ; c'était inévitable – et même sans ton édit ! Si je péris avant le temps, je regarde la mort comme un bienfait. Quand on vit au milieu des maux, comment n'aurait-on pas avantage à mourir ? Non, le sort qui m'attend n'a rien qui me tourmente. Si j'avais dû laisser sans sépulture un corps que ma mère a mis au monde, je ne m'en serais jamais consolée ; maintenant, je ne me tourmente plus de rien. Si tu estimes que je me conduis comme une folle, peut-être n'as-tu rien à m'envier sur l'article de la folie !

LE CORYPHÉE. – Comme on retrouve dans la fille le caractère intraitable du père ! Elle ne sait pas fléchir devant l'adversité.

CRÉON. – Apprends que c'est le manque de souplesse, le plus souvent, qui nous fait trébucher. Le fer massif, si tu le durcis au feu, tu le vois presque toujours éclater et se rompre. Mais je sais aussi qu'un frein léger a bientôt raison des chevaux rétifs. Oui, l'orgueil sied mal à qui dépend du bon plaisir d'autrui. Celle-ci savait parfaitement ce qu'elle faisait quand elle s'est mise au-dessus de la loi. Son forfait accompli, elle pèche une seconde fois par outrecuidance lorsqu'elle s'en fait gloire et sourit à son œuvre. En vérité, de nous deux, c'est elle qui serait l'homme, si je la laissais triompher impunément. Elle est ma nièce, mais me touchât-elle par le sang de plus près que tous les miens, ni elle ni sa sœur n'échapperont au châtiment capital. Car j'accuse également Ismène d'avoir comploté avec elle cette inhumation. Qu'on l'appelle : je l'ai rencontrée tout à l'heure dans le palais, l'air égaré, hors d'elle. Or ceux qui trament dans l'ombre quelque mauvais dessein se trahissent toujours par leur agitation… Mais ce que je déteste, c'est qu'un coupable, quand il se voit pris sur le fait, cherche à peindre son crime en beau.

ANTIGONE. – Je suis ta prisonnière ; tu vas me mettre à mort ; que te faut-il de plus ?

CRÉON. – Rien. Ce châtiment me satisfait.

ANTIGONE. – Alors, pourquoi tardes-tu ? Tout ce que tu dis m'est odieux, – je m'en voudrais du contraire – et il n'est rien en moi qui ne te blesse. En vérité, pouvais-je m'acquérir plus d'honneur qu'en mettant mon frère au tombeau ? Tous ceux qui m'entendent oseraient m'approuver, si la crainte ne leur fermait la bouche. Car la tyrannie, entre autres privilèges, peut faire et dire ce qui lui plaît.

CRÉON. – Tu es la seule, à Thèbes, à professer de pareilles opinions.

ANTIGONE, *désignant le chœur.* – Ils pensent comme moi, mais ils se mordent les lèvres.

(Deuxième épisode, Éditions Garnier-Flammarion.)

Euripide (480-406 av. J.-C.)

Les Troyennes (415 av. J.-C.)
(Trad. Marie Delcourt-Curvers)

Euripide est le troisième des grands tragiques grecs, auteur de nombreuses tragédies : Iphigénie à Aulis, Iphigénie en Tauride, Alceste, Électre, Hippolyte porte-couronne, Les Troyennes. *Reconnu pour l'élégance de son style et pour la dimension philosophique de ses pièces, il a été critiqué pour la façon assez lâche dont il organise l'action de ses tragédies (voir texte 6). Dans* Les Troyennes, *il reprend l'histoire de la guerre de Troie : les femmes de la famille royale de Troie ont été emmenées captives par les Grecs vainqueurs, et déplorent leur sort. Le passage ci-dessous donne à voir comment cette déploration engage une réflexion philosophique, ici sur la « nécessité » et sur le « non-être ».*

5.

LE CORYPHÉE

Combien pleurer adoucit la souffrance,
et gémir et chanter son malheur !

ANDROMAQUE

Mère du héros dont la lance a tué tant de Grecs,
mère d'Hector, qu'es-tu forcée de voir ici ?

HÉCUBE*

Oui, l'ouvrage des dieux ! Ils aiment porter au sommet
celui qui n'était rien, et détruire les grands.

ANDROMAQUE

Je ne suis plus, avec mon fils, qu'un butin qu'on emmène.
Être né si haut ! devenir esclave ! ô vicissitudes !

HÉCUBE

Lourd est le joug de la nécessité. À l'instant, de mes bras
Cassandre s'en est allée, emmenée de force.

ANDROMAQUE

Un autre Ajax, hélas, aura surgi
qui désire ta fille. Mais ce n'est pas ton seul malheur.

HÉCUBE

Ils sont sans nombre et sans mesure.
Chacun l'emporte sur le précédent.

ANDROMAQUE

Ta fille Polyxène est morte sur la tombe
d'Achille, égorgée, offerte à une ombre insensible.

HÉCUBE

Ô douleur ! c'était donc cela que tout à l'heure
Talthybios me donnait à entendre, obscurément.

ANDROMAQUE

Je l'ai vue de mes yeux ; j'ai pu descendre de ce char,
la recouvrir de mon manteau et sur son corps me frapper
[la poitrine.

HÉCUBE

Ô mon enfant ! Immolation sacrilège !
Hélas, hélas ! ô mort abominable !

ANDROMAQUE

Quelle qu'ait été sa mort, son destin en tous cas
est plus heureux que la vie qui me reste.

HÉCUBE

Comment peut-on, ma fille, comparer vie et mort ?
L'une est néant, l'autre admet encore l'espérance.

ANDROMAQUE

Tu émets là, ma mère, un jugement que je n'admire pas.
Écoute-moi, que je console un peu ton cœur.
Être mort, ne pas être né s'équivalent, je pense,
et mieux vaut mourir que de vivre dans la douleur.
On ne souffre pas de ses maux quand on est insensible.
Mais qui, ayant été heureux, tombe dans l'infortune
reste obsédé par le regret de ce qu'il a perdu.
Comme si jamais elle n'était née, Polyxène
dans la mort, ignore tout de ses propres malheurs.
Mais moi ! J'avais visé la renommée parfaite,
et je l'ai bien atteinte, mais en passant à côté du bonheur.
Toutes les règles de décence qu'on s'ingénie à nous [prescrire,
j'ai tenu à les pratiquer dans la maison d'Hector.
Et tout d'abord, qu'elle soit ou non digne de reproches,
une femme encourt la critique
du simple fait qu'elle ne reste pas chez elle.
Je résistais à mon envie, je ne quittais pas la maison,
je tenais à l'écart les conseilleuses bavardes.
La nature pour me guider m'avait donné du jugement
qui suffisait pour me conduire.
J'offrais à mon époux bouche silencieuse et visage serein.
Je savais à propos l'emporter sur lui,
ou bien lui laisser la victoire.
Or, ce renom parvint au camp des Grecs,
et pour causer ma perte. Dès que je fus captive,

le fils d'Achille[1] décida qu'il me prendrait
pour femme. Je serai donc esclave au foyer de nos
[assassins !
Si j'écarte de ma pensée la chère figure d'Hector,
que je laisse mon cœur ouvert à mon nouvel époux,
je trahirai celui qui n'est plus. Mais si je repousse mon
[maître,
je me ferai haïr de lui.
Une nuit, dit-on, suffit à détendre,
l'aversion d'une femme pour l'homme qui la met dans son
[lit.
Mais moi je n'ai que du mépris pour celle
qui peut oublier son mari dans la couche d'un autre.
Même une cavale, quand on la sépare
de sa compagne d'attelage, se refuse à tirer le joug.
Et ce n'est qu'une bête, sans langage,
sans raison, en tout inférieure à notre nature.

(Éditions Gallimard.)

Aristophane (450-386 av. J.-C.)

Les Grenouilles (405 av. J.-C.)
(Trad. V. H. Debidour)

L'évolution de la tragédie a très tôt fait l'objet de discussions et de critiques. Aristophane, principal auteur comique grec, lui consacre une de ses pièces, Les Grenouilles. *Il s'agit d'une sorte d'histoire de la tragédie mise au théâtre, et d'une critique de l'évolution des sujets tragiques et des manières de les traiter*

1. Le fils d'Achille : Pyrrhus (Néoptolème), fils d'Achille, prit sa place après sa mort et mena l'assaut final contre Troie. Andromaque fut sa captive : l'amour de Pyrrhus pour sa prisonnière est le sujet de l'*Andromaque* de Racine.

d'Eschyle à Euripide, accusé de trop rapprocher les personnages tragiques des spectateurs. Ce texte permet de regarder ces auteurs et ces œuvres du point de vue d'un de leurs contemporains, et il montre que dès ses origines le tragique est une notion problématique. Aristophane se demande ici, par exemple, s'il faut exclure les éléments triviaux des pièces tragiques, ce qui suscite l'admiration, ou encore quelle est la finalité des œuvres tragiques. Dionysos, le dieu du théâtre, descend aux enfers déguisé en Héraclès afin d'en ramener un poète tragique capable de redonner de l'éclat aux fêtes théâtrales. Il pense à ramener Euripide, qui vient de mourir. Mais aux enfers, il apprend que les morts sont en débat pour savoir qui, d'Eschyle ou d'Euripide, occupera le trône de roi de la tragédie. S'engage alors un duel verbal entre les deux poètes, arbitré par Dionysos. La différence entre Eschyle et Euripide apparaît d'abord dans leur rapport au caractère sacré du théâtre :*

6. DIONYSOS. – Faites aussi une prière, vous deux, avant de dire ce que vous avez à dire.

ESCHYLE. – Déméter, ô déesse qui as nourri mon génie, daigne permettre que je sois digne de tes mystères !

DIONYSOS, *à Euripide*. – Toi aussi, prends de l'encens et offre-le.

EURIPIDE, *d'un ton pincé*. – Merci. Autres sont les dieux que j'invoque.

DIONYSOS. – Tu as tes dieux personnels, cachet dernier cri ?

EURIPIDE. – Pour sûr !

DIONYSOS. – Eh bien, invoque tes dieux personnels.

EURIPIDE. – Éther, toi ma provende ! ô Langue, puissance cardinale ! ô Entendement ! ô Recès où s'abrite le Flair ! Faites que je réfute bien et dûment, dès le premier contact, les arguments adverses !

LE CHŒUR. – Nous sommes, nous aussi, impatients d'entendre ces deux doctes esprits nous déployer les gammes d'une escrime verbale. D'une farouche aigreur leur langue est animée : l'un et l'autre ont un cœur résolu, à tous risques, et l'esprit vif à la riposte ! On peut attendre de l'un, parole fine, élégante, limée : et l'autre, brandissant avec sève et racines les mots arrachés de son sein, foncera, balayant ces voltiges verbales !

DIONYSOS. – Allons, dépêchez-vous : vous avez la parole. Mais attention : tâchez que votre style soit de bon goût *(à Eschyle :)* ni chargé d'images *(à Euripide :)* ni à la portée du premier venu.

Euripide commence par « démolir » Eschyle, en critiquant la lenteur et la solennité de ses pièces, qui font longuement chanter le chœur avant que les personnages ne commencent à parler dans un style solennel et ronflant. Il relève les mots extraordinaires employés par Eschyle, notamment « l'hippocoq flamboyant ».

EURIPIDE. – Voyons, fallait-il transformer la scène tragique en basse-cour ?

ESCHYLE. – Et toi, profanateur impie, il fallait voir ce que tu y mettais !

EURIPIDE. – Pas des hippocoqs, bon sang ! ni des hircocerfs comme tu faisais, de ces monstres qui peuplent les tapisseries persanes ! Non : d'emblée, à peine eus-je pris en main notre art tel que tu me l'as transmis, obèse, tout boursouflé de vocables pondéreux, je lui ai imposé une cure amaigrissante ; je lui ai ôté du poids, en lui faisant courir la campagne, soumis à un régime de versiculine et de rutabagas, avec décoctions de calembourdaine – du filtrat de bibliothèque. Après quoi, comme remontant, du solo à haute dose, corsé d'un peu de Céphisophon. Et puis je ne disais pas de balivernes au petit bonheur, je ne fonçais pas comme un ouragan : le premier de mes personnages qui venait en scène disait tout de suite la généalogie de la pièce.

DIONYSOS. – Oui… ça valait toujours mieux que de dire la tienne, ma foi !

EURIPIDE. – Et puis, dès le premier mot je ne laissais flemmarder personne. Je faisais parler les femmes et les esclaves, tout à l'avenant, et les maîtres, et les pucelles, et les vieillardes.

ESCHYLE. – Et alors, non ? tu n'étais pas bon à pendre, avec un culot pareil ?

EURIPIDE. – Dieu du ciel ! Mais c'était démocratique ce que je faisais là !

DIONYSOS. – Laisse tomber, mon vieux, tu es bien le dernier à qui une promenade sur ce terrain pourrait être favorable[1] !

EURIPIDE, *montrant les spectateurs* : – Et puis je leur ai appris à causer…

ESCHYLE. – Pour sûr ! Ah ! avant de le leur avoir appris, si tu avais pu être empalé, les tripes au soleil !

EURIPIDE. – … à mesurer les termes au quart de poil, au fil à plomb ; à opérer des prises de conscience, à considérer, à interpréter, à entortiller, à marivauder, à manigancer, à subodorer le mal, à repenser tous les problèmes…

ESCHYLE. – Pour sûr !

EURIPIDE. – … en introduisant des intrigues domestiques, usuelles, familières, par où on aurait pu me coincer. Oui : ils étaient dans le coup, ils auraient pu me coincer sur mon savoir-faire ! Je n'avais pas des tirades à tout casser pour désorbiter la cervelle, je ne leur en mettais pas plein la vue en forgeant des Cycnos et des Memnons avec les coursiers aux caparaçons tintinnabulants. […]
(montrant le public)
Eh bien c'est moi qui leur ai
inculqué ces leçons-là,
introduisant dans mon art
le calcul et l'examen.
Oui, désormais ils raisonnent
sur toute chose, et possèdent

1. Euripide était allé vivre ses dernières années chez Archélaos, roi de Macédoine.

entre autres secrets, celui de gouverner leur maison
beaucoup mieux qu'auparavant,
par investigations :
« comment marche cette affaire ?
Où est ci ? Qui a pris ça ?... »

DIONYSOS

Oui, mille dieux ! aujourd'hui
n'importe quel Athénien,
sitôt qu'il rentre chez lui
engueule son personnel :
« La marmite, où l'a-t-on mise ?
et la tête de l'anchois,
qui l'a bouffée ? » Il enquête :
« Mon ragoût de l'an passé
il est défunt ? où est-il ?
et mon ail d'hier au soir ?
qui a rongé mon olive ? »
[...]

ESCHYLE. – Je suis outré de cette rencontre ; je me sens indigné, jusques au fond du cœur, d'avoir à répliquer à cet individu. Mais pour l'empêcher de prétendre que je suis désarçonné *(se tournant brusquement vers Euripide)* réponds-moi : qu'est-ce qui fait qu'un vrai poète mérite l'admiration ?

EURIPIDE. – Son habileté, les avertissements qu'il donne : nous rendons les hommes meilleurs dans la cité.

ESCHYLE. – Eh bien, si c'est le contraire que tu as fait, si d'hommes droits et vaillants qu'ils étaient, tu en as fait des gredins, quel châtiment, dis-moi, auras-tu mérité ?

DIONYSOS. – La mort. Ce n'est pas à lui qu'il faut le demander.

ESCHYLE. – Eh bien, constate : vois de quelle trempe ils étaient, ceux que je lui ai légués quand il débutait : des vaillants, des braves à trois poils, pas des embusqués, ni des traîneurs de trottoirs, ni des petits malins comme à présent, ni des rois de la combine : ils ne respiraient que piques et lances, casques au blanc panache, heaumes, jambières, et cœurs à sept peaux de bœuf.

EURIPIDE. – Ça y est, le voilà qui déferle, le fléau, avec sa panoplie ! Il va encore m'écrabouiller ! Et toi, qu'est-ce que tu as fait pour les former aux leçons de la vaillance, comme tu dis ? [...]

ESCHYLE. – J'ai fait un drame tout rayonnant de souffle guerrier.

DIONYSOS. – Lequel ?

ESCHYLE. – *Les Sept contre Thèbes* ! Tout spectateur qui l'avait vu, pour peu qu'il fût un homme, brûlait d'en découdre. [...] Voilà bien en effet, à quoi doivent s'appliquer de vrais poètes. Considère plutôt, dès les origines, quel rôle salutaire ont assumé les poètes noblement inspirés : Orphée nous a enseigné les initiations religieuses et la renonciation aux meurtres ; Musée, le secret de guérir les maladies et celui des oracles ; Hésiode les travaux de la terre, les saisons des récoltes et des labours ; et Homère, ce divin poète, à quoi donc a-t-il dû son honneur et sa gloire sinon à ses enseignements sur ce qui est bien, sur la disposition tactique et l'équipement moral et matériel des combattants ? […] C'est en prenant modèle sur Homère que mon génie a chanté les mille prouesses des Patrocle, des Teucer-Cœur-de-lion pour inciter le citoyen à se hausser à leur taille chaque fois que sonnerait le clairon. Moi, grand dieu, ce n'est pas des Phèdre que je mettais en scène, ni des Sthénébée – ces gourgandines ! Jamais on n'a vu de moi une femme amoureuse ! […]

EURIPIDE. – Mais enfin, oui ou non, est-il inventé ce sujet que j'ai traité, celui de Phèdre ?

ESCHYLE. – Hélas non, il est réel ; mais le poète se doit de laisser dans l'ombre ce qui est mal, de ne pas le mettre en scène, de ne pas en faire apprendre les rôles. Si pour les petits enfants celui qui donne des leçons, c'est le maître d'école, pour les grands, ce sont les poètes. Notre devoir strict est de dire ce qui est bien.

EURIPIDE. – Et quand tu amoncelles, toi, des mots grands comme des montagnes, c'est ça que tu appelles enseigner le bien ? Est-ce que tu n'aurais pas dû nous mettre à plus humaine école ?

ESCHYLE. – Mais malheureux, il fallait bien, pour de grandes pensées, pour de hautes idées, créer un style qui fût à leur mesure ! D'ailleurs, il est normal que des demi-dieux haussent le style dont ils se drapent : leurs vêtements aussi sont beaucoup plus prestigieux que les nôtres. J'avais montré le bon chemin, tu as tout saboté [...] en habillant les rois avec des guenilles pour que leur air fasse pitié aux gens [...] C'est pour ça qu'on ne trouve plus de riche pour financer l'armement naval : il enfile des guenilles, et il se répand en jérémiades : « Je suis indigent ! » [...] Et puis tu as appris aux gens à s'enticher de jacassements et de babillage, ce qui a vidé les terrains de sport, usé les fesses des jouvenceaux babillards, et entraîné les matelots de nos bâtiments d'honneur à rouspéter contre leurs chefs. [...]

De quels maux ne faut-il pas
l'accuser ?
N'a-t-il pas, ce triste sire
mis sur scène
des maquerelles ? des femmes
qui vont faire leurs enfants
dans les temples ?
qui couchent avec leurs frères ?
et qui disent
que la vie n'est pas la vie ?
Conséquence : notre ville
s'est remplie
d'un tas de sous-scribouillards,
de guignols,
embobineurs du bon peuple
qui se laisse carotter
à tout coup !

(Éditions Gallimard.)

Les deux poètes comparent ensuite leur versification. Finalement, c'est Eschyle qui l'emporte haut la main : il remontera donc sur terre, et Euripide ne pourra pas profiter de son absence aux enfers, puisque c'est Sophocle qui assurera l'intérim jusqu'au retour du roi de la tragédie.

Sénèque (4 av. J.-C. - 65)

Œdipe (Trad. Florence Dupont)

*Sénèque reprend les données et le déroulement en forme d'enquête de l'*Œdipe roi *de Sophocle, qui conduit le roi de Thèbes à découvrir qu'il est lui-même celui qu'il recherche : le responsable de la peste qui frappe la ville, puisqu'il a tué le roi Laïos, dont il est le fils, et qu'il a épousé sa mère Jocaste. Mais cette réécriture est aussi un déplacement d'accent. Chez Sénèque s'affirme la tyrannie d'Œdipe*, qui ne cesse de menacer de mort ceux qui refusent de répondre à ses questions parce qu'ils sont terrifiés par ce qu'ils ont à dire : son beau-frère Créon*, le devin Tirésias et Phorbas (le vieillard qui l'a sauvé quand il était enfant malgré les ordres de Laïos effrayé par un oracle). Cette tyrannie est le produit d'une histoire marquée par une succession d'épisodes sanglants impliquant les souverains thébains. Le chœur, qui déclare que « Depuis [la fondation de la ville] / La terre n'a cessé de produire des monstres », rappelle ainsi l'histoire d'Actéon, héros chasseur déchiré par ses propres chiens pour avoir vu la déesse Artémis nue, celle de Penthée que sa propre mère tua sous l'emprise de Bacchus, ou encore celle des soldats nés des dents du dragon tué par Cadmos le fondateur de Thèbes : « Il y eut les fils de la terre / [...] La horde fratricide / [...] Les peuples étrangers suivaient avec terreur / L'enfance prodigieuse de ce peuple de monstres / Et voici qu'est tombée cette jeunesse brutale / La terre vit revenir dans son ventre / Ses enfants nouveau-nés. »*

7. ŒDIPE

[...] Toute la nuit la Peste a frappé
Elle a parcouru la ville

Allant de porte en porte
Le beau spectacle que le jour va révéler
Le beau carnage

La volupté du pouvoir
Pour qui ? Quel roi ?
On nous a trompés
Les palais ont des façades superbes qui ouvrent sur l'Enfer

Toi
Toute l'année
Qui reçois les vents de plein fouet au bout des grands
[promontoires
La mer est calme
Et pourtant tu es harcelé par les vagues
Elles battent et reviennent sans fin
Nous les rois
Dans nos empires trop grands
Sur nos trônes trop hauts
Nous sommes livrés aux tribulations de l'histoire

J'avais raison
J'avais bien raison de fuir le pouvoir et mon père Polybe [1]
Délivré, le cœur léger, vagabond tranquille, j'allais
Et puis, le ciel m'en est témoin
Je suis tombé dans un piège
Je suis tombé dans le pouvoir

J'ai peur
J'ai peur d'une chose horrible
Une chose dont il ne faut pas parler

1. Mon père Polybe : le roi de Corinthe, qui avait recueilli Œdipe qui se croyait donc son fils. Or selon l'oracle, il devait tuer son père.

Mon père doit mourir de ma main
Les lauriers de Delphes [1] me le prédisent
Et ils parlent aussi d'une autre chose
Et ils disent qu'elle sera pire
Quoi ? Il y aurait pire que tuer son père ?
Triste amour sacré de mes parents
J'ai honte
Honte de répéter à voix haute la parole d'Apollon
Cette menace qui pèse
Sur la chambre nuptiale de mon père
Son lit maudit
Moi
Son fils
Je le profanerai
J'y ferai brûler la torche de l'inceste

Alors j'ai pris peur
Une peur panique
J'ai fui le royaume de mon père
Mais je ne suis pas un banni
Je ne suis pas un criminel
Je ne fuyais que moi
Moi ce traître probable
Nature, Ordre, Justice du monde
Je ne voulais pas devenir un hors-la-loi

Bien sûr c'est trop horrible, trop monstrueux
C'est inimaginable
Bien sûr pourtant
Il faut toujours se méfier
Moi je me méfie de tout et de tout le monde

1. Delphes : lieu où Apollon délivrait ses oracles.

Je me méfie de moi

Déjà ça vient
Ça se prépare
Ça se machine contre nous
Ça nous est destiné
Comment comprendre sinon cette gangrène qui ronge le
[peuple de Thèbes
Ces hommes qui meurent par bataillons entiers
Et moi
Seul
Au milieu des morts
Moi qui reste indemne ?
On me garde pour la bonne bouche
On me réserve pour une catastrophe

Je vois ma ville s'effondrer
De nouveaux enterrements
De nouvelles pleureuses défilent sans fin
Je vois mon peuple s'enliser dans la mort
Et je reste là
Spectateur invulnérable

[...] Où trouver un refuge ?
Rien
Personne ne peut échapper
Jeunes gens, vieillards, pères, fils
Âges et sexes, c'est la grande communion, la grande égalité
C'est la Peste [...]

Prosterné je suis là
Devant l'autel
Je tends les mains
Je supplie

Le temps est venu
Je ne veux pas le voir
Je ne veux pas voir mon pays s'effondrer
Je ne veux pas être le dernier à mourir
Je ne veux pas être la fin de mon royaume
Dieux
Vos volontés ne sont-elles que souffrances ?
Destin tu m'écrases
Dans ce peuple il n'y en a qu'un seul
Un seul à qui vous refusiez la mort
C'est moi
Pourquoi ?
La mort est pourtant là
Toute prête

Va-t'en
Laisse ce royaume pourri
La main de la mort l'a touché
Laisse ces larmes, ces funérailles
Quitte ce ciel
Cette infection
Et emporte-la avec toi
Étranger de malheur
Va-t'en
Trouve ailleurs un asile
Va-t'en vite
Où aller ? Va donc chez tes parents.

(Imprimerie nationale.)

Arrêt sur lecture 1

La tragédie grecque

Naissance d'un genre

Une dimension civique et politique – Le genre de la tragédie a un lieu et une date de naissance : le théâtre grec, plus précisément athénien, au Ve siècle av. J.-C. Si ses origines sont obscures, ses conditions de création, elles, sont bien connues. La tragédie était, à Athènes, liée aux fêtes annuelles qui célébraient l'unité de la cité, les Panathénées. Les représentations théâtrales s'y donnaient sous forme de concours. Plusieurs auteurs proposaient chacun trois tragédies formant une trilogie, normalement accompagnée d'un drame satirique, et le public et un jury décernaient un prix à l'auteur du meilleur ensemble. Il ne faut cependant pas imaginer ces auteurs comme on se représente aujourd'hui les écrivains. D'une part, ils n'étaient pas des professionnels de l'écriture, mais des citoyens qui avaient leur rôle à jouer dans la cité. D'autre part, ils ne composaient pas de façon autonome, mais au sein d'un projet dirigé par un grand personnage de la cité, qui finançait le spectacle, ses répétitions, les troupes d'acteurs nécessaires, et donc exerçait une forme de direction sur l'auteur. Enfin, jouées dans le cadre de fêtes civiques, unissant indissociablement des rites religieux – des hommages aux dieux – et politiques – la fête dit l'unité et la grandeur de la cité –, ces pièces prenaient leur sens en fonction de ce contexte ; une part de ce sens est donc aujourd'hui perdu.

Le spectacle – Les conditions de représentation étaient également très différentes de celles que l'on connaît de nos jours. Pas de salle de théâtre fermée, pas de réservations de billets et de places... Les représentations avaient lieu en plein air, dans un espace qui pouvait recevoir des milliers de personnes : tous les citoyens pouvaient y assister, et s'y dérober était mal vu, comme le fait apparaître le texte de Jacqueline de Romilly (**40**). Le théâtre était composé d'un mur de fond, couvert d'une sorte de décor – en général, des colonnes –, d'un lieu au niveau du sol, l'*orchestra*, où se tenait le chœur*, et d'un lieu plus élevé – la scène ou « théâtre » proprement dit – où se tenaient les personnages de héros. Le chœur*, groupe d'acteurs qui n'étaient pas distingués par des noms spécifiques, représentait une collectivité – femmes, vieillards... – qui en général portait les paroles de la raison et du bon sens. Il était conduit par un chef de chœur, ou coryphée*, qui pouvait dialoguer seul avec le héros. Les acteurs portaient des masques qui symbolisaient leur trait distinctif (héros, reine, etc.), des costumes symboliques eux aussi, et enfin des chaussures spéciales, les cothurnes, qui les grandissaient : souci de visibilité devant un public nombreux où une part des spectateurs se trouvait loin de la scène, mais aussi volonté de donner un sentiment de grandeur accru. Le spectacle était accompagné de musique, et, par moments, le chœur pouvait recourir à une diction en mélopée, voire au chant.

Le personnel tragique grec – Le nombre des personnages n'avait rien de fixe. Initialement, le chœur dialoguait avec un seul héros*, puis plusieurs personnages principaux ont été mis en présence, sur le devant de la scène. Ces personnages pouvaient être des dieux, mais aussi des personnages historiques : une des premières tragédies grecques, *Les Perses* d'Eschyle, fait retentir les lamentations de la Cour de Perse apprenant que l'armée envoyée à la conquête d'Athènes a été vaincue à la bataille de Salamine. Les sujets sont donc très divers. Ils l'étaient sans doute encore davantage que nous ne l'imaginons : seul un nombre restreint de pièces a été conservé ; sans doute seulement celles qui étaient jugées les meilleures et qui, pour cette raison, avaient fait l'objet de copies.

Parmi celles-ci, les sujets empruntés à l'histoire récente sont assez peu nombreux, tandis que ceux concernant les grandes familles royales déjà légendaires au ve siècle – ce que nous appellerions la mythologie – l'emportent.

Le héros tragique

Une figure de la transgression – Le héros tragique grec apparaît comme victime de sa démesure, ou *hybris**, qui consiste en une transgression de limites présentées comme indispensables à la survie de la collectivité comme de l'individu. Le deuil d'Électre* dans la tragédie éponyme de Sophocle, par exemple, est sans limite – alors que la réconciliation est nécessaire dans une famille comme dans toute autre communauté –, comme la haine d'Ajax pour Ulysse, et comme la volonté acharnée d'Œdipe* de conquérir sa place par ses propres forces, notamment les forces de son esprit. C'est le désir passionné – malgré les avertissements qu'il reçoit – de découvrir la vérité pour sauver Thèbes, comme il l'a déjà sauvée en répondant au Sphinx, qui le conduit à subir de plein fouet son double crime absolu, le parricide et l'inceste. On notera d'ailleurs qu'il ne meurt pas à la fin d'*Œdipe roi*, mais se crève les yeux ; il châtie ainsi son *hybris* de roi-enquêteur et choisit de devenir l'objet passif de la volonté des dieux. Cette transgression des limites peut aussi avoir pour auteurs et victimes des personnages non humains : dans l'exemple de *Prométhée enchaîné* (**1**), il s'agit d'une divinité qui a osé défier d'autres divinités (Zeus) mais qui, auparavant, a transgressé le lien de solidarité avec sa famille. Prométhée s'est en effet rangé du côté de Zeus et des nouveaux dieux, et non du côté des « anciens dieux » dont il était issu. De plus, il a transgressé le principe d'une sorte de solidarité de caste, en donnant aux hommes ce que seuls les dieux possédaient : le feu.

Le conflit des pouvoirs – L'*hybris*, comme transgression des limites, apparaît ainsi également comme mise en conflit de deux ordres de valeurs – celui que le personnage incarne ne peut que venir se briser contre un autre – qui est aussi un conflit entre des pouvoirs. L'exemple d'Antigone est parlant à cet égard. C'est parce qu'elle est incapable de sortir de son univers de mort et d'accepter la vie commune qu'elle choisit la piété familiale contre l'ordre politique, représenté par les décisions du roi Créon. Le héros mû par l'*hybris* ne peut faire autrement que défier un pouvoir qui lui est supérieur, une puissance qui peut le détruire.

La tragédie latine

Vers le divertissement

À Rome, la tragédie occupe une place prépondérante parmi les spectacles nombreux qu'offre la vie culturelle de la cité. Elle constitue le genre* théâtral préféré des Romains, qui en voyaient souvent une dizaine au moins par année. Le modèle de la tragédie athénienne est repris : là comme ailleurs, la culture latine imite les Grecs. Cependant, la tragédie n'a plus du tout le même statut qu'à Athènes. Elle ne s'inscrit plus dans une fête civique. Elle n'a plus de fonction politique directe. Les personnages évoqués relèvent d'une histoire ou d'une mythologie que chacun sait étrangères, comme le fait remarquer Florence Dupont (**42**). Mais les sujets gardent une signification politique, non comme représentation de mythes censés renvoyer aux origines de la cité, mais comme moyen de mettre en scène des questions politiques générales. À travers l'« exotisme », la fiction donne à la collectivité le moyen de penser même dans la distraction. Reste que la distraction est la fonction première ; aussi l'attention aux « effets » est-elle grande. Ces effets peuvent provenir des jeux de scène, voire des « machines* » qui donnent des moments très spectaculaires ; ils viennent aussi du langage, souvent très emporté, imagé et poétique. Le principal auteur de tragédies latines est Sénèque, philosophe, précepteur de Néron et auteur de nombreux traités de morale d'inspiration stoïcienne. D'autres auteurs comme Naevius, Livius Andronicus, Ennius, que l'on situe dans la période du IIIe au Ier siècle av. J.-C., ne sont connus, au mieux, que par des fragments épars de leurs œuvres.

Naissance d'un nouveau héros tragique

***De l'*hybris *au* furor** – L'idée de rupture avec l'ordre humain et ses limites est conservée dans la tragédie romaine avec le *furor**. On remarque toutefois quelques inflexions : le *furor* est incontrôlé, proche de la *mania* (folie) qui saisit certains personnages grecs comme Ajax, ou les bacchantes dans la tragédie éponyme d'Euripide – possédée par l'extase dionysienne, une mère y massacre son fils, le roi Penthée –, alors que l'*hybris* n'est pas forcément une perte du contrôle sur soi. Le *furor* tend à faire du personnage qui en est frappé une sorte de monstre, à mi-chemin de l'animalité. C'est le cas, chez Sénèque, d'Hercule ou de Médée, qui tous deux massacrent leur famille, respectivement dans *Hercule furieux* et dans *Médée*. Œdipe, de même, voit progressivement sa monstruosité se dévoiler, et le *furor* qui en a été la cause. Ayant cru pouvoir échapper à l'oracle qui fixait son sort, il en est venu à s'emporter sans raison contre un voyageur gênant et à le tuer, sans savoir qu'il s'agissait de son père, puis a voulu être un héros exceptionnel, accomplir un « exploit », en libérant Thèbes du Sphinx et en méritant ainsi le trône, lui qui n'était qu'un exilé volontaire errant sur les routes, et c'est ainsi qu'il est devenu l'époux de sa mère. *Hybris* et crime* (*furor* et *nefas* dans le cas latin) sont de la sorte toujours liés.

De la fureur au crime – L'action* de la tragédie latine se caractérise en effet par deux traits majeurs. D'une part, le héros y est frappé de *furor*. Si on traduit en général ce mot par « folie » ou « fureur », le terme signifie plus exactement en latin « état de celui qui n'a plus le contrôle de ses actes » ; il s'agit d'une notion juridique. Le second trait principal du héros tragique latin est le *nefas*, qui renvoie au crime, plus précisément à un « crime contre l'ordre fondamental du monde ». Le héros tragique est celui qui, frappé de *furor*, commet un acte qualifié de *nefas* et se trouve dès lors banni du monde des hommes, même s'il reprend conscience et conçoit toute l'horreur de son crime. Le cas d'Œdipe est exemplaire de cette logique de l'irréversibilité du dépassement de certaines limites.

fureur = perte de contrôle sur soi

hybris = pas forcément une perte de contrôle sur soi

≠ infanticide

LE TRAGIQUE AU THÉÂTRE : LA RENAISSANCE ET L'ÂGE CLASSIQUE

Jean de La Taille (1533-1617)

Saül le furieux (1572)

Gentilhomme pauvre, Jean de La Taille combattit dans le camp des protestants durant les guerres de religion. Il donna des œuvres nombreuses : poésies, comédies et surtout tragédies. En 1572, il publie un recueil de ses œuvres avec celles de son frère aîné, lui-même auteur de deux tragédies, précédé d'un traité De l'art de la tragédie *où il reprend les principes de la poétique d'Aristote, notamment les trois unités. Dans le volume suivant, paru l'année d'après, il reprend certaines de ces idées en préface à sa pièce de* Saül le furieux. *Mais surtout, il y explique que la tragédie est un moyen d'évoquer de façon indirecte les questions angoissantes qui se posent dans la réalité contemporaine, et le caractère tragique de cette réalité. Les guerres de religion, les affrontements entre membres des mêmes familles sont le sujet de* Saül le furieux, *mais par le détour d'une œuvre au thème biblique. En effet, Saül est, dans l'Ancien Testament, le premier roi d'Israël (au* IXe *siècle av. J.-C.). Désigné comme roi par le prophète Samuel (donc par l'autorité religieuse), il devint un tyran, s'éloigna de sa foi première, et fut détrôné et remplacé par David.*

8. **M**adame, combien que les piteux désastres advenus naguère en la France par nos guerres civiles, fussent si grands, et que la mort du roi Henri[1], du roi son fils[2], et du roi de Navarre[3] votre oncle, avec celle de tant d'autres Princes, Seigneurs, Chevaliers et Gentilshommes, fut si pitoyable qu'il ne faudrait autre chose pour faire des Tragédies : ce néanmoins pour n'en être du tout le propre sujet, et pour ne remuer nos vieilles et nouvelles douleurs, volontiers je m'en déporte, aimant mieux décrire le malheur d'autrui que le nôtre, qui m'a fait non seulement voir les deux rechutes de nos folles guerres, mais y combattre, et rudement y être blessé. Je veux sans plus ici vous dédier une Tragédie du plus misérable Prince qui porta jamais Couronne, le premier que jamais Dieu élut pour commander sur son Peuple, le premier aussi que j'ai élu pour écrire, afin qu'en vous faisant un tel présent, je puisse tant et tant montrer à l'œil de tous un des plus merveilleux secrets de toute la Bible, un des plus étranges mystères de ce grand Seigneur du monde, et une de ses plus terribles providences. Or afin que du premier coup vous y rencontriez le plaisir que je désire, j'ai pensé de vous donner quelque ouverture, et quelque goût d'une Tragédie, et en déchiffrant les principaux points, vous en pourtraire seulement l'ombre, et les premiers traits.

1. Le roi Henri : Henri II, qui mourut par accident lors d'un tournoi en 1569 ; sa mort favorisa l'ouverture des hostilités déclarées entre protestants et catholiques.
2. Du roi son fils : François II, il persécuta les protestants et mourut sans héritier en 1560.
3. Du roi de Navarre : Antoine de Bourbon, le père d'Henri IV, un des chefs protestants mort assassiné.

La tragédie donc est une espèce et un genre de Poésie non vulgaire, mais autant élégant, beau et excellent qu'il est possible. Son vrai sujet ne traite que de piteuses ruines des grands Seigneurs, que des inconstances de Fortune, que bannissements, guerres, pestes, famines, captivités, exécrables cruautés des Tyrans, et bref, que larmes et misères extrêmes, et non point de choses qui arrivent tous les jours naturellement et par raison commune, comme d'un qui se mourrait de sa propre mort, d'un qui serait tué de son ennemi, ou d'un qui serait condamné à mourir par les lois, et pour ses démérites : car tout cela n'émouvrait pas aisément, et à peine m'arracherait-il une larme de l'œil, vu que la vraie intention de la Tragédie est d'émouvoir et de poindre merveilleusement les affections d'un chacun car il faut que le sujet en soit si pitoyable et poignant de soi, qu'étant en bref et nuement dit, engendre en nous quelque passion : comme si vous conterait d'un à qui l'on fit malheureusement manger ses propres fils, de sorte que le Père (sans le savoir) servit de sépulcre à ses enfants[1], et d'un autre qui ne pouvant trouver un bourreau pour finir ses jours et maux, fut contraint de faire ce piteux office de sa propre main.

(Préface.)

1. Le Père servit de sépulcre à ses enfants : allusion à l'histoire d'Atrée et de Thyeste, mise au théâtre par Sénèque dans sa pièce intitulée *Thyeste*.

William Shakespeare (1564-1616)

La Tragédie d'Hamlet (1602)
(Trad. Jean-Michel Déprats)

En pleine renaissance en France dans la seconde moitié du XVI*e siècle, la tragédie l'est tout autant, voire davantage encore, dans d'autres pays européens, en particulier en Angleterre, où son principal représentant est William Shakespeare, homme de théâtre, poète et dramaturge. Il a donné aussi bien des pièces sans genre précis, qualifiées par la suite de « drames », que des comédies et des tragédies. Parmi celles-ci, certaines s'inspirent de sujets grecs (*Troïlus et Cressida *prend son sujet dans la légende de la guerre de Troie), d'autres de sujets historiques romains (*Jules César, *par exemple), d'autres enfin, et ce sont les plus nombreuses, ont des sujets historiques modernes. Ceux-ci sont tirés de l'histoire d'Angleterre (*Richard II, Richard III*...) ou de récits légendaires, comme les deux exemples retenus ci-après.*

Hamlet *a pour origine une partie légendaire de l'histoire du Danemark du haut Moyen Âge. Hamlet*, prince héritier de la couronne, perd son père. Règnent alors Claudius, frère du défunt, et la mère d'Hamlet, qui l'a épousé. Le prince, instruit, cultivé, amateur de littérature, est aimé d'Ophélie*, fille du Premier ministre Polonius. Mais il découvre que son père a été en réalité empoisonné par sa mère et par le régent qui était déjà l'amant de celle-ci. Le crime lui est révélé par des apparitions répétées du spectre de son père. Pour découvrir la vérité et se venger, Hamlet se fait passer pour fou. Il rompt avec Ophélie, et tue le père de celle-ci, qui en devient folle et meurt, par accident ou suicide. Puis il démasque enfin sa mère et son amant et se venge.*

La scène qui suit intervient au moment où le régent, qui se méfie d'Hamlet, tente de découvrir ses projets en mettant à contribution deux gentilshommes de la cour qui étaient censés être des amis du prince : Guildenstern et Rosencrantz. Méfiant et rusé, Hamlet les berne en contrefaisant le fou, au moment où une troupe de comédiens arrive au château pour y jouer la tragédie : « mise en abyme » (théâtre dans le théâtre) des pouvoirs de la tragédie, qui sous le masque de la fiction dit, de façon détournée, des choses du réel.

9. GUILDENSTERN. – Mon vénéré seigneur.

ROSENCRANTZ. – Mon très cher seigneur.

HAMLET. – Mes bons, mes excellents amis. Comment vas-tu, Guildenstern ? Ah ! Rosencrantz, chers compagnons, comment allez-vous tous deux ?

ROSENCRANTZ. – Comme d'ordinaires enfants de cette terre.

GUILDENSTERN. – Heureux de ne pas être trop heureux : sur le bonnet de la Fortune nous ne sommes pas la cocarde.

HAMLET. – Ni non plus la semelle de son soulier ?

ROSENCRANTZ. – Non plus, mon seigneur.

HAMLET. – Alors vous vivez aux alentours de sa taille, ou dans le creux de ses faveurs ?

GUILDENSTERN. – Ma foi, nous avons nos petites entrées.

HAMLET. – Dans les parties secrètes de la Fortune ? Oh ! c'est bien vrai, c'est une catin[1]. Quelles nouvelles ?

ROSENCRANTZ. – Aucune, mon seigneur, sinon que le monde devient honnête.

HAMLET. – Alors le jour du Jugement est proche. Mais vos nouvelles ne sont pas vraies. Laissez-moi vous poser une question plus précise. Qu'avez-vous fait, mes bons amis, à la Fortune, pour qu'elle vous envoie en prison ici ?

GUILDENSTERN. – En prison, mon seigneur ?

HAMLET. – Le Danemark est une prison.

ROSENCRANTZ. – Alors le monde en est une.

HAMLET. – Une fameuse, et dans laquelle il y a beaucoup de cachots, de cellules, et de culs-de-basse-fosse, le Danemark étant l'un des pires.

ROSENCRANTZ. – Nous ne le pensons pas, mon seigneur.

HAMLET. – Alors, c'est qu'il ne l'est pas pour vous, car rien n'est en soi bon ou mauvais, la pensée le rend tel. Pour moi c'est une prison.

1. Parties secrètes [...] catin : triple jeu de mots et double allusion. Hamlet joue sur les mots en disant que les deux jeunes seigneurs sont des « intimes » de la Fortune et, de là, passe aux « parties intimes », puis il en tire l'idée que la Fortune, loin d'être juste, va du côté des plus riches, qui achètent ses faveurs (catin = « putain ») : allusion à un proverbe populaire mais aussi, pour les spectateurs qui savent ses soupçons contre le roi régent, aux manœuvres par lesquelles celui-ci est monté au plus haut degré de la Fortune.

ROSENCRANTZ. – Alors, c'est que votre ambition le rend tel ; il est trop étroit pour votre esprit.

HAMLET. – Ô Dieu, je pourrais être enfermé dans une coque de noix et m'y sentir roi d'un espace infini, n'était que j'ai de mauvais rêves.

GUILDENSTERN. – Les rêves, en vérité, sont ambition ; car la substance même de l'ambition n'est que l'ombre d'un rêve.

HAMLET. – Un rêve n'est qu'une ombre.

ROSENCRANTZ. – Certes, et je tiens que l'ambition est d'une essence si subtile et si légère qu'elle n'est que l'ombre d'une ombre.

HAMLET. – En ce cas seuls les gueux sont des corps, et nos monarques et nos héros immenses ne sont que les ombres des gueux. Si nous allions à la Cour ? Car, ma foi, je suis incapable de raisonner.

TOUS LES DEUX. – Nous sommes à Votre service.

HAMLET. – Surtout pas. Je ne veux pas vous confondre avec le reste de mes gens ; car, à vous parler franc, je suis affreusement mal servi. Mais pour suivre les sentiers battus de l'amitié, que venez-vous faire à Elseneur ?

ROSENCRANTZ. – Vous rendre visite, mon seigneur, rien d'autre.

HAMLET. – Gueux que je suis, je suis même pauvre en mercis, mais je vous remercie ; et pourtant, chers amis, mes mercis sont trop chers d'un demi-sol. Ne vous a-t-on pas appelés ? Êtes-vous ici de votre propre inclination ? Est-ce une visite spontanée ? Allez, soyez francs avec moi. Allez, allez, dites.

GUILDENSTERN. – Que pourrions-nous dire, mon seigneur ?

HAMLET. – Tout sauf la vérité. On vous a appelés, et il y a une sorte d'aveu dans vos regards que votre confusion n'est pas assez habile pour farder. Je sais que le bon roi et la reine vous ont appelés.

ROSENCRANTZ. – À quelle fin, mon seigneur ?

HAMLET. – Ça, vous devez me l'apprendre. Mais je vous en conjure par les liens de notre camaraderie, par l'accord de notre jeunesse, par les obligations de notre amitié toujours préservée, et par tout ce qu'un avocat plus inspiré pourrait invoquer de plus cher, soyez francs et directs avec moi : vous a-t-on appelés ou non ?

ROSENCRANTZ. – Que dire ?

HAMLET. – Allons, j'ai l'œil sur vous : si vous m'aimez, ne gardez rien pour vous.

GUILDENSTERN. – Mon seigneur, on nous a appelés.

HAMLET. – Je vais vous dire pourquoi. Ainsi ma révélation préviendra votre aveu, et le secret promis au roi et à la reine n'y laissera pas une plume. J'ai, depuis peu, pourquoi je n'en sais rien, perdu toute ma gaieté, abandonné mes exercices coutumiers ; et de fait mon humeur est si pesante que cette belle architecture, la terre, me semble un promontoire stérile. Cette superbe voûte, le ciel, voyez-vous cet éclatant firmament en surplomb, ce toit majestueux sculpté de flammes d'or, oui, tout cela n'est plus pour moi qu'un noir et pestilentiel agrégat de vapeurs. Quel chef-d'œuvre que l'homme ! Si noble en sa raison, si infini dans ses facultés, par ses formes et ses mouvements si bien modelé et si admirable, par l'action si proche d'un ange, par la pensée si proche d'un dieu : la merveille du monde, le parangon des animaux ! Et cependant, pour moi, que vaut cette quintessence de poussière ? L'homme ne m'enchante plus, ni les femmes d'ailleurs, même si par votre sourire vous semblez le suggérer.

ROSENCRANTZ. – Mon seigneur, mes pensées n'étaient pas de cette étoffe.

HAMLET. – Alors pourquoi avez-vous ri quand j'ai dit : « L'homme ne m'enchante plus » ?

ROSENCRANTZ. – Je pensais, mon seigneur, si l'homme n'a plus de charme pour vous, à l'accueil de carême[1] que les comédiens recevront de vous. Nous les avons dépassés sur la route, et ils viennent ici vous offrir leurs services.

HAMLET. – Celui qui joue le Roi sera le bienvenu ; Sa

1. Carême : pendant la période du carême, les représentations théâtrales étaient interdites dans les villes.

Majesté recevra mon tribut. Le Chevalier errant pourra brandir son épée et son bouclier, l'Amoureux ne soupirera pas gratis, le Lunatique pourra finir son rôle en paix, le Bouffon fera rire ceux qui ont au moindre déclic les poumons chatouillés, et la Dame pourra dire sa pensée librement, ou le vers blanc boitera. Quels sont ces comédiens ?

ROSENCRANTZ. – Ceux-là mêmes que vous preniez tant de plaisir à voir, les tragédiens de la Cité.

(Acte II, scène 2, Éditions Gallimard.)

Doutant de la folie d'Hamlet, le roi, la reine et le Premier ministre essayent de le démasquer d'une autre façon : ils arrangent une rencontre inattendue avec Ophélie, pour savoir si devant elle il se comportera de façon normale, et ils le guettent, cachés. Hamlet, ignorant leur présence, se livre à une méditation qui résume le tragique de son existence. Mais le texte en est ambigu, de sorte que les observateurs ne peuvent en conclure s'il s'agit d'une méditation profonde et poétique ou d'un délire. Puis il découvre la présence d'Ophélie, et la repousse durement : elle croit qu'il s'agit seulement d'un amour fini alors qu'il agit ainsi pour mener à bien son projet de vengeance ; autre forme de tragique, et pour elle, et pour lui.

10.

Sortent Rosencrantz et Guildenstern.

LE ROI

Douce Gertrude, laissez-nous aussi,
Car nous avons en secret fait venir Hamlet
Pour qu'il se trouve ici, comme par hasard,
En présence d'Ophélie. Son père et moi, espions légitimes,
Nous allons nous placer, voyant sans être vus,

De façon à pouvoir librement juger de leur rencontre,
Et déduire de son comportement
Si c'est ou non d'un mal d'amour
Qu'il souffre de la sorte.

LA REINE

Je vais vous obéir.
Pour vous, Ophélie, je souhaite
Que vos sages beautés soient l'heureuse cause
De la fureur d'Hamlet : ainsi je pourrai espérer que vos [vertus
Le remettront sur son chemin habituel,
Pour votre honneur à tous deux.

OPHÉLIE

Madame, je le souhaite.

POLONIUS

Ophélie, promenez-vous ici. Votre Grâce, s'il vous plaît,
Allons prendre place. Lisez ce livre.
Ce semblant de piété colorera
Votre solitude. Nous sommes souvent à blâmer en ceci :
Il n'est que trop prouvé qu'avec le visage de la dévotion
Et de pieuses actions, nous enrobons de sucre
Le diable lui-même.

LE ROI

Oh ! ce n'est que trop vrai.
Quel cinglant coup de fouet ce discours donne à ma [conscience.
La joue de la catin, embellie par l'art du plâtre,
N'est pas plus laide sous le maquillage qui la flatte

Que ne l'est mon forfait sous le badigeon de mes mots.
Ô lourd fardeau !

Entre Hamlet.

POLONIUS

Je l'entends qui vient. Retirons-nous, mon seigneur.

HAMLET

Être, ou ne pas être, telle est la question.
Est-il plus noble pour l'esprit de souffrir
Les coups et les flèches d'une injurieuse fortune,
Ou de prendre les armes contre une mer de tourments,
Et, en les affrontant, y mettre fin ? Mourir, dormir,
Rien de plus, et par un sommeil dire : nous mettons fin
Aux souffrances du cœur et aux mille chocs naturels
Dont hérite la chair ; c'est une dissolution
Ardemment désirable. Mourir, dormir,
Dormir, rêver peut-être, ah ! c'est là l'écueil.
Car dans ce sommeil de la mort les rêves qui peuvent [surgir,
Une fois dépouillée cette enveloppe mortelle,
Arrêtent notre élan. C'est là la pensée
Qui donne au malheur une si longue vie.
Car qui voudrait supporter les fouets et la morgue du temps,
Les outrages de l'oppresseur, la superbe de l'orgueilleux,
Les affres de l'amour dédaigné, la lenteur de la loi,
L'insolence du pouvoir, et les humiliations
Que le patient mérite endure des médiocres,
Quand il pourrait lui-même s'en rendre quitte
D'un coup de dague ? Qui voudrait porter ces fardeaux,
Pour grogner et suer sous une vie harassante,
Si la terreur de quelque chose après la mort,

Contrée inexplorée dont, la borne franchie,
Nul voyageur ne revient, ne déroutait la volonté
Et ne nous faisait supporter les maux que nous avons
Plutôt que fuir vers d'autres dont nous ne savons rien ?
Ainsi la conscience fait de nous tous des lâches,
Et ainsi la couleur première de la résolution
S'étiole au pâle éclat de la pensée,
Et les entreprises de grand essor et de conséquence
Se détournent de leurs cours
Et perdent le nom d'action. Mais silence,
La belle Ophélie ! Nymphe, dans tes prières,
Souviens-toi de tous mes péchés.

OPHÉLIE

Mon bon seigneur,
Comment se porte Votre Grâce après tant de jours ?

HAMLET

Humblement je vous remercie, bien, bien, bien.

OPHÉLIE

Mon seigneur, j'ai des souvenirs de vous
Qu'il me tardait depuis longtemps de vous rendre.
Je vous prie de les recevoir à présent.

HAMLET

De moi, non,
Je ne vous ai jamais rien donné.

OPHÉLIE

Mon vénéré seigneur, vous savez bien que si,

Et avec des mots composés d'un souffle si délicieux
Qu'ils rendaient ces choses plus riches. Leur parfum
[perdu,
Reprenez-les, car, pour un noble esprit,
Riches dons deviennent pauvres quand le donneur se fait
[cruel.
Tenez, mon seigneur.

HAMLET. – Ha, ah ? Êtes-vous vertueuse ?

OPHÉLIE. – Mon seigneur ?

HAMLET. – Êtes-vous belle ?

OPHÉLIE. – Que veut dire Votre Seigneurie ?

HAMLET. – Que si vous êtes vertueuse et belle, votre vertu ne devrait pas admettre de pourparlers avec votre beauté.

OPHÉLIE. – La beauté, mon seigneur, peut-elle avoir meilleur commerce qu'avec la vertu ?

HAMLET. – Certes, oui, car le pouvoir de la beauté transformera la vertu en maquerelle plus vite que la force de la vertu ne changera la beauté à son image. C'était autrefois un paradoxe, mais aujourd'hui le temps en donne la preuve. Je vous aimais jadis.

OPHÉLIE. – En vérité, mon seigneur, vous me l'avez fait croire.

HAMLET. – Vous n'auriez pas dû me croire, car la vertu ne

peut être greffée sur notre souche originelle au point d'en chasser l'ancienne saveur. Je ne vous aimais pas.

OPHÉLIE. – Je n'en fus que plus trompée.

HAMLET. – Va-t'en dans un cloître. Quoi, tu voudrais procréer des pécheurs ? Je suis moi-même moyennement vertueux, et pourtant je pourrais m'accuser de choses telles qu'il vaudrait mieux que ma mère ne m'eût pas mis au monde. Je suis très orgueilleux, vindicatif, ambitieux, et j'ai plus de forfaits en réserve que je n'ai de pensées pour les concevoir, d'imagination pour leur donner forme, ou de temps pour les accomplir. À quoi bon des êtres tels que moi qui se traînent entre ciel et terre ? Nous sommes de vraies crapules, ne crois aucun de nous. Va-t'en dans un cloître. Où est votre père ?

(Acte III, scène 1, Éditions Gallimard.)

Hamlet, feignant toujours la folie, se rend dans la chambre de sa mère. Polonius s'y est caché derrière un rideau, pour l'observer. Hamlet fait comme s'il croyait voir un rat, et le tue. Ophélie se noie. Et le roi envoie Hamlet, sous l'escorte de ses deux faux amis, à l'étranger avec mission de l'y faire mourir. Hamlet les démasque, les tue, revient à la cour de Danemark. Le roi l'oblige à un duel truqué – l'épée de son adversaire est empoisonnée – pour le faire mourir, et prépare, pour le cas où il en réchapperait, une coupe de vin empoisonné. En fait, c'est la reine qui s'empoisonne. Hamlet remporte le duel, oblige le roi à s'empoisonner, mais, se trouvant blessé, il meurt à son tour tandis que l'armée de Norvège envahit le Danemark.

Macbeth (1606) (Trad. Jean-Michel Déprats)

Autre tragédie historique fondée sur un sujet légendaire, Macbeth *a pour héros un roi d'Écosse tyrannique qui régna au* XIe *siècle. Gentilhomme au service de son roi et guerrier valeureux, il rencontre, au soir d'une bataille, des sorcières qui lui prédisent qu'il sera roi. Il décide alors, avec la complicité de sa femme, de tuer le roi qui doit passer la nuit dans son château pour se reposer après le combat, et de prendre le trône. Pour cela, il drogue la boisson du roi et des deux gardes du corps qui veillent sur lui, poignarde le roi avec les armes de ces derniers, et les fait accuser du meurtre.*
Mais il est aussitôt après saisi par des hallucinations et des terreurs qui lui rappellent son crime. Il se méfie de tous, fait mourir ses plus proches gentilshommes, et est à la fin tué par un de ceux qui avaient fui et dont il a fait mourir la femme et les enfants.

11.

Entre Lady Macbeth.

LADY MACBETH

Ce qui les a rendus ivres m'a rendue intrépide.
Ce qui les a éteints m'a enflammée. Écoutez, silence !
C'est la chouette qui a crié, fatal veilleur
Qui porte le plus sinistre bonsoir. Il est à l'œuvre.
Les portes sont ouvertes, et les gardes gorgés de vin
Narguent leur fonction de leurs ronflements. J'ai si bien
[drogué leur boisson
Que mort et nature se querellent pour décider
S'ils vivent ou s'ils meurent.

Entre Macbeth.

MACBETH

Qui va là ? Quoi, holà !

LADY MACBETH

Hélas ! j'ai peur qu'ils ne se réveillent
Avant que ce soit fait. C'est la tentative, et non l'acte,
Qui nous perd. Écoute ! J'avais bien disposé les poignards,
Il n'a pas pu ne pas les voir. S'il n'avait pas ressemblé
À mon père dans son sommeil, je l'aurais fait. Mon mari !

MACBETH

C'est fait. N'as-tu pas entendu du bruit ?

LADY MACBETH

J'ai entendu le cri de la chouette et le chant des grillons.
N'avez-vous pas parlé ?

MACBETH

Quand ?

LADY MACBETH

À l'instant ?

MACBETH

Quand je suis descendu ?

LADY MACBETH

Oui.

MACBETH

Écoute !
Qui dort dans la seconde chambre ?

LADY MACBETH

Donalbain.

MACBETH

Pitoyable vision.

LADY MACBETH

Sotte pensée de dire : « Pitoyable vision. »

MACBETH

L'un a ri dans son sommeil, l'autre a crié : « Au meurtre ! »
Et ils se sont réveillés l'un l'autre. J'étais là, j'écoutais :
Mais ils ont récité leurs prières et se sont à nouveau
Disposés à dormir.

LADY MACBETH

Ils sont deux dans la chambre[1].

MACBETH

L'un a crié : « Dieu nous bénisse », « Amen », a répondu
[l'autre,
Comme s'ils m'avaient vu avec ces mains de bourreau.
Et moi qui écoutais leur frayeur, je n'ai pas pu répondre :
[« Amen »
Quand ils ont dit : « Dieu nous bénisse. »

LADY MACBETH

Ne scrutez pas la chose aussi profondément.

1. Les deux gardes du corps du roi, qui couchaient dans sa chambre.

MACBETH

Mais pourquoi n'ai-je pas pu dire : « Amen » ?
J'avais grand besoin de bénédiction, et cependant « Amen »
S'est collé dans ma gorge.

LADY MACBETH

Il ne faut pas penser à ces choses
De cette façon. Cela nous rendra fous.

MACBETH

Il m'a semblé entendre une voix qui criait : « Ne dormez [plus !
Macbeth assassine le sommeil », l'innocent sommeil,
Le sommeil qui retisse les fils enchevêtrés du souci,
Mort de la vie de chaque jour, bain du rude labeur,
Baume des esprits blessés, seconde assiette de la grande [nature,
Nourriture suprême au festin de la vie…

LADY MACBETH

Que voulez-vous dire ?

MACBETH

Et toujours elle criait à toute la maison : « Ne dormez [plus !
Glamis a assassiné le sommeil, c'est pourquoi Cawdor
Ne dormira plus : Macbeth ne dormira plus. »

LADY MACBETH

Qui est-ce qui criait ainsi ? Allons, digne thane[1],

1. Thane : titre de noblesse dans la tradition écossaise médiévale.

Vous relâchez vos nobles forces, à rouler
Ces pensées morbides. Allez chercher de l'eau,
Et lavez votre main de cette trace infecte.
Pourquoi avez-vous rapporté ces poignards de là-bas ?
Ils doivent y rester. Allez les y remettre, et barbouillez
De sang les gardes endormis.

MACBETH

Je n'y retournerai pas.
J'ai peur de penser à ce que j'ai fait :
Revoir cela, je n'ose pas.

LADY MACBETH

Infirme volonté !
Donnez-moi ces poignards. Les dormeurs et les morts
Ne sont que des images. C'est l'œil de l'enfant
Qui a peur d'un diable peint. S'il saigne encore,
Je dorerai de sang le visage des gardes,
Car il faut que cela paraisse leur crime.

Elle sort.
On frappe en coulisse.

MACBETH

Où frappe-t-on ?
Qu'ai-je donc, que le moindre bruit m'épouvante ?
Quelles sont ces mains ? Ah ! elles m'arrachent les yeux !
Tout l'océan du grand Neptune pourra-t-il
Laver ce sang de ma main ? Non, c'est plutôt cette main
Qui empourprera les multitudes marines,
Faisant de tout ce vert un rouge.

Rentre Lady Macbeth.

LADY MACBETH

Mes mains ont la couleur des vôtres, mais j'aurais honte
De porter un cœur aussi blanc.

On frappe.

J'entends frapper
À la porte sud. Retirons-nous dans notre chambre.
Un peu d'eau nous lavera de cet acte.
Et dès lors tout sera facile ! Votre sang-froid
Vous a faussé compagnie.

On frappe.

Écoutez, on frappe encore.
Mettez votre robe de chambre, de peur qu'un incident ne
[nous appelle
Et ne montre que nous étions éveillés. Ne soyez pas
Si piteusement perdu dans vos pensées.

MACBETH

Connaître mon acte, plutôt ne pas me connaître moi-même.

On frappe.

Réveille Duncan[1] avec tes coups : ah! si tu le pouvais !

Ils sortent.

(Acte II, scène 2, Éditions Gallimard.)

1. Duncan : autre gentilhomme de la suite du roi, à qui il va faire découvrir le crime comme si les gardes du corps en étaient les coupables.

Alexandre Hardy (1570-1632)

Scédase ou l'hospitalité violée (1609-1610)

Scédase* *représente le cas unique d'une tragédie dont le héros est un paysan victime de sa condition. Ses deux filles ont été violées et assassinées (acte III) par deux gentilshommes de Lacédémone (autre nom de Sparte). Il va à Sparte réclamer que justice soit faite des deux jeunes gens, mais ne peut l'obtenir (acte V) du roi de la cité qui confirme par là sa corruption décrite dès la scène 1 de l'acte I. L'échec de sa démarche auprès du roi Agésilas met Scédase au comble du désespoir et le pousse au suicide, mais lui rend confiance dans la divinité à laquelle il délègue sa vengeance; sa mort devient ainsi le terme héroïque d'un processus d'élévation et de purification du personnage.*

12.

SCÉDASE

Juge, inique juge, à son pays funeste
Si quelque arbitre siège en le trône céleste,
Arbitre incorruptible, arbitre souverain,
Qui mes justes clameurs écoute plus humain,
Le châtiment viendra, et vous à qui l'outrage
Comme amis éprouvés, a meurtri le courage,
Vous que même péril menace désormais,
Venez un acte voir mémorable à jamais,
Acte vraiment pieux, ou plutôt sacrifice
À mes filles voué pour un dernier office.

ÉVANDRE

Pour tout honneur glorieux, leur vertu n'a que soi,
Elle mériterait l'éclat du plus grand roi,

Le Soleil qui commande à la troupe éplorée,
Esprits qui d'injustice ici-bas ont souffert
Mais allons accomplir l'anniversaire offert.

CHŒUR DE LEUCTRIENS

Depuis que l'homme vient au monde
Jusqu'à l'heure de son trépas
Mille malheurs lâchent la bonde
Inséparable de ses pas.
Il n'a félicité qui dure
Et celui se peut dire heureux,
À qui la fortune moins dure
Ne montre un front trop rigoureux.

Tel semble au-dessus de l'envie
Ne plus redouter de rancœur,
Tel semble avoir coulé sa vie
De toute adversité vainqueur,
À qui le hasard infidèle
Fera, sous ses pieds, terrassé,
Sentir une plaie mortelle
Pour le prix du bonheur passé.

Comme l'on voit d'expérience
Ainsi que le foudre toujours,
Brise, jaloux d'impatience,
La tête des plus hautes tours,
L'envie attaque furieuse
Ceux où la vertu fait séjour,
La nuée se plaît envieuse
À noircir le clair de leur jour.

Elle a des pièges invisibles
Qui trompent les pauvres humains,

Pièges qui tuent, insensibles,
Lorsqu'on se croit hors de ses mains !
Prudence la plus renommée
Jamais ne les sut prévenir,
Ne voyant qu'à porte fermée
Les malheurs qui sont à venir.

Ô exemple autant déplorable
Entre mille et mille divers
Qu'en son théâtre misérable
Puisse produire l'Univers !
Ô cruauté plus que barbare,
Ô dure insolence du sort
À qui nulle se compare,
Et qui nous fait pis que la mort !

Scédase que nous pouvons dire,
La palme des bons mériter,
Fut meurtri de la façon pire
Qui jamais se pourra chanter.
Ce vieillard à tous vénérable
A subi le pire malheur
Qui puisse un père misérable
Assassiner dans son honneur.

Deux hôtes monstres en nature
Ont éteint le double flambeau
De sa pudique géniture,
Après l'honneur mis au tombeau,
Soleil, comment se put à l'heure
Du ciel parachever ton tour ?
Mais ne le vois-je pas qui pleure
(Signe funeste) à son retour ?

SCÉDASE

Accompagnez, amis, le misérable père
Qui de toute justice humaine désespère,
Qui va voir si là-bas en l'éternelle nuit
Sa plainte repoussée aura point plus de fruit.
Laissez-moi à ma peine, en chantant d'allégresse
Peine emplie de piété comme emplie de sagesse.
Mon voyage finit sur le proche tombeau,
Qui mes filles enferme, en leur âge si beau.

CHŒUR DE LEUCTRIENS

Ô Dieux ! enlevez-lui l'envie
Trop apparente en ce propos,
De conspirer contre sa vie
Pour trouver là-bas du repos.

SCÉDASE

Chère tombe, qui tiens mon espérance morte,
Autre libation que moi je ne t'apporte.
Vous n'aurez, chastes corps ici dedans reclus,
Ni hosties, ni vœux, ni honneurs superflus,
Je suis, hélas, je suis la brebis qui s'immole.
Avant descendre à vous, je dois prendre parole :
Dieux puissants, exaucez ma suppliante voix
Contre ces infracteurs de vos plus saintes lois,
Contre ces fiers tyrans qui foulent l'innocence,
Et qui sur notre ruine érigent leur puissance.
Grands Dieux, faites qu'un jour, le villageois courroux,
Ses habitants en foule, prêts à porter des coups,
Jette Sparte à l'envers, dessous le joug réduite,
Par l'un de nos enfants, l'armée étant conduite !
Fatale prophétie et douce à nos neveux

Lorsqu'ils récolteront, la moisson de mes vœux :
Adieu, troupe innocente, adieu, je te conjure
D'octroyer à mes os la même sépulture
Pour que meilleur destin t'arrive désormais.
C'en est fait à ce coup. Adieu pour tout jamais.

CHŒUR DE LEUCTRIENS

Comment, immobiles, permettre
Que ce furieux, inhumain,
Puisse un homicide commettre,
Envers soi, de sa propre main.

ÉVANDRE

Braves gens, ne croyez qu'avez commis un crime
En ne s'opposant point à ce coup magnanime,
Veuf, sans consolation, en l'arrière-saison,
L'âme n'a que bien fait de rompre sa prison
Depuis que le malheur étouffe l'espérance
L'homme doit, courageux, se tirer de souffrance
L'homme doit, courageux, malgré l'inique sort
Ce qu'il ne trouve ici, le chercher dans la mort
Un calme de durée, une heureuse franchise,
Une belle couronne à ses vertus acquise,
Un havre sans orage, un séjour gracieux,
Où ne pénétreront les ennuis soucieux.
Va Scédase, poursuis ta route généreuse,
Recueille avec ta race un repos éternel,
Tandis, on vous réserve à l'honneur solennel
Qu'obtiennent les héros tutélaires génies
Après le cours fatal de leurs trames finies,
Tandis que chaque année, une pluie de fleurs,
Qui s'accompagnera de celle de nos pleurs,

Décore votre tombe, outre mainte génisse,
Sans macule choisie, offerte en sacrifice ;
Or, commençons, amis, un suprême devoir,
Son corps mis au tombeau, prêt à le recevoir.

(Acte V, scène dernière.)

Corneille (1606-1684)

Rodogune, Princesse des Parthes. Tragédie (1645)

Rodogune, *dont Corneille affirme en 1660 qu'elle est sa tragédie préférée, par « la beauté du sujet, la nouveauté des fictions, la force des vers, la facilité de l'expression, la solidité du raisonnement, la chaleur des passions, les tendresses de l'amour et de l'amitié », met en scène une rivalité entre deux femmes, la reine veuve de Syrie, Cléopâtre, et Rodogune*, la sœur du roi des Parthes, prisonnière de la première et maltraitée par elle au moment où la pièce commence sur l'annonce de la paix entre les Syriens et les Parthes. Cléopâtre a deux fils jumeaux, Antiochus* et Séleucus, dont elle doit déclarer qui est l'aîné des deux, c'est-à-dire le futur roi, et qui aiment tous deux Rodogune. Cléopâtre, qui hait Rodogune, demande à ses fils de la tuer ; ils s'y refusent – tout comme ils refusent à Rodogune, qui craint Cléopâtre, de tuer leur mère pour sa défense – tous les deux, ce qui amène Cléopâtre à vouloir se venger d'eux. Au début de l'acte V, Cléopâtre a déjà poignardé Séleucus, et elle projette de tuer Antiochus, qu'elle a déclaré l'aîné des deux princes, en empoisonnant le vin qu'il doit boire pour sceller son mariage avec Rodogune, qui partage son amour.*

13. *ANTIOCHUS, CLÉOPÂTRE, RODOGUNE,*
TIMAGÈNE, ORONTE (SERVITEUR D'ANTIOCHUS),
LAONICE (SUIVANTE DE CLÉOPÂTRE), SERVITEURS

ANTIOCHUS

Qu'est-il donc arrivé ?

TIMAGÈNE

Le prince votre frère…

ANTIOCHUS

Quoi, se voudrait-il rendre à mon bonheur contraire[1] ?

TIMAGÈNE

L'ayant cherché longtemps afin de divertir
L'ennui que de sa perte il pouvait ressentir,
Je l'ai trouvé, Seigneur, au bout de cette allée,
Où la clarté du ciel semble toujours voilée.
Sur un lit de gazon, de faiblesse étendu,
Il semblait déplorer ce qu'il avait perdu.
Son âme à ce penser paraissait attachée,
Sa tête sur son bras languissamment penchée,
Immobile et rêveur, en malheureux amant…

ANTIOCHUS

Enfin, que faisait-il ? achevez promptement.

TIMAGÈNE

D'une profonde plaie en l'estomac ouverte,
Son sang à gros bouillons sur cette couche verte…

1. Se rendre à mon bonheur contraire : s'opposer au mariage d'Antiochus et de Rodogune.

[...]
Surpris d'un tel spectacle, à l'instant je m'écrie,
Et soudain à mes cris, ce prince, en soupirant,
Avec assez de peine entr'ouvre un œil mourant,
Et ce reste égaré de lumière incertaine
Lui peignant son cher frère au lieu de Timagène,
Rempli de votre idée, il m'adresse pour vous
Ces mots où l'amitié règne sur le courroux :
« Une main qui nous fut bien chère
Venge ainsi le refus d'un coup trop inhumain.
Régnez, et surtout, mon cher frère,
Gardez-vous de la même main.
C'est... » La Parque[1] à ce mot lui coupe la parole
Sa lumière s'éteint, et son âme s'envole,
Et moi, tout effrayé d'un si tragique sort,
J'accours pour vous en faire un funeste rapport.

ANTIOCHUS

Rapport vraiment funeste, et sort vraiment tragique,
Qui va changer en pleurs l'allégresse publique.
Ô frère, plus aimé que la clarté du jour,
Ô rival, aussi cher que m'était mon amour,
Je te perds, et je trouve en ma douleur extrême
Un malheur dans ta mort plus grand que ta mort même.
Oh ! de ses derniers mots fatale obscurité !
En quel gouffre d'horreurs m'as-tu précipité ?
Quand j'y pense chercher la main qui l'assassine,
Je m'impute à forfait tout ce que j'imagine.
Mais aux marques enfin que tu m'en viens donner,

1. La Parque : dans la mythologie, les trois Parques filaient le fil de la vie des humains ; la troisième le coupait, symbolisant ainsi la mort.

Fatale obscurité, qui dois-je soupçonner ?
« Une main qui nous fut bien chère ! »
Madame, est-ce la vôtre, ou celle de ma mère ?
Vous vouliez toutes deux un coup trop inhumain,
Nous vous avons tous deux refusé notre main.
Qui de vous s'est vengée ? est-ce l'une, est-ce l'autre
Qui fait agir la sienne au refus de la nôtre ?
Est-ce vous qu'en coupable il me faut regarder ?
Est-ce vous désormais dont je me dois garder ?

CLÉOPÂTRE

Quoi ? vous me soupçonnez ?

RODOGUNE

Quoi ? je vous suis suspecte ?

ANTIOCHUS

[...]
D'un et d'autre côté l'action est si noire,
Que n'en pouvant douter, je n'ose encore la croire.
Ô quiconque des deux avez versé son sang,
Ne vous préparez plus à me percer le flanc !
Nous avons mal servi vos haines mutuelles,
Aux jours l'une de l'autre également cruelles.
Mais si j'ai refusé ce détestable emploi,
Je veux bien vous servir toutes deux contre moi :
Qui que vous soyez donc, recevez une vie
Que déjà vos fureurs m'ont à moitié ravie.

Il tire son épée, et veut se tuer.

RODOGUNE

Ah ! Seigneur, arrêtez.

TIMAGÈNE

Seigneur, que faites-vous ?

ANTIOCHUS

Je sers l'une ou l'autre, et je préviens ses coups.

CLÉOPÂTRE

Vivez, régnez heureux.

ANTIOCHUS

Ôtez-moi donc de doute,
Et montrez-moi la main qu'il faut que je redoute,
Qui pour m'assassiner ose me secourir,
Et me sauve de moi pour me faire périr.
[...]

Cléopâtre et Rodogune s'accusent mutuellement. Au terme de leur long échange de tirades justificatrices, Rodogune remarque qu'Antiochus ne l'écoute pas.

ANTIOCHUS

Non, je n'écoute rien, et dans la mort d'un frère
Je ne veux point juger entre vous et ma mère.
Assassinez un fils, massacrez un époux [1],
Je ne veux me garder ni d'elle, ni de vous.
Suivons aveuglément ma triste destinée,
Pour m'exposer à tout achevons l'hyménée.
Cher frère, c'est pour moi le chemin du trépas ;
La main qui t'a percé ne m'épargnera pas ;

1. Un fils, dans le cas de Cléopâtre, un époux – puisque leurs noces sont près d'être célébrées – dans celui de Rodogune.

Je cherche à te rejoindre, et non à m'en défendre,
Et lui veux bien donner tout lieu de me surprendre,
Heureux si ma fureur, qui me prive de toi,
Se fait bientôt connaître en achevant sur moi,
Et si du ciel, trop lent à la réduire en poudre,
Son crime redoublé peut arracher la foudre !
Donnez-moi…

RODOGUNE, *l'empêchant de prendre la coupe*
Quoi ? Seigneur.

ANTIOCHUS
Vous m'arrêtez en vain,
Donnez.

RODOGUNE
Ah ! gardez-vous de l'une et l'autre main.
Cette coupe est suspecte, elle vient de la Reine.
Craignez de toutes deux quelque secrète haine.

CLÉOPÂTRE
Qui m'épargnait tantôt ose enfin m'accuser !

RODOGUNE
De toutes deux, Madame, il doit tout refuser.
Je n'accuse personne, et vous tiens innocente :
Mais il en faut sur l'heure une preuve évidente.
Je veux bien à mon tour subir les mêmes lois.
On ne peut craindre trop pour le salut des rois.
Donnez donc cette preuve, et pour toute réplique,
Faites faire un essai par quelque domestique.

CLÉOPÂTRE, *prenant la coupe*

Je le ferai moi-même. Eh bien ! redoutez-vous
Quelque sinistre effet encor de mon courroux ?
J'ai souffert cet outrage avecque patience.

ANTIOCHUS, *prenant la coupe des mains de Cléopâtre, après qu'elle a bu*

Pardonnez-lui, Madame, un peu de défiance.
Comme vous l'accusez, elle fait son effort
À rejeter sur vous l'horreur de cette mort,
Et soit amour pour moi, soit adresse pour elle,
Ce soin la fait paraître un peu moins criminelle.
Pour moi, qui ne vois rien, dans le trouble où je suis,
Qu'un gouffre de malheurs, qu'un abîme d'ennuis,
Attendant qu'en plein jour ces vérités paraissent,
J'en laisse la vengeance aux Dieux qui les connaissent,
Et vais sans plus tarder…

RODOGUNE

Seigneur, voyez ses yeux
Déjà tout égarés, troubles et furieux,
Cette affreuse sueur qui court sur son visage,
Cette gorge qui s'enfle. Ah, bons Dieux, quelle rage !
Pour vous perdre après elle, elle a voulu périr.

ANTIOCHUS, *rendant la coupe à Laonice ou à quelque autre*

N'importe, elle est ma mère, il faut la secourir.

CLÉOPÂTRE

Va, tu me veux en vain rappeler à la vie.
Ma haine est trop fidèle, et m'a trop bien servie :

Elle a paru trop tôt pour te perdre avec moi,
C'est le seul déplaisir qu'en mourant je reçoi.
Mais j'ai cette douceur dedans cette disgrâce
De ne voir point régner ma rivale en ma place.
Règne : de crime en crime enfin te voilà roi.
Je t'ai défait d'un père, et d'un frère, et de moi.
Puisse le ciel tous deux vous prendre pour victimes,
Et laisser choir sur vous les peines de mes crimes !
Puissiez-vous ne trouver dedans votre union
Qu'horreur, que jalousie, et que confusion !
Et pour vous souhaiter tous les malheurs ensemble,
Puisse naître de vous un fils qui me ressemble.

ANTIOCHUS

Ah ! vivez pour changer cette haine en amour !

CLÉOPÂTRE

Je maudirais les Dieux, s'ils me rendaient le jour.
Qu'on m'emporte d'ici : je me meurs, Laonice,
Si tu veux m'obliger par un dernier service,
Après les vains efforts de mes inimitiés,
Sauve-moi de l'affront de tomber à leurs pieds.

Elle s'en va, et Laonice l'aide à marcher.

ORONTE

Dans les justes rigueurs d'un sort si déplorable,
Seigneur, le juste ciel vous est bien favorable ;
Il vous a préservé, sur le point de périr,
Du danger le plus grand que vous puissiez courir,
Et par un digne effet de ses faveurs puissantes,
La coupable est punie et vos mains innocentes.

ANTIOCHUS

Oronte, je ne sais, dans son funeste sort,
Qui m'afflige le plus, ou sa vie, ou sa mort.
L'une et l'autre a pour moi des malheurs sans exemple :
Plaignez mon infortune. Et vous, allez au temple
Y changer l'allégresse en un deuil sans pareil,
La pompe nuptiale en funeste appareil,
Et nous verrons après, par d'autres sacrifices,
Si les Dieux voudront être à nos vœux plus propices.

(Acte V, scène 4.)

Discours de la tragédie et des moyens de la traiter selon le vraisemblable et le nécessaire (1660)

En 1660, Corneille fait paraître ses Œuvres *sous la forme prestigieuse d'une édition en trois volumes* in-octavo. *Chacun de ces volumes s'ouvre sur un* Discours *où Corneille prend position sur les principaux points du débat contemporain sur le théâtre :* Discours de l'utilité et des parties du poème dramatique, Discours de la tragédie et des moyens de la traiter selon le vraisemblable et le nécessaire, Discours des trois unités d'action, de jour et de lieu. *L'essentiel du deuxième de ces discours est consacré à une discussion avec Aristote, présenté comme n'ayant pu théoriser que le théâtre de son temps, auquel Corneille confronte celui de son époque, c'est-à-dire sa propre pratique. Le tragique apparaît ici comme une manière de comprendre ou de percevoir la réalité humaine, l'histoire, comme un affrontement grandiose entre l'impuissance des hommes sur les choses et leur puissance sur eux-mêmes.*

14. **O**utre les trois utilités du poème dramatique dont j'ai

parlé dans le discours que j'ai fait servir de préface à la première partie de ce recueil, la tragédie a celle-ci de particulière que *par la pitié et la crainte elle purge de semblables passions*. Ce sont les termes dont Aristote se sert dans sa définition, et qui nous apprennent deux choses : l'une, qu'elle excite la pitié et la crainte, l'autre, que par leur moyen elles purgent de semblables passions. [...]

Nous avons pitié, dit-il, *de ceux que nous voyons souffrir un malheur qu'ils ne méritent pas, et nous craignons qu'il ne nous en arrive un pareil, quand nous le voyons souffrir à nos semblables*. Ainsi la pitié embrasse l'intérêt de la personne que nous voyons souffrir, la crainte qui la suit regarde le nôtre, et ce passage seul nous donne assez d'ouverture pour trouver la manière dont se fait la purgation des passions dans la tragédie. La pitié d'un malheur où nous voyons tomber nos semblables nous porte à la crainte d'un pareil pour nous ; cette crainte, au désir de l'éviter, et ce désir, à purger, modérer, rectifier, et même déraciner en nous la passion qui plonge à nos yeux dans le malheur les personnes que nous plaignons, par cette raison commune, mais naturelle et indubitable, que pour éviter l'effet il faut retrancher la cause. [...] Il est vrai qu'on n'introduit d'ordinaire que des rois pour premiers acteurs [1] dans la tragédie et que les auditeurs n'ont point de sceptres par où leur ressembler, afin d'avoir lieu de craindre les malheurs qui leur arrivent, mais ces rois sont hommes comme les auditeurs et tombent dans ces malheurs par l'emportement des passions dont les auditeurs sont capables. Ils prêtent même un raisonnement aisé à faire [2] du plus grand au moindre, et le

1. Premiers acteurs : principaux personnages, protagonistes.
2. Aisé à faire : pour les spectateurs.

spectateur peut concevoir avec facilité que si un roi, pour trop s'abandonner à l'ambition, à l'amour, à la haine, à la vengeance, tombe dans un malheur si grand qu'il lui fait pitié, à plus forte raison lui qui n'est qu'un homme du commun doit tenir la bride à de telles passions, de peur qu'elles ne l'abîment dans un pareil malheur. Outre que ce n'est pas une nécessité de ne mettre que les infortunes des rois sur le théâtre, celles des autres hommes y trouveraient place, s'il leur en arrivait d'assez illustres et d'assez extraordinaires pour la mériter et que l'histoire prît assez de soin d'eux pour nous les apprendre. Scédase [1] n'était qu'un paysan de Leuctres, et je ne tiendrais pas la sienne indigne d'y paraître, si la pureté de notre scène pouvait souffrir qu'on y parlât du violement effectif de ses deux filles, après que l'idée de la prostitution n'y a pu être soufferte dans la personne d'une sainte qui en fut garantie [2].

Pour nous faciliter les moyens de faire naître cette pitié et cette crainte où Aristote semble nous obliger, il nous aide à choisir les personnes et les événements, qui peuvent l'exciter l'une et l'autre. Sur quoi je suppose, ce qui est très véritable, que notre auditoire n'est composé ni de méchants ni de saints, mais de gens d'une probité commune et qui ne sont pas si sévèrement retranchés dans l'exacte vertu qu'ils ne soient susceptibles des passions et capables des périls où elles engagent ceux qui leur déferent trop. [...]

En premier lieu, il ne veut point *qu'un homme fort vertueux y tombe de la félicité dans le malheur* et soutient *que*

1. Scédase : personnage de la tragédie d'Alexandre Hardy (voir texte 12).
2. Corneille fait ici allusion à l'échec de sa *Théodore* (1645), où la sainte est menacée d'être jetée dans un bordel. On peut remarquer qu'il est intéressé, à travers *Scédase*, par l'idée d'une grandeur dans la souffrance indépendante de l'élévation sociale.

cela ne produit ni pitié, ni crainte, parce que c'est un événement tout à fait injuste [...] à quoi j'ajoute qu'un tel succès excite plus d'indignation et de haine contre celui qui fait souffrir que de peine pour celui qui souffre, et qu'ainsi qui n'est pas le propre de la tragédie, à moins d'être bien ménagé, peut étouffer celui qu'elle doit produire et laisser l'auditeur mécontent par la colère qu'il remporte et qui se mêle à la compassion, qui lui plairait s'il la remportait seule.

Il ne veut pas non plus *qu'un méchant homme passe du malheur à la félicité, parce que non seulement il ne peut naître d'un tel succès aucune pitié ni crainte, mais il ne peut pas même nous toucher par ce sentiment naturel de joie dont nous remplit la prospérité d'un premier acteur.* La chute d'un méchant dans le malheur a de quoi nous plaire par l'aversion que nous prenons pour lui, mais comme ce n'est qu'une juste punition, elle ne nous fait point de pitié et ne nous imprime aucune crainte [...].

Corneille expose alors la règle aristotélicienne du héros ni tout à fait bon ni tout à fait mauvais, malheureux à cause de ses passions, et incitant par là les spectateurs à se débarrasser de ces passions. Il soutient de manière provocante qu'il a obéi à cette règle dans Le Cid, *qui est une tragi-comédie et non une tragédie, et que beaucoup de bonnes tragédies, au contraire, n'y obéissent pas. Puis il se met à discuter Aristote en montrant que les émotions tragiques, et notamment la pitié, peuvent naître dans le public de situations non prévues ou même rejetées par la* Poétique.

L'exclusion des personnes tout à fait vertueuses qui tombent dans le malheur bannit les martyrs de notre théâtre.

Polyeucte y a réussi contre cette maxime et Héraclius et Nicomède y ont plu, bien qu'ils n'impriment que de la pitié, et ne nous donnent rien à craindre ni aucune passion à purger, puisque nous les y voyons opprimés et près de périr, sans aucune faute de leur part dont nous puissions nous corriger par leur exemple.

Le malheur d'un homme fort méchant n'excite ni pitié ni crainte, parce qu'il n'est pas digne de la première, et que les spectateurs ne sont pas méchants comme lui pour concevoir l'autre à la vue de sa punition, mais il serait à propos de mettre quelque distinction entre les crimes. Il en est dont les honnêtes gens sont capables par une violence de passion, dont le mauvais succès peut faire effet dans l'âme de l'auditeur. Un honnête homme ne va pas voler au coin d'un bois ni faire un assassinat de sang-froid, mais s'il est bien amoureux, il peut faire une supercherie à son rival, il peut s'emporter de colère et tuer dans un premier mouvement, et l'ambition le peut engager dans un crime ou dans une action blâmable. [...]

Pour recueillir ce discours [...], établissons pour maxime que la perfection de la tragédie consiste bien à exciter de la pitié et de la crainte par le moyen d'un premier acteur, comme peut faire Rodrigue dans *Le Cid* et Placide dans *Théodore*, mais que cela n'est pas d'une nécessité si absolue qu'on ne se puisse servir de divers personnages pour faire naître ces deux sentiments, comme dans *Rodogune*[1] ; et même ne porter l'auditeur qu'à l'un des deux, comme dans *Polyeucte*, dont la représentation n'imprime que de la

1. Corneille vient d'expliquer que l'Antiochus de sa *Rodogune*, tout à fait vertueux, n'excite que la pitié des spectateurs, et que ce n'est donc pas lui qui invite à se guérir de ses passions, mais Cléopâtre, parce que « la crainte d'une infortune semblable ou approchante peut purger une mère de l'opiniâtreté à ne pas se dessaisir du bien de ses enfants ».

pitié sans aucune crainte. Cela posé, trouvons quelque modération à la rigueur de ces règles du philosophe ou du moins quelque favorable interprétation, pour n'être pas obligés de condamner beaucoup de poèmes que nous avons vu réussir sur nos théâtres.

Il ne veut point qu'un homme tout à fait innocent tombe dans l'infortune [...] ; il ne veut pas non plus qu'un très méchant y tombe [...] ; mais quand [...] un homme de bien qui souffre excite plus de pitié que d'indignation contre celui qui le fait souffrir ou que la punition d'un grand crime peut corriger en nous quelque imperfection qui a du rapport avec lui, j'estime qu'il ne faut point faire de difficulté d'exposer sur la scène des hommes très vertueux ou très méchants dans le malheur. En voici deux ou trois manières, que peut-être Aristote n'a su prévoir, parce qu'on n'en voyait pas d'exemples sur les théâtres de son temps.

La première est, quand un homme très vertueux est persécuté par un très méchant et qu'il échappe du péril où le méchant demeure enveloppé, comme dans *Rodogune* et dans *Héraclius*, qu'on n'aurait pu souffrir si Antiochus et Rodogune eussent péri dans la première, et Héraclius, Pulchérie et Martian dans l'autre, et que Cléopâtre et Phocas y eussent triomphé. Leur malheur y donne une pitié qui n'est point étouffée par l'aversion qu'on a pour ceux qui les tyrannisent, parce qu'on espère toujours que quelque heureuse révolution les empêchera de succomber ; et bien que les crimes de Phocas et de Cléopâtre soient trop grands pour faire craindre l'auditeur d'en commettre un pareil, leur funeste issue peut faire sur lui les effets dont j'ai déjà parlé. Il peut arriver d'ailleurs qu'un homme très vertueux soit persécuté et périsse même par les ordres d'un autre, qui ne soit pas assez méchant pour attirer trop d'indignation sur lui et qui montre plus de faiblesse que de crime dans la persécution qu'il lui fait. Si Félix fait périr son gendre Polyeucte, ce n'est pas par cette haine enragée contre les chrétiens qui nous le rendrait exécrable, mais seulement par une lâche timidité, qui n'ose le sauver en présence de Sévère, dont il craint la haine et la vengeance [...] On prend bien quelque aversion pour lui, on désapprouve sa manière d'agir, mais cette aversion ne l'emporte pas sur la pitié qu'on a de Polyeucte, et n'empêche pas que sa conversion miraculeuse à la fin de pièce ne le réconcilie pleinement avec l'auditoire.

Racine (1639-1699)

Britannicus (1669)

La pièce a pour sujet l'empoisonnement de Britannicus, fils de l'empereur Claude* et héritier éventuel du trône, par Néron*, qui avait été adopté par Claude et lui avait succédé. Racine se fonde sur des sources historiques (Tacite) mais il en modifie certaines données pour organiser l'intrigue de sa pièce. En particulier, il vieillit Britannicus et invente un personnage féminin pour créer une rivalité amoureuse avec Néron. De même, il met sur scène le personnage historique de Narcisse*, ancien esclave affranchi et homme de confiance de l'empereur Claude, mais historiquement déjà mort au moment de l'empoisonnement de Britannicus. Il en fait le conseiller de Britannicus et l'agent secret qui surveille en réalité celui-ci pour le compte de Néron.*

À l'ouverture de l'action, l'impératrice mère, Agrippine,* *désire voir son fils. Elle vient d'apprendre que ce dernier a fait amener de force au palais Junie*, princesse descendante d'Auguste, fondateur de la dynastie et donc, potentiellement, détentrice de droits sur le trône. Il ignore alors que Britannicus et Junie s'aiment. Néron devient amoureux de Junie, tandis qu'Agrippine pose un regard politique sur l'événement : jusque-là, Néron était sous son influence. Elle l'a porté au pouvoir par ses intrigues et, en laissant peser la menace que Britannicus puisse reprendre le trône, elle disposait d'un moyen de pression sur Néron. Celui-ci, en mettant Junie sous son contrôle, se donne des atouts nouveaux, et donc s'émancipe de l'influence de sa mère. Néron fait arrêter Britannicus et envisage de le faire empoisonner, avec l'aide de Narcisse, son « âme damnée ». Mais Agrippine, puis Burrhus*, gouverneur de Néron, réussissent à le faire changer d'avis. Survient Narcisse. On assiste alors à une scène de « conseil », autre forme de l'*agôn**, mais cette fois relevant du genre rhétorique du délibératif : Narcisse vise à influer sur la décision de Néron. Pour cela, il a recours aux moyens de l'épidictique : il fait des portraits défavorables d'Agrippine et de Burrhus, puis de Néron, dans le but d'exciter la colère de l'empereur. La scène se clôt sur l'indécision de celui-ci. Mais il a déjà abandonné la certitude qui était la sienne au début de ce dialogue. De fait, à l'acte V, Narcisse empoisonnera effectivement Britannicus sur son ordre.*

15. *NÉRON, NARCISSE*

NARCISSE

Seigneur, j'ai tout prévu pour une mort si juste.
Le poison est tout prêt. La fameuse Locuste*
A redoublé pour moi ses soins officieux :

Elle a fait expirer un esclave à mes yeux ;
Et le fer est moins prompt pour trancher une vie
Que le nouveau poison que sa main me confie.

NÉRON

Narcisse, c'est assez ; je reconnais ce soin,
Et ne souhaite pas que vous alliez plus loin.

NARCISSE

Quoi ? pour Britannicus votre haine affaiblie
Me défend…

NÉRON

Oui, Narcisse : on nous réconcilie.

NARCISSE

Je me garderai bien de vous en détourner,
Seigneur. Mais il s'est vu tantôt emprisonner :
Cette offense en son cœur sera longtemps nouvelle.
Il n'est point de secret que le temps ne révèle :
Il saura que ma main lui devait présenter
Un poison que votre ordre avait fait apprêter.
Les dieux de ce dessein puissent-ils le distraire !
Mais peut-être il fera ce que vous n'osez faire.

NÉRON

On répond de son cœur et je vaincrai le mien.

NARCISSE

Et l'hymen de Junie en est-il le lien ?
Seigneur, lui faites-vous encor ce sacrifice ?

NÉRON

C'est prendre trop de soin. Quoi qu'il en soit, Narcisse,
Je ne le compte plus parmi mes ennemis.

NARCISSE

Agrippine, Seigneur, se l'était bien promis :
Elle a repris sur vous son souverain empire.

NÉRON

Quoi donc ? Qu'a-t-elle dit ? Et que voulez-vous dire ?

NARCISSE

Elle s'en est vantée assez publiquement.

NÉRON

De quoi ?

NARCISSE

Qu'elle n'avait qu'à vous voir un moment,
Qu'à tout ce grand éclat[1], à ce courroux funeste,
On verrait succéder un silence modeste,
Que vous-même à la paix souscririez le premier,
Heureux que sa bonté daignât tout oublier.

NÉRON

Mais, Narcisse, dis-moi, que veux-tu que je fasse ?
Je n'ai que trop de pente à punir son audace,
Et si je m'en croyais ce triomphe indiscret
Serait bientôt suivi d'un éternel regret.
Mais de tout l'univers quel sera le langage ?

1. Éclat : éclat de colère.

Sur les pas des tyrans veux-tu que je m'engage,
Et que Rome, effaçant tant de titres d'honneur,
Me laisse pour tout nom celui d'empoisonneur ?
Ils mettront ma vengeance au rang des parricides.

NARCISSE

Et prenez-vous, Seigneur, leurs caprices pour guides ?
Avez-vous prétendu qu'ils se tairaient toujours ?
Est-ce à vous de prêter l'oreille à leurs discours ?
De vos propres désirs perdrez-vous la mémoire ?
Et serez-vous le seul que vous n'oserez croire ?
Mais, Seigneur, les Romains ne vous sont pas connus.
Non, non, dans leurs discours ils sont plus retenus.
Tant de précaution affaiblit votre règne.
Ils croiront, en effet, mériter qu'on les craigne.
Au joug depuis longtemps, ils se sont façonnés :
Ils adorent la main qui les tient enchaînés.
Vous les verrez toujours ardents à vous complaire.
Leur prompte servitude a fatigué Tibère* ;
Moi-même, revêtu d'un pouvoir emprunté,
Que je reçus de Claude avec la liberté,
J'ai cent fois, dans le cours de ma gloire passée,
Tenté leur patience, et ne l'ai point lassée.
D'un empoisonnement vous craignez la noirceur ?
Faites périr le frère, abandonnez la sœur [1] ;
Rome sur ses autels prodiguant des victimes
Fussent-ils innocents leur trouvera des crimes ;
Vous verrez mettre au rang des jours infortunés
Ceux où jadis la sœur et le frère sont nés.

1. Faites périr le frère, abandonnez la sœur : Britannicus, et Octavie, épouse de Néron – qui voulait la répudier pour épouser Junie, sa (demi-)sœur.

NÉRON

Narcisse, encore un coup, je ne puis l'entreprendre.
J'ai promis à Burrhus, il a fallu me rendre.
Je ne veux point encore, en lui manquant de foi,
Donner à sa vertu des armes contre moi.
J'oppose à ses raisons un courage inutile :
Je ne l'écoute point avec un cœur tranquille.

NARCISSE

Burrhus ne pense pas, seigneur, tout ce qu'il dit.
Son adroite vertu ménage son crédit.
Ou plutôt, ils n'ont tous qu'une même pensée :
Ils verraient par ce coup leur puissance abaissée ;
Vous seriez libre alors, Seigneur, et devant vous
Ces maîtres orgueilleux fléchiraient comme nous.
Quoi donc ? Ignorez-vous tout ce qu'ils osent dire ?
« Néron, s'ils en sont crus, n'est point né pour l'empire ;
Il ne dit, il ne fait, que ce qu'on lui prescrit.
Burrhus conduit son cœur, Sénèque son esprit.
Pour toute ambition, pour vertu singulière,
Il excelle à conduire un char dans la carrière,
À disputer des prix indignes de ses mains,
À se donner lui-même en spectacle aux Romains,
À venir prodiguer sa voix sur un théâtre,
À réciter des chants qu'il veut qu'on idolâtre,
Tandis que des soldats, de moments en moments,
Vont arracher pour lui les applaudissements. »
Ah ! ne voulez-vous pas les forcer à se taire ?

(Acte IV, scène 4.)

Phèdre (1677)

Phèdre, épouse de Thésée*, devient amoureuse d'Hippolyte*, fils d'un précédent mariage de Thésée. Il se refuse et elle l'accuse d'avoir tenté de la violer. Thésée condamne son fils et découvre, trop tard, que c'était à tort. L'innovation de Racine consiste à situer l'action de sa pièce pendant une absence de Thésée, parti dans une nouvelle expédition pour aider un de ses amis. On le croit disparu, et dès lors se pose la question de la gestion du royaume et de la succession au trône : la pièce a donc une dimension politique. L'innovation consiste aussi à montrer une Phèdre qui se sent coupable de la passion qu'elle éprouve. Le personnage d'Hippolyte est modifié par Racine, qui le fait amoureux d'Aricie, une jeune fille prisonnière de Thésée : il s'agit donc d'un amour coupable puisque Aricie, qui aime également Hippolyte, est interdite de mariage par Thésée. Phèdre, qui se juge coupable d'aimer son beau-fils – ce qu'elle assimile à un inceste –, fait tout son possible pour résister à cet amour ; la pièce acquiert ainsi une dimension morale nouvelle. C'est cette qualité morale, ou son invraisemblance, qui fit l'objet de polémiques à l'époque.*
Dès l'exposition de la pièce, Phèdre révèle sa passion coupable.*

16. *PHÈDRE, ŒNONE*

PHÈDRE

N'allons pas plus avant. Demeurons, chère Œnone.
Je ne me soutiens plus, ma force m'abandonne.
Mes yeux sont éblouis du jour que je revois,
Et mes genoux tremblants se dérobent sous moi.
Hélas !

Elle s'assied.

ŒNONE

Dieux tout-puissants, que nos pleurs vous apaisent !

PHÈDRE

Que ces vains ornements, que ces voiles me pèsent !
Quelle importune main, en formant tous ces nœuds,
A pris soin sur mon front d'assembler mes cheveux ?
Tout m'afflige et me nuit, et conspire à me nuire.

ŒNONE

Comme on voit tous vos vœux l'un l'autre se détruire !
Vous-même, condamnant vos injustes desseins,
Tantôt à vous parer vous excitiez nos mains.
Vous-même rappelant votre force première,
Vous vouliez vous montrer et revoir la lumière,
Vous la voyez, Madame, et prête à vous cacher,
Vous haïssez le jour que vous veniez chercher !

PHÈDRE

Noble et puissant auteur d'une triste famille,
Toi dont ma mère osait se vanter d'être fille,
Qui peut-être rougis du trouble où tu me vois,
Soleil, je te viens voir pour la dernière fois !

ŒNONE

Quoi ! vous ne perdrez point cette cruelle envie ?
Vous verrai-je toujours, renonçant à la vie,
Faire de votre mort les funestes apprêts ?

PHÈDRE

Dieux ! que ne suis-je assise à l'ombre des forêts !

Quand pourrai-je, au travers d'une noble poussière,
Suivre de l'œil un char fuyant dans la carrière[1] ?

ŒNONE

Quoi, Madame ?

PHÈDRE

Insensée, où suis-je ? Et qu'ai-je dit ?
Où laissé-je égarer mes vœux et mon esprit ?
Je l'ai perdu : les dieux m'en ont ravi l'usage.
Œnone, la rougeur me couvre le visage :
Je te laisse trop voir mes honteuses douleurs,
Et mes yeux malgré moi se remplissent de pleurs.

ŒNONE

Ah, s'il vous faut rougir, rougissez d'un silence
Qui de vos maux encore aigrit la violence.
Rebelle à tous nos soins, sourde à tous nos discours,
Voulez-vous sans pitié laisser finir vos jours ?
Quelle fureur les borne au milieu de leur course ?
Quel charme ou quel poison en a tari la source ?
Les ombres par trois fois ont obscurci les cieux
Depuis que le sommeil n'est entré dans vos yeux ;
Et le jour a trois fois chassé la nuit obscure
Depuis que votre corps languit sans nourriture.
À quel affreux dessein vous laissez-vous tenter ?
De quel droit sur vous-même osez-vous attenter ?
Vous offensez les dieux auteurs de votre vie,
Vous trahissez l'époux à qui la foi vous lie,

1. Carrière : route, grand chemin.

Vous trahissez enfin vos enfants malheureux [1]
Que vous précipitez sous un jour rigoureux.
Songez qu'un même joug leur ravira leur mère
Et rendra l'espérance au fils de l'étrangère,
À ce fier ennemi de vous, de votre sang,
Ce fils qu'une Amazone a porté dans son flanc,
Cet Hippolyte…

PHÈDRE

Ah ! dieux !

ŒNONE

Ce reproche vous touche ?

PHÈDRE

Malheureuse, quel nom est sorti de ta bouche ?

ŒNONE

Eh bien ! votre colère éclate avec raison :
J'aime à vous voir frémir à ce funeste nom.
Vivez donc : que l'amour, le devoir, vous excite ;
Vivez, ne souffrez pas que le fils d'une Scythe [2],
Accablant vos enfants d'un empire odieux
Commande au plus beau sang de la Grèce et des dieux [3].
Mais ne différez point : chaque moment vous tue.
Réparez promptement votre force abattue,

1. Vos enfants malheureux : Phèdre avait eu de Thésée deux fils ; Thésée ayant disparu, en cas de mort de leur mère, le pouvoir serait revenu à Hippolyte, et donc ses demi-frères auraient été soumis à « son joug » (sa volonté) qu'Œnone suppose hostile (« rigoureux » et plus loin « empire odieux »).
2. Scythe : le royaume des Amazones était situé, selon la légende, dans le nord-ouest de l'Asie Mineure, pays des Scythes.
3. Le plus beau sang de la Grèce et des dieux : selon la mythologie, Phèdre est descendante du Soleil.

Tandis que de vos jours, prêts à se consumer,
Le flambeau dure encore et peut se rallumer.

PHÈDRE

J'en ai trop prolongé la coupable durée.

ŒNONE

Quoi ? de quelques remords êtes-vous déchirée ?
Quel crime a pu produire un trouble si pressant ?
Vos mains n'ont point trempé dans le sang innocent !

PHÈDRE

Grâces au ciel, mes mains ne sont point criminelles.
Plût aux dieux que mon cœur fût innocent comme elles !

ŒNONE

Et quel affreux projet avez-vous enfanté
Dont votre cœur encor doive être épouvanté ?

PHÈDRE

Je t'en ai dit assez. Épargne-moi le reste.
Je meurs, pour ne point faire un aveu si funeste.

ŒNONE

Mourez donc, et gardez un silence inhumain ;
Mais pour fermer vos yeux cherchez une autre main.
Quoiqu'il vous reste à peine une faible lumière,
Mon âme chez les morts descendra la première ;
Mille chemins ouverts y conduisent toujours,
Et ma juste douleur choisira les plus courts.
Cruelle, quand ma foi vous a-t-elle déçue ?
Songez-vous qu'en naissant mes bras vous ont reçue ?

Mon pays, mes enfants, pour vous j'ai tout quitté.
Réserviez-vous ce prix à ma fidélité ?

PHÈDRE

Quel fruit espères-tu de tant de violence ?
Tu frémiras d'horreur si je romps le silence.

ŒNONE

Et que me direz-vous qui ne cède, grands dieux !
À l'horreur de vous voir expirer à mes yeux ?

PHÈDRE

Quand tu sauras mon crime et le sort qui m'accable
Je n'en mourrai pas moins, j'en mourrai plus coupable.

ŒNONE

Madame, au nom des pleurs que pour vous j'ai versés
Par vos faibles genoux que je tiens embrassés
Délivrez mon esprit de ce funeste doute.

PHÈDRE

Tu le veux. Lève-toi.

ŒNONE

Parlez : je vous écoute.

PHÈDRE

Ciel ! que lui vais-je dire ? Et par où commencer ?

ŒNONE

Par de vaines frayeurs cessez de m'offenser.

PHÈDRE

Ô haine de Vénus ! Ô fatale colère !
Dans quels égarements l'amour jeta ma mère[1] !

ŒNONE

Oublions-les, Madame, et qu'à tout l'avenir
Un silence éternel cache ce souvenir.

PHÈDRE

Ariane, ma sœur, de quel amour blessée
Vous mourûtes aux bords où vous fûtes laissée.

ŒNONE

Que faites-vous Madame ? et quel mortel ennui
Contre tout votre sang vous anime aujourd'hui ?

PHÈDRE

Puisque Vénus le veut, de ce sang déplorable,
Je péris la dernière et la plus misérable.

ŒNONE

Aimez-vous ?

PHÈDRE

De l'amour j'ai toutes les fureurs.

ŒNONE

Pour qui ?

1. Ma mère : Phèdre évoque Pasiphaé*, descendante du Soleil.

PHÈDRE

Tu vas ouïr le comble des horreurs.
J'aime… à ce nom fatal, je tremble, je frissonne.
J'aime…

ŒNONE

Qui ?

PHÈDRE

Tu connais ce fils de l'Amazone,
Ce prince si longtemps par moi-même opprimé.

ŒNONE

Hippolyte ! Grands dieux !

PHÈDRE

C'est toi qui l'as nommé !

ŒNONE

Juste ciel ! tout mon sang dans mes veines se glace !
Ô désespoir ! Ô crime ! Ô déplorable race !
Voyage infortuné ! Rivage malheureux,
Fallait-il approcher de tes bords dangereux [1] ?

PHÈDRE

Mon mal vient de plus loin. À peine au fils d'Égée [2]
Sous les lois de l'hymen je m'étais engagée,

1. Vos bords dangereux : la scène se passe à Trézène, port dépendant mais écarté d'Athènes et où Thésée avait été élevé. Comme Phèdre ne supportait pas la présence d'Hippolyte, il s'était exilé à Trézène. Au moment de partir pour une nouvelle expédition, Thésée a conduit sa femme et ses enfants en cette ville, pour les laisser sous la garde de son fils aîné.
2. Le fils d'Égée* : Thésée*.

Mon repos, mon bonheur semblait être affermi,
Athènes me montra mon superbe ennemi.
Je le vis, je rougis, je pâlis à sa vue ;
Un trouble s'éleva dans mon âme éperdue,
Mes yeux ne voyaient plus, je ne pouvais parler,
Je sentis tout mon corps et transir et brûler.
Je reconnus Vénus et ses feux redoutables,
D'un sang qu'elle poursuit tourments inévitables.
Par des vœux assidus je crus les détourner :
Je lui bâtis un temple et pris soin de l'orner ;
De victimes moi-même à toute heure entourée,
Je cherchais dans leurs flancs ma raison égarée.
D'un incurable amour remèdes impuissants !
En vain sur les autels ma main brûlait l'encens.
Quand ma bouche implorait le nom de la déesse,
J'adorais Hippolyte, et le voyant sans cesse,
Même au pied des autels que je faisais fumer,
J'offrais tout à ce dieu que je n'osais nommer.
Je l'évitais partout. Ô comble de misère !
Mes yeux le retrouvaient dans les traits de son père.
Contre moi-même enfin j'osai me révolter :
Pour bannir l'ennemi dont j'étais idolâtre,
J'affectai les chagrins d'une injuste marâtre ;
Je pressai son exil, et mes cris éternels
L'arrachèrent du sein et des bras paternels.
Je respirais, Œnone ; et depuis son absence,
Mes jours moins agités coulaient dans l'innocence.
Soumise à mon époux, et cachant mes ennuis,
De son fatal hymen je cultivais les fruits.
Vaines précautions ! Cruelle destinée !
Par mon époux lui-même à Trézène amenée
J'ai revu l'ennemi que j'avais éloigné :

Ma blessure trop vive aussitôt a saigné.
Ce n'est plus une ardeur dans mes veines cachée :
C'est Vénus tout entière à sa proie attachée.
J'ai conçu pour mon crime une juste terreur.
J'ai pris la vie en haine et ma flamme en horreur.
Je voulais en mourant prendre soin de ma gloire
Et dérober au jour une flamme si noire.
Je n'ai pu soutenir tes larmes, tes combats.
Je t'ai tout avoué, je ne m'en repens pas,
Pourvu que de ma mort respectant les approches
Tu ne m'affliges plus par d'injustes reproches,
Et que tes vains secours cessent de rappeler
Un reste de chaleur tout prêt à s'exhaler.

(Acte I, scène 3.)

Dans le dénouement de la pièce, Thésée bannit son fils. Quand celui-ci sort de la ville, un monstre marin l'attaque et le tue. Phèdre, horrifiée de son crime, renie Œnone puis s'empoisonne. Ce passage se caractérise par sa dimension pathétique, et l'importance qu'y prend la dignité devant la mort.*

17.

THÉSÉE, PHÈDRE, THÉRAMÈNE,
PANOPE, GARDES

THÉSÉE

Eh bien ! vous triomphez, et mon fils est sans vie.
Ah ! que j'ai lieu de craindre ! Et qu'un cruel soupçon
L'excusant dans mon cœur m'alarme avec raison !
Mais, Madame, il est mort, prenez votre victime :
Jouissez de sa perte, injuste ou légitime.
Je consens que mes yeux soient toujours abusés,

Je le crois criminel puisque vous l'accusez.
Son trépas à mes pleurs offre assez de matières
Sans que j'aille chercher d'odieuses lumières,
Qui ne pouvant le rendre à ma juste douleur
Peut-être ne feraient qu'accroître mon malheur.
Laissez-moi, loin de vous et loin de ce rivage,
De mon fils déchiré [1] fuir la sanglante image.
Confus, persécuté d'un mortel souvenir,
De l'univers entier je voudrais me bannir.
Tout semble s'élever contre mon injustice.
L'éclat de mon nom même augmente mon supplice.
Moins connu des mortels, je me cacherais mieux.
Je hais jusques aux soins dont m'honorent les dieux [2],
Et je m'en vais pleurer leurs faveurs meurtrières
Sans plus les fatiguer d'inutiles prières.
Quoi qu'ils fissent pour moi, leur funeste bonté
Ne me saurait payer de ce qu'ils m'ont ôté.

PHÈDRE

Non, Thésée, il faut rompre un injuste silence :
Il faut à votre fils rendre son innocence.
Il n'était point coupable.

THÉSÉE

Ah ! père infortuné !
Et c'est sur votre foi que je l'ai condamné !
Cruelle, pensez-vous être assez excusée…

1. Mon fils déchiré : devant l'attaque du monstre, les chevaux du char d'Hippolyte se sont emballés, et lui, pris dans les rênes, a été fracassé sur des rochers.
2. Les soins dont m'honorent les dieux : Thésée était protégé de Neptune, et en réponse à la malédiction qu'il a lancée contre son fils, le dieu a envoyé le monstre marin pour accomplir le vœu qu'il prononçait.

PHÈDRE

Les moments me sont chers, écoutez-moi, Thésée.
C'est moi qui sur ce fils chaste et respectueux
Osai jeter un œil profane, incestueux.
Le ciel mit dans mon sein une flamme funeste ;
La détestable Œnone a conduit tout le reste.
Elle a craint qu'Hippolyte, instruit de ma fureur,
Ne découvrît un feu qui lui faisait horreur.
La perfide, abusant de ma faiblesse extrême,
S'est hâtée à vos yeux de le perdre lui-même.
Elle s'en est punie, et fuyant mon courroux,
A cherché dans les flots un supplice trop doux.
Le fer aurait déjà tranché ma destinée ;
Mais je laissais gémir la vertu soupçonnée.
J'ai voulu, devant vous exposant mes remords,
Par un chemin plus lent descendre chez les morts.
J'ai pris, j'ai fait couler dans mes brûlantes veines,
Un poison que Médée[1] apporta dans Athènes.
Déjà jusqu'à mon cœur le venin parvenu
Dans ce cœur expirant jette un froid inconnu.
Déjà je ne vois plus qu'à travers un nuage
Et le ciel et l'époux que ma présence outrage ;
Et la mort, à mes yeux dérobant la clarté,
Rend au jour qu'ils souillaient toute sa pureté.

PANOPE

Elle expire, Seigneur.

1. Médée : héroïne mythologique, princesse et magicienne. Séduite par Jason, le héros de l'aventure des Argonautes, elle l'aida à conquérir la Toison d'Or. Abandonnée par Jason, elle fit mourir leurs enfants ainsi que sa rivale, au moyen d'une tunique empoisonnée.

THÉSÉE

D'une action si noire,
Que ne peut avec elle expirer la mémoire !
Allons, de mon erreur, hélas ! trop éclaircis,
Mêler mes pleurs au sang de mon malheureux fils !
Allons de ce cher fils embrasser ce qui reste,
Expier la fureur d'un vœu que je déteste.
Rendons-lui les honneurs qu'il a trop mérités,
Et pour mieux apaiser ses mânes irrités
Que malgré les complots d'une injuste famille
Son amante aujourd'hui me tienne lieu de fille.

(Acte V, scène 7.)

Nicolas Boileau (1636-1711)

Art poétique (1674)

Boileau est l'auteur de Satires *(1666) et d'*Épîtres *(1668-1675), mais il est essentiellement considéré comme un critique et un théoricien. Son* Art poétique*, élaboré lentement de 1669 à 1674, est une œuvre théorique et polémique : il y combat les tendances à la galanterie et au libertinage, et prône des règles strictes qui se veulent fondées sur la raison. Il fait le bilan des apports d'auteurs comme Corneille et Racine, et codifie la tragédie en un modèle qui se fige dès lors comme le « modèle classique », que l'école ensuite a longtemps enseigné comme le modèle absolu de la tragédie. Boileau fut aussi le chef de file des Anciens – qui estimaient que l'on ne pouvait surpasser les Grecs et les Latins – dans la Querelle des Anciens et des Modernes.*

18. Il n'est pas de serpent, pas de monstre odieux,
Qui par l'art imité ne puisse plaire aux yeux.
D'un pinceau délicat l'artifice agréable
Du plus affreux objet fait un objet aimable.
Ainsi pour nous charmer la Tragédie en pleurs
D'Œdipe tout sanglant fit parler les douleurs,
D'Oreste parricide exprima les alarmes
Et pour nous divertir nous arracha des larmes.
Vous donc qui d'un beau feu pour le théâtre épris
Venez en vers pompeux y disputer le prix,
Voulez-vous sur la scène étaler des ouvrages
Où tout Paris en foule apporte ses suffrages,
Et qui toujours plus beaux, plus ils sont regardés,
Soient au bout de vingt ans encore redemandés ?
Que dans tous vos discours la passion émue
Aille chercher le cœur, l'échauffe, le remue.
Si d'un beau mouvement l'agréable fureur
Souvent ne nous remplit d'une douce *Terreur*,
Ou n'excite en notre âme une *Pitié* charmante,
En vain vous étalez une scène savante :
Vos froids raisonnements ne feront qu'attiédir
Un Spectateur toujours paresseux d'applaudir,
Et qui des vains efforts de votre Rhétorique,
Justement fatigué, s'endort, ou vous critique.
Le secret est d'abord de plaire et de toucher :
Inventez des ressorts qui puissent m'attacher.
    Que dès les premiers vers l'action préparée
Sans peine du Sujet aplanisse l'entrée.
Je me ris d'un Acteur qui, lent à s'exprimer,
De ce qu'il veut, d'abord ne sait pas m'informer,
Et qui débrouillant mal une pénible intrigue
D'un divertissement me fait une fatigue.

J'aimerais mieux encor qu'il déclinât son nom
Et dît : Je suis Oreste ou bien Agamemnon,
Que d'aller par un tas de confuses merveilles,
Sans rien dire à l'esprit étourdir les oreilles.
Le sujet n'est jamais assez tôt expliqué.
Que le lieu de la scène y soit fixe et marqué.
Un rimeur sans péril, delà les Pyrénées[1],
Sur la scène en un jour renferme des années.
Là souvent le héros d'un spectacle grossier,
Enfant au premier acte est barbon au dernier.
Mais nous, que la Raison à ses règles engage,
Nous voulons qu'avec art l'Action se ménage :
Qu'en un Lieu, en un Jour, un seul Fait accompli
Tienne jusqu'à la fin le Théâtre[2] rempli.
Jamais au Spectateur n'offrez rien d'incroyable.
Le Vrai peut quelque fois n'être pas vraisemblable.
Une merveille[3] absurde pour moi est sans appas.
Le cœur n'est point ému de ce qu'il ne croit pas.
Ce qu'on ne doit point voir, qu'un récit nous l'expose :
Les yeux en le voyant saisiraient mieux la chose,
Mais il est des objets que l'Art judicieux
Doit offrir à l'oreille, et reculer des yeux.
Que le trouble toujours croissant de scène en scène
À son comble arrivé se débrouille[4] sans peine.
L'esprit ne se sent point plus vivement frappé
Que lorsqu'en un sujet d'intrigue enveloppé
D'un secret tout à coup la vérité connue
Change tout, donne à tout une face imprévue.

1. Delà les Pyrénées : en Espagne ; critique contre le théâtre espagnol qui n'avait pas adopté le système des trois unités.
2. Le Théâtre : la scène, le lieu où l'on joue – sens ancien du terme.
3. Une merveille : un fait surnaturel.
4. Se débrouille : se démêle.

La Tragédie informe et grossière en naissant
N'était qu'un simple Chœur où chacun, en dansant,
Et du dieu des raisins [1] entonnant les louanges,
S'efforçait d'attirer de fertiles vendanges.
Là, le vin et la joie éveillant les esprits,
Du plus habile Chantre un bouc était le prix.
Thespis [2] fut le premier qui barbouillé de lie [3]
Promena par les Bourgs cette heureuse folie,
Et d'acteurs mal ornés chargeant un tombereau,
Amusa les passants d'un spectacle nouveau.
Eschyle dans le Chœur jeta les personnages,
D'un masque plus honnête habilla les visages ;
Sur les ais d'un théâtre en public exhaussé,
Fit paraître l'Acteur d'un brodequin [4] chaussé.
Sophocle enfin donnant l'essor à son génie,
Accrut encor la pompe, augmenta l'harmonie,
Intéressa le Chœur dans toute l'Action,
Des vers trop raboteux polit l'expression ;
Lui donna chez les Grecs cette hauteur divine
Où jamais n'atteignit la faiblesse latine.
Chez nos dévots Aïeux le Théâtre abhorré
Fut longtemps dans la France un plaisir ignoré.
De pèlerins, dit-on, une troupe grossière
En public à Paris y monta la première,
Et sottement zélée en sa simplicité
Joua les Saints, la Vierge et Dieu, par piété [5].
Le savoir à la fin dissipant l'ignorance

1. Du dieu des raisins : Bacchus, ou en grec Dionysos.
2. Thespis : premier auteur de textes de dithyrambes selon la légende.
3. Lie : lie de raisin, en raison de la fête des vendanges.
4. Brodequin : cothurne, chaussure à talon surélevé.
5. Par piété : référence aux mystères médiévaux, où l'on représentait des épisodes de la vie du Christ, de la Vierge, des saints.

Fit voir de ce projet la dévote imprudence.
On chassa ces docteurs [1] prêchant sans mission.
L'on vit renaître Hector*, Andromaque*, Ilion.
Seulement les Acteurs, laissant le masque antique,
Le violon tint lieu de Chœur et de musique.
Bientôt l'Amour fertile en tendres sentiments
S'empara du Théâtre, ainsi que des Romans.
De cette passion la sensible peinture
Est pour aller au cœur la route la plus sûre.
Peignez donc, j'y consens, les Héros amoureux,
Mais ne m'en formez pas des Bergers doucereux.
Qu'Achille aime autrement que Thyrsis et Philène [2].
N'allez pas d'un Cyrus nous faire un Artamène [3] :
Et que l'amour souvent de remords combattu
Paraisse une faiblesse et non une vertu.
Des héros de Romans fuyez les petitesses.
Toutefois aux grands cœurs donnez quelques faiblesses.
Achille déplairait moins bouillant et moins prompt.
J'aime à lui voir verser des pleurs pour un affront.
À ces petits défauts marqués dans sa peinture
L'esprit avec plaisir reconnaît la nature.
Qu'il soit sur ce modèle en vos écrits tracé.
Qu'Agamemnon soit fier, superbe, intéressé.
Que pour ses Dieux Énée [4] ait un respect austère.
Conservez à chacun son propre caractère.

1. Docteurs : parce qu'ils parlaient de sujets religieux ; allusion à l'interdiction des Mystères au milieu du XVIe siècle.
2. Thyrsis et Philène : personnages mythologiques conventionnels qui apparaissent dans des récits (et des pièces de théâtre) à la gloire des amours entre bergers et qui appartiennent à la catégorie de la pastorale, très en vogue à la fin du XVIe et au début du XVIIe siècle.
3. Artamène : héros d'un roman-fleuve de Mlle de Scudéry, *Le Grand Cyrus*.
4. Énée : héros troyen ; échappant au massacre, il mena les Troyens survivants vers la fondation d'une nouvelle patrie en Italie – que l'on dit être à l'origine du peuple romain. Virgile lui a consacré son épopée de l'*Énéide*.

Des Siècles, des Pays, étudiez les mœurs.
Les climats font souvent les diverses humeurs.
Gardez donc de donner, ainsi que dans *Clélie*[1],
L'air ni l'esprit Français à l'antique Italie,
Et sous des noms Romains faisant votre portrait,
Peindre Caton galant et Brutus[2] dameret.
Dans un Roman frivole aisément tout s'excuse.
C'est assez qu'en courant la fiction amuse.
Trop de rigueur alors serait hors de saison :
Mais la Scène demande une exacte raison.
L'étroite bienséance veut y être gardée.
D'un nouveau Personnage inventez-vous l'idée ?
Qu'en tout avec soi-même il se montre d'accord
Et qu'il soit jusqu'au bout tel qu'on l'a vu d'abord.
Souvent, sans y penser, un Écrivain qui s'aime
Forme tous ses héros semblables à soi-même.
Tout à l'humeur Gasconne en un Auteur Gascon.
Calprenède et Juba[3] parlent du même ton.
La nature est en nous plus diverse et plus sage.
Chaque passion parle un différent langage.
La Colère est superbe, et veut des mots altiers.
L'Abattement s'explique en des termes moins fiers.
Que devant Troie en flammes Hécube désolée
Ne vienne pas pousser une plainte ampoulée,
Ni sans raison décrire en quel affreux pays
Par sept bouches l'Euxin reçoit le Tanaïs[4].

1. *Clélie* : roman-fleuve galant de Mlle de Scudéry (1661).
2. Caton et Brutus : deux figures majeures de la tradition républicaine, de morale austère, à Rome ; « dameret » signifie : mondain efféminé.
3. La Calprenède (1610-1663), auteur de tragédies et tragi-comédies, ainsi que de romans héroïques. Juba est un des personnages de son roman *Cléopâtre* (1647-1656) – Boileau signale lui-même cette précision en note.
4. Sénèque, *La Troade*, sc. 1 (note de Boileau). L'Euxin est un fleuve d'Asie Mineure, proche de Troie.

Tous ces pompeux amas d'expressions frivoles
Sont d'un déclamateur amoureux des paroles.
Pour me tirer des pleurs, il faut que vous pleuriez.
Ces grands mots dont alors l'Acteur emplit sa bouche
Ne partent point d'un cœur que sa misère touche.
Le Théâtre fertile en Censeurs pointilleux,
Chez nous pour se produire est un champ périlleux.
Un Auteur n'y fait pas de faciles conquêtes.
Il trouve à le siffler des bouches toujours prêtes.
Chacun le peut traiter de Fat et d'Ignorant.
C'est un droit qu'à la porte on achète en entrant.
Il faut qu'en cent façons pour plaire il se replie[1] :
Que tantôt il s'élève, et tantôt s'humilie :
Qu'en nobles sentiments il soit partout fécond :
Qu'il soit aisé, solide, agréable, profond :
Que de traits surprenants sans cesse il nous réveille :
Qu'il coure dans ses vers de merveille en merveille :
Et que tout ce qu'il dit facile à retenir,
De son ouvrage en nous laisse un long souvenir.
Ainsi la Tragédie agit, marche et s'explique.

(Chant III.)

La Bruyère (1645-1696)

Les Caractères (1688)

La Bruyère est l'un des moralistes les plus importants du XVIIe siècle. Ses Caractères *connurent un grand succès, et de nombreuses rééditions au fil desquelles il a modifié et enrichi*

1. Se replie : se plie, varie sa manière.

son texte. Le titre complet en est : Les Caractères, ou les Mœurs de ce siècle. *L'ouvrage est donc une série de réflexions, sous forme de portraits moraux, de maximes, et parfois de courts essais, sur les comportements de son époque, et au-delà, sur l'homme en général. Les deux passages ci-dessous donnent, le premier une réflexion sur les émotions liées au « grand tragique », et une comparaison du tragique et du comique, le second une critique des tendances de la tragédie à la mode à trop accorder de place à la douceur et aux sentiments amoureux tièdes. On comparera notamment la fin de ce dernier avec le texte de Racine tiré de la préface de* Bérénice *(voir page 16).*

19. **D**'où vient que l'on rit si librement au théâtre, et que l'on a honte d'y pleurer ? Est-il moins dans la nature de s'attendrir sur le pitoyable que d'éclater[1] sur le ridicule ? Est-ce l'altération des traits qui nous retient ? Elle est plus grande dans un ris immodéré que dans la plus amère douleur, et l'on détourne son visage pour rire comme pour pleurer en la présence des grands et de tous ceux que l'on respecte. Est-ce une peine que l'on sent à laisser voir que l'on est tendre, et à marquer quelque faiblesse, surtout en un sujet faux[2], et dont il semble que l'on soit la dupe ? Mais sans citer les personnes graves ou les esprits forts qui trouvent du faible dans un ris excessif comme dans les pleurs, et qui se les défendent également, qu'attend-on d'une scène tragique ? qu'elle fasse rire ? Et d'ailleurs la vérité n'y règne-t-elle pas aussi vivement par ses images que dans le comique ? L'âme ne va-t-elle pas jusqu'au vrai

1. Éclater : se moquer bruyamment.
2. Faux : fictif.

dans l'un et dans l'autre genre avant que de s'émouvoir? est-elle même si aisée à contenter? ne lui faut-il pas encore le vraisemblable? Comme donc ce n'est point une chose bizarre d'entendre s'élever de tout un amphithéâtre un ris universel sur quelque endroit d'une comédie, et que cela suppose au contraire qu'il est plaisant et très naïvement exécuté, aussi l'extrême violence que chacun se fait à contraindre ses larmes, et le mauvais ris dont on veut les couvrir prouvent clairement que l'effet naturel du grand tragique serait de pleurer tous franchement et de concert à la vue l'un de l'autre, et sans autre embarras que d'essuyer ses larmes, outre qu'après être convenu de s'y abandonner, on éprouverait encore qu'il y a souvent moins lieu de craindre de pleurer au théâtre que de s'y morfondre.

(«Des ouvrages de l'esprit», Paragraphe 50.)

Le poème[1] tragique vous serre le cœur dès son commencement, vous laisse à peine dans tout son progrès la liberté de respirer et le temps de vous remettre, ou s'il vous donne quelque relâche, c'est pour vous replonger dans de nouveaux abîmes et de nouvelles alarmes. Il vous conduit à la terreur par la pitié, ou réciproquement à la pitié par le terrible, vous mène par les larmes, par les sanglots, par l'incertitude, par l'espérance, par la crainte, par les surprises et par l'horreur jusqu'à la catastrophe. Ce n'est donc pas un tissu de jolis sentiments, de déclarations tendres, d'entretiens galants, de portraits agréables, de mots *doucereux*, ou quelquefois assez plaisants pour faire rire, suivi à la vérité d'une dernière scène où les mutins n'entendent aucune rai-

1. Poème : en français classique, on dit couramment «poème» pour une pièce de théâtre.

son, et où, pour la bienséance, il y a enfin du sang répandu, et quelque malheureux à qui il en coûte la vie.

(« Des ouvrages de l'esprit », Paragraphe 51.)

Saint-Évremond (1614-1703)

Œuvres

Saint-Évremond était un gentilhomme lettré. Il prit part aux guerres civiles de la Fronde (1648-1653) et obtint des postes importants mais, ayant critiqué le Premier ministre Mazarin, il dut s'exiler en Angleterre. Il y mena une vie d'épicurien libertin dans ses opinions philosophiques, et s'adonna notamment à la critique littéraire. Il apparaît comme un défenseur de Corneille et des modernes dans de nombreux essais critiques, écrits à des dates diverses et publiés, au fil de volumes épars, à des dates plus diverses encore. Les deux dont nous donnons ici des extraits ont sans doute été rédigés dans les années 1670, mais publiés bien plus tard, après 1680.
Partisan des modernes, Saint-Évremond accorde une grande attention au « goût » comme critère de la valeur des œuvres et des jugements qu'elles appellent. Il envisage un tragique discret : on comparera son premier texte avec celui de Boileau (texte 18). Il est aussi conduit à associer le goût et le « caractère national » des peuples, donc à comparer – dans le second extrait – les modernes et les anciens, mais aussi les Français et les autres nations d'Europe.

Sur les caractères des tragédies

20. **J**'ai eu dessein autrefois de faire une tragédie, et ce qui me faisait le plus de peine, c'était de me défendre d'un

sentiment secret d'amour-propre, qui nous laisse renoncer difficilement à nos qualités pour prendre celles des autres. Il me souvient que je formais mon caractère, sans y penser, et que le héros descendait insensiblement au peu de mérite de Saint-Évremond, au lieu que Saint-Évremond devait s'élever aux grandes vertus de son héros. Il en était de mes passions comme de mon caractère ; j'exprimais mes mouvements, en voulant exprimer les siens. Si j'étais amoureux, je tournais toutes choses sur l'amour ; si je me trouvais pitoyable, je ne manquais pas de fournir des infortunes à ma pitié : je faisais dire ce que je sentais moi-même, et pour comprendre tout en peu de mots, je me représentais sous le nom d'autrui. N'accusons pas quelques héros de verser des pleurs qui devaient couler seulement en quelques endroits ; ce sont les larmes des poètes qui, trop sensibles de leur naturel, ne peuvent résister à la tendresse qu'ils se sont formée. S'ils ne faisaient qu'entrer dans le sentiment des héros, leur âme, prêtée seulement à la douleur, pourrait garder quelque mesure dans la passion ; mais pour s'en faire une propre à eux-mêmes, ils expriment avec vérité ce qu'ils devraient représenter dans la vraisemblance. C'est un grand secret de savoir nous exprimer avec justesse, en ce qui regarde les pensées, et beaucoup plus en ce qui touche les sentiments ; car l'âme a bien plus de peine à se défaire de ce qu'elle sent que l'esprit à se dégager de ce qu'il pense.

Sur les tragédies

J'avoue que nous excellons aux ouvrages de théâtre ; et je ne croirais point flatter Corneille quand je donnerais l'avantage à beaucoup de ses tragédies sur celles de l'antiquité. Je sais que les anciens tragiques ont eu des admirateurs dans tous les temps, mais je ne sais pas si cette sublimité dont on parle est bien fondée. Pour croire que Sophocle et Euripide sont aussi admirables qu'on nous le dit, il faut s'imaginer bien plus de choses de leurs ouvrages qu'on n'en peut connaître par des traductions ; et selon mon sentiment, les termes et la diction doivent avoir une part considérable à la beauté de leurs tragédies.

Il me semble voir, au travers des louanges que leur donnent les plus renommés partisans, que la grandeur, la magnificence, et la dignité surtout, leur étaient choses fort peu connues : c'étaient de beaux esprits resserrés dans le ménage d'une petite république, à qui une liberté nécessiteuse tenait lieu de toutes choses. Que s'ils étaient obligés de représenter la majesté d'un grand roi, ils entraient mal dans une grandeur inconnue, pour ne voir que des objets bas et grossiers, où leurs sens étaient comme assujettis.

Il est vrai que les mêmes esprits, dégoûtés de ces objets, s'élevaient quelque fois au sublime et au merveilleux ; mais alors ils faisaient entrer tant de dieux et de déesses dans leurs tragédies, qu'on n'y reconnaissait presque rien d'humain ; ce qui était grand était fabuleux ; ce qui était naturel était pauvre et misérable. Chez Corneille, la grandeur se connaît par elle-même : les figures qu'il emploie sont dignes d'elle, quand il veut la parer de quelque ornement : mais d'ordinaire, il néglige ces vains dehors ; il ne va point chercher dans les cieux de quoi faire valoir ce qui est assez considérable sur la terre ; il lui suffit de bien entrer dans les choses, et la pleine image qu'il en donne fait la véritable impression, qu'aiment à recevoir les personnes de bon sens. [...]

J'évite autant que je puis d'être ennuyeux ; et il me suffira de dire qu'aucune nation ne saurait disputer à la nôtre l'avantage d'exceller aux tragédies. Pour celle des Italiens, elles ne valent pas la peine qu'on en parle ; les nommer seulement est assez, pour inspirer de l'ennui. Leur Festin de Pierre ferait mourir de langueur un homme assez patient, et je ne l'ai jamais vu, sans souhaiter que l'auteur de la pièce fût foudroyé avec son athée.

Il y a de vieilles tragédies anglaises, où il faudrait, à la vérité, retrancher beaucoup de choses ; mais avec ce retranchement on pourrait les rendre tout à fait belles. En toutes les autres, de ce temps-là, vous ne voyez qu'une matière informe et mal digérée, un amas d'événements confus, sans considération des lieux ni des temps, sans aucun égard à la bienséance. Les yeux avides de la cruauté du spectacle, y veulent voir des meurtres et des corps sanglants ; en sauver l'horreur par des récits, comme on fait en France, c'est dérober à la vue du peuple ce qui le touche le plus.

Les honnêtes gens désapprouvent une coutume établie par un sentiment peut-être inhumain ; mais une vieille habitude, ou le goût de la nation en général, l'emporte sur la délicatesse des particuliers. Mourir est si peu de chose aux Anglais qu'il faudrait, pour les toucher, des images plus funestes que la mort même. De là vient que nous leur reprochons, assez justement, de donner trop à leurs sens sur le théâtre. Il nous faut souffrir aussi le reproche qu'ils nous font de passer dans l'autre extrémité, quand nous admirons chez nous des tragédies par de petites douceurs qui ne font pas une impression assez forte sur les esprits – tantôt peu satisfaits, dans nos cœurs, d'une tendresse mal formée, nous cherchons dans l'action des comédiens à nous émouvoir encore ; tantôt nous voulons que l'acteur, plus transporté que le poète, prête de la fureur et du désespoir à une agitation médiocre, à une douleur trop commune. En effet, ce qui doit former la pitié fait à peine de la tendresse ; l'émotion tient lieu du saisissement, l'étonnement de l'horreur. Il manque à nos sentiments quelque chose d'assez profond ; les passions à demi touchées n'excitent en nos âmes que des mouvements imparfaits, qui ne savent ni les laisser dans leur assiette, ni les enlever hors d'elles-mêmes.

Voltaire (1694-1778)

Sémiramis (1749)

La vogue de la tragédie se poursuit au XVIII*e siècle, qui peut à bon droit, au moins jusqu'en 1750, être appelé sur ce point l'âge classique, aussi bien que la seconde moitié du* XVII*e. Voltaire fut d'abord célèbre pour ses poèmes et ses pièces de théâtre, en particulier ses tragédies, où il se voulait successeur de Racine. Mais il fait aussi évoluer le genre. D'une part, il lui donne une portée philosophique et polémique explicite, dans des pièces comme* Mahomet *(1742), où il critique le fanatisme. D'autre part, il rêve de recourir à des procédés plus libres, comme par exemple l'apparition de fantômes. Pour cela, il évoque aussi bien un usage présent chez les Grecs antiques que la suggestion offerte par l'œuvre de Shakespeare. Exilé, il passa en effet plusieurs années en Angleterre où il découvrit Shakespeare, qu'il fut un des premiers à faire connaître en France, comme en témoigne la* Dissertation *(texte 22).*
Sémiramis* *prend pour sujet l'histoire légendaire d'une reine de Babylone qui fit mourir son époux Ninus. Son fils Ninias a été mis à l'abri, sous le faux nom d'Arzace. Mais elle souhaite le retrouver. Elle est attirée par Arzace, jeune général de ses*

armées, sans savoir qu'il est son fils. Celui-ci, prévenu par l'ombre de son père, qui rappelle évidemment l'apparition du père dans Hamlet*, démasque sa mère et ses complices, puis la tue sans le vouloir.*
On propose ici les scènes d'exposition. Les noms – sauf ceux repris dans le glossaire – sont inventés par Voltaire.

21. *Le théâtre représente un vaste péristyle au fond duquel est le palais de Sémiramis.*
Les jardins en terrasse sont élevés au-dessus du palais.
Le temple des mages est à droite et un mausolée à gauche, orné d'obélisques.
Deux esclaves portent une cassette dans le lointain.

ARZACE, MITRANE

ARZACE

Oui, Mitrane, en secret l'ordre émané du trône
Remet entre tes bras Arzace à Babylone.
Que la reine en ces lieux, brillants de sa splendeur,
De son puissant génie imprime la grandeur !
Quel art a pu former ces enceintes profondes
Où l'Euphrate égaré porte en tribut ses ondes ;
Ce temple, ces jardins dans les airs soutenus ;
Ce vaste mausolée où repose Ninus ?
Éternels monuments, moins admirables qu'elle !
C'est ici qu'à ses pieds Sémiramis m'appelle.
Les rois de l'Orient, loin d'elle prosternés,
N'ont point eu ces honneurs qui me sont destinés :
Je vais dans son éclat voir cette reine heureuse.

MITRANE

La renommée, Arzace, est souvent bien trompeuse ;
Et peut-être avec moi bientôt vous gémirez
Quand vous verrez de près ce que vous admirez.

ARZACE

Comment ?

MITRANE

Sémiramis, à ses douleurs livrée,
Sème ici les chagrins dont elle est dévorée :
L'horreur qui l'épouvante est dans tous les esprits ;
Tantôt remplissant l'air de ses lugubres cris,
Tantôt morne, abattue, égarée, interdite,
De quelque dieu vengeur évitant la poursuite,
Elle tombe à genoux vers ces lieux retirés,
À la nuit, au silence, à la mort consacrés ;
Séjour où nul mortel n'osa jamais descendre,
Où de Ninus mon maître on conserve la cendre.
Elle approche à pas lents, l'air sombre, intimidé,
Et se frappant le sein de ses pleurs inondés.
À travers les horreurs d'un silence farouche,
Les noms de fils, d'époux, échappent de sa bouche :
Elle invoque les dieux ; mais les dieux irrités
Ont corrompu le cours de ses prospérités.

ARZACE

Quelle est d'un tel état l'origine imprévue ?

MITRANE

L'effet en est affreux, la cause est inconnue

ARZACE

Et depuis quand les dieux l'accablent-ils ainsi ?

MITRANE

Depuis qu'elle ordonna que vous vinssiez ici.

ARZACE

Moi ?

MITRANE

Vous : ce fut, seigneur, au milieu de ces fêtes,
Quand Babylone en feu célébrait vos conquêtes ;
Lorsqu'on vit déployer ces drapeaux suspendus,
Monuments des États à vos armes rendus ;
Lorsqu'avec tant d'éclat, l'Euphrate vit paraître
Cette jeune Azéma, la nièce de mon maître.
Ce pur sang de Bélus et de nos souverains
Qu'aux Scythes ravisseurs ont arraché vos mains :
Ce trône a vu flétrir sa majesté suprême,
Dans des jours de triomphe au sein du bonheur même.

ARZACE

Azéma n'a point part à ce trouble odieux ;
Un seul de ses regards adoucirait les dieux ;
Azéma d'un malheur ne peut être la cause.
Mais de tout, cependant, Sémiramis dispose :
Son cœur en ces horreurs n'est pas toujours plongé ?

MITRANE

De ses chagrins mortels son esprit dégagé
Souvent reprend sa force et sa splendeur première.
J'y revois tous les traits de cette âme si fière,

À qui les plus grands rois, sur la terre adorés,
Même par leurs flatteurs ne sont pas comparés.
Mais lorsque, succombant au mal qui la déchire,
Ses mains laissent flotter les rênes de l'empire,
Alors le fier Assur, ce satrape insolent,
Fait gémir le palais sous son joug accablant.
Ce secret de l'État, cette honte du trône,
N'ont point encore percé les murs de Babylone ;
Ailleurs on nous envie, ici nous gémissons.

ARZACE

Pour les faibles humains quelles hautes leçons !
Que partout le bonheur est mêlé d'amertume !
Qu'un trouble aussi cruel m'agite et me consume !
Privé de ce mortel, dont les yeux éclairés
Auraient conduit mes pas à la cour égarés,
Accusant le destin qui m'a ravi mon père,
En proie aux passions d'un âge téméraire,
À mes vœux orgueilleux sans guide abandonné,
De quels écueils nouveaux je marche environné !

MITRANE

J'ai pleuré comme vous ce vieillard vénérable ;
Phadrate m'était cher et sa perte m'accable :
Hélas ! Ninus l'aimait ; il lui donna son fils ;
Ninias, notre espoir, à ses mains fut remis.
Un même jour ravit et le fils et le père ;
Il s'imposa dès lors un exil volontaire ;
Mais enfin son exil a fait votre grandeur.
Élevé près de lui dans les champs de l'honneur,
Vous avez à l'empire ajouté des provinces.

Et placé par la gloire au rang des plus grands princes,
Vous êtes devenu l'ouvrage de vos mains.

ARZACE

Je ne sais en ces lieux quels seront mes destins.
Aux plaines d'Arbazan[1] quelques succès peut-être,
Quelques travaux heureux m'ont fait assez connaître ;
Et quand Sémiramis, aux rives de l'Oxus,
Vint imposer des lois à cent peuples vaincus,
Elle laissa tomber de son char de victoire
Sur mon front jeune encore un rayon de sa gloire ;
Mais souvent dans les camps un soldat honoré
Rampe à la cour des rois et languit ignoré.
Mon père, en expirant, me dit que ma fortune
Dépendait en ces lieux de la cause commune.
Il remit en mes mains ces gages précieux,
Qu'il conserva toujours loin des profanes yeux :
Je dois les déposer dans les mains du grand-prêtre ;
Lui seul doit en juger, lui seul doit les connaître ;
Sur mon sort, en secret, je dois le consulter ;
À Sémiramis même il peut me présenter.

MITRANE

Rarement il l'approche ; obscur et solitaire,
Renfermé dans les soins de son saint ministère,
Sans vaine ambition, sans crainte, sans détour,
On le voit dans son temple, et jamais à la cour.
Il n'a point affecté l'orgueil du rang suprême
Ni placé sa tiare auprès du diadème ;
Moins il veut être grand, plus il est révéré.

1. Plaines d'Arbazan : lieu d'une bataille.

Quelque accès m'est ouvert en ce séjour sacré ;
Je puis même, en secret, lui parler à cette heure.
Vous le verrez ici, non loin de sa demeure,
Avant qu'un jour plus grand vienne éclairer nos yeux.

(Acte I, scène 1.)

ARZACE

Eh ! quelle est donc sur moi la volonté des dieux ?
Que me réservent-ils ? et d'où vient que mon père
M'envoie, en expirant, au pied du sanctuaire ?
Moi soldat, moi nourri dans l'horreur des combats,
Moi qu'enfin l'amour seul entraîne sur ses pas ?
Aux dieux des Chaldéens quel service ai-je à rendre ?
Mais quelle voix plaintive ici se fait entendre ?

(On entend des gémissements sortir du fond du tombeau, ou l'on suppose qu'ils sont entendus.)

Du fond de cette tombe un cri lugubre, affreux,
Sur mon front pâlissant fait dresser mes cheveux ;
De Ninus, m'a-t-on dit, l'ombre en ces lieux habite…
Les cris ont redoublé, mon âme est interdite.
Séjour sombre et sacré, mânes de ce grand roi,
Voix puissante des dieux, que voulez-vous de moi ?

(Acte I, scène 2.)

Arrêt sur lecture 2

Renaissance de la tragédie

Délaissée au Moyen Âge, même si l'on enseigne çà et là des tragédies latines et si on connaît partiellement la *Poétique* d'Aristote, la tragédie réapparaît dans la littérature française au XVIe siècle, comme dans plusieurs pays d'Europe, notamment en Angleterre avec des auteurs comme Shakespeare ou Marlowe. Elle a ressurgi auparavant en Italie, où l'étude et la traduction de la *Poétique* d'Aristote se sont développées un siècle plus tôt. D'abord assez rare dans la seconde moitié du XVIe siècle, la tragédie devient en France un genre majeur au XVIIe. Elle le reste ensuite au XVIIIe, et le modèle de tragédie mis au point en France est alors imité mais aussi discuté dans toute l'Europe.

Que devient le modèle antique ?

La fidélité des lettrés – La tragédie renaissante est d'abord affaire de lettrés, pour qui il s'agit, en premier lieu, de retrouver le grand genre* antique : ils lisent, traduisent et imitent des tragédies antiques, grecques et latines. Sénèque, notamment, est beaucoup traduit, et Garnier, par exemple, écrit un *Hippolyte* inspiré de sa *Phèdre*. Les lettrés envisagent de reconstituer le genre, avec des chœurs* et des sujets mythologiques ; Alexandre Hardy, pour sa part, traite dans son *Scédase*, au tout début du XVIIe siècle, un sujet tiré de Plutarque.

Des sujets plus modernes – D'autres auteurs recherchent des sujets historiques plus modernes, parfois empruntés aux chroniques ou légendes, par exemple *Le Roi Lear* ou *Macbeth* de Shakespeare. Certains, enfin, conçoivent une tragédie chrétienne ou biblique. Les tragédies à sujet biblique, qui constituent une part importante de la production théâtrale du XVIe siècle, sont un terrain de rivalité entre catholiques et protestants. Parmi les protestants, Théodore de Bèze est notamment connu pour son *Abraham sacrifiant*. Garnier, catholique, est l'auteur de la tragédie des *Juives* où apparaissent des chœurs*. Jean de La Taille, protestant, est quant à lui l'auteur d'un *Saül le furieux*, dans l'épître dédicatoire duquel il se fait le théoricien de l'adaptation des règles poétiques héritées d'Aristote et d'Horace à de nouveaux sujets, en particulier bibliques, et à de nouveaux temps, c'est-à-dire à un présent marqué par la guerre civile. Les tragédies du XVIe siècle mobilisent donc tout aussi fortement les références antiques que, plus tard, celles des XVIIe et XVIIIe siècles, mais d'une manière différente.

La tragédie chrétienne

Une vision tragique du christianisme – La tragédie chrétienne ne se contente pas de chercher ses sujets dans la Bible ou dans l'histoire sainte, elle propose aussi des liens et des interactions possibles – mais problématiques – entre la vision chrétienne du monde et le tragique. Religion fondée sur une mort douloureuse, celle de Jésus, mais aussi sur une résurrection, le christianisme a pu être compris comme comportant une dimension tragique, et comme constituant un dépassement de ce tragique. Dans les livres de colportage de la « bibliothèque bleue », on trouve par exemple un *Discours tragique en vers héroïques de la passion de notre Seigneur Jésus-Christ*, au début du XVIIIe siècle. En outre, certains auteurs dont Pascal (**34**) insistent sur le sort de l'homme qui, chassé du paradis terrestre, est condamné à souffrir ici-bas et, surtout, est réduit à une condition mortelle. Il arrive que ces auteurs mobilisent, explicitement ou non, la référence tragique, pour insister sur l'idée

La littérature peut dialoguer avec une vision tragique de l'histoire : ainsi à propos des guerres de religion (ici, le massacre des protestants par les catholiques à Wassy, le 1er mars 1562), voir Jean de la Taille (8) et en dehors du théâtre, Agrippa d'Aubigné (32).

qu'aucun humain n'est sûr de gagner la vie éternelle en paradis, mais que tous sont certains de souffrir et de mourir.

Théâtre tragique et religion : l'échec d'une alliance – De nombreux dramaturges, au cours des XVIe et XVIIe siècles, jusqu'à Corneille et Racine, notamment dans *Athalie* (1691), ont cherché à allier la religion et le théâtre tragique. Cette alliance ne s'est cependant guère réalisée. En effet, les autorités religieuses ont été en majorité réticentes, voire hostiles, à l'égard du théâtre. Les « mystères » médiévaux, pièces à sujet religieux pourtant, sont interdits à la demande de l'Église au milieu du XVIe siècle. Le clergé estime que le théâtre, par les émotions qu'il procure, trouble les esprits et, par le divertissement qu'il constitue, les détourne des pratiques religieuses. Enfin, et peut-être surtout, l'autorité religieuse de l'époque considère que les faits et personnages de la religion, tenus pour sacrés, ne doivent pas être profanés par leur représentation sur scène. Ainsi, le modèle de tragédie qui peu à peu s'impose en France est plutôt celui d'une tragédie à sujet « éloigné », soit dans le temps – sujets mythologiques grecs ou historiques romains – soit dans l'espace, et profane. L'Espagne, elle, conserve davantage un théâtre religieux, mais dans un genre plus proche des mystères médiévaux que de la tragédie : celui des « autos sacramentales ».

La concurrence d'autres formes théâtrales – La tragédie, chrétienne comme profane, se trouve en concurrence avec d'autres formes théâtrales, en particulier la tragi-comédie, très en vogue à la fin du XVIe et au début du XVIIe siècle. C'est après force débats et discussions que la tragédie s'impose comme genre dominant dans les années 1630. Cet avènement est en partie dû à l'évolution des conditions de représentation. Se créent alors, à Paris, des troupes professionnelles permanentes qui jouent dans des salles fixes. Celles-ci n'offrent qu'un espace scénique limité, où il est difficile de représenter plusieurs lieux fictifs. Les changements de décor sont, eux aussi, limités par la technique. La vraisemblance rend ainsi aléatoire de présenter des intrigues impliquant plusieurs lieux et plusieurs époques. Au début du XVIIe siècle, on utilise le système des « décors simultanés » : il donne à voir sur la même scène plusieurs « compartiments » – un palais, une ville, une forêt, etc. – figurés par une partie du décor. Mais les spécialistes contestent cette illusion très conventionnelle. Aussi s'impose peu à peu l'idée qu'il convient de limiter l'action à une seule intrigue se déroulant en un seul lieu et dans une durée aussi proche que possible du temps de la représentation. De là naissent les « trois unités* », de temps, de lieu et d'action, dont la théorie peut prendre argument des modèles grecs, qui procédaient ainsi. La tragédie prend donc l'avantage sur la tragi-comédie qui, elle, présentait des actions complexes, riches en rebondissements, dans des lieux et des époques multiples. Ce resserrement va de pair avec une concentration de l'action sur les héros, leurs pensées et sentiments : on assiste à une intériorisation des émotions.

La « tragédie à machines » – Ce modèle n'est cependant pas suivi de même partout, et en Angleterre, le théâtre élisabéthain, celui de Shakespeare notamment, garde l'usage de lieux et de moments multiples, et d'intrigues à rebondissements. Notons que les titres mêmes de certaines œuvres peuvent susciter une réflexion sur le genre : *La Tragédie d'Hamlet*, par exemple, peut signifier aussi bien « la représentation de l'histoire tragique du prince Hamlet » que « pièce conforme au modèle du genre appelé tragédie », et donc renvoyer aussi bien au contenu qu'à la forme. Il est également à remarquer qu'en France existe, à la même époque, un usage de la « tragédie à machines » (c'est-à-dire à effets spéciaux, avec par exemple des monstres volants) très en faveur et pourtant non conforme au principe de la vraisemblance. Elles exigeaient des moyens spéciaux et étaient donc jouées à la cour ou dans des salles spécialisées. Ce type de tragédie est à l'origine de l'essor de l'opéra, importé d'Italie, qui pourra être regardé au XVIIIe siècle comme un concurrent de la tragédie, comme le fait remarquer Voltaire (**22**). La tragédie « à machines* » a été associée en France, particulièrement dans la seconde moitié du XVIIe siècle, à une tonalité, celle du romanesque sentimental. À la même époque, bon nombre de tragédies à succès, comme celles de Quinault ou de Thomas Corneille, se tournent aussi vers la sentimentalité souvent « galante ». Cette place de la douceur sentimentale a été critiquée, ce qui n'empêche pas l'amour-passion de devenir par ailleurs un des éléments majeurs du théâtre tragique du temps – ce qu'il n'était guère chez les Grecs.

Dialogues et interactions – Ainsi, le modèle de la tragédie classique, impliquant un sujet profane et le respect des « trois unités », doit être fortement nuancé par la prise en compte des tendances diverses qui influent sur lui, et qui animent le débat sur le théâtre, comme en témoignent les textes de Boileau et de Saint-Évremond (**18, 20**). Ces discussions font apparaître qu'aux yeux des contemporains et au regard de leur compréhension des modèles grecs, il y a dans les tragédies composées tout au long du XVIIe siècle bien des éléments non tragiques. Par ailleurs, le XVIIe siècle marque l'entrée du tragique dans des genres non théâtraux. Il est donc clair que le tragique ne s'identifie pas alors à la tragédie. Cette indépendance du tragique apparaît plus clairement encore au vu d'autres arts que la littérature. Outre l'opéra mentionné

Illustrée au XIXe siècle par Eugène Delacroix, la tragédie d'*Hamlet* répond à des principes esthétiques différents de ceux de la tragédie « régulière » à la française.

Une vanité flamande : au centre de la gravure, le crâne humain qui est censé rappeler en permanence que la vie est éphémère, en dépit de toutes les ambitions qui la comblent.

plus haut, la peinture revendique une dimension tragique, notamment dans le genre des vanités, très en vogue à l'âge classique. Les vanités – on peut penser par exemple à l'œuvre de Philippe de Champaigne – montrent le caractère illusoire des grandeurs de ce monde face à la menace omniprésente de la mort. Mais on peut également évoquer, plus simplement, les nombreux tableaux, et les gravures plus nombreuses encore, qui reprennent des sujets d'histoires tragiques ou de tragédies, ou qui en accompagnent les textes.

La tragédie classique se veut donc en continuité avec la tragédie grecque, qu'elle prend pour modèle. Il arrive souvent qu'elle s'inspire de Sénèque et de la tragédie romaine, mais comme celle-ci se réclamait elle-même du modèle athénien, il y a bien là les maillons d'une même chaîne. Reste que cette continuité est plus de l'ordre de la revendication que de la pratique réelle, marquée, elle, par des évolutions et des différences. On essayera ici de repérer ce qui a été perçu par les auteurs de tragédie ou par la critique comme les éléments principaux de cet héritage, sans oublier les transformations.

Le nouveau héros tragique

Transgressions et passions

La persistance de la démesure – Dans la tragédie de la Renaissance et de l'âge classique, l'idée de démesure et de monstruosité est toujours bien présente. Macbeth* est ainsi un personnage caractérisé par la démesure ; ayant tué le roi pour s'emparer du trône, il en vient à massacrer tout le monde autour de lui, et, à la fin de la pièce, à devenir un être à peine humain, confronté à des événements tout aussi extraordinaires que lui, par exemple une forêt qui se déplace. Jean de La Taille indique, quant à lui, que la folie de Saül est une façon de représenter une rupture avec les lois fondamentales de l'humanité : à travers la démence, il représente les guerres de religion, guerres civiles qui sont comme des fratricides. Un personnage comme Cléopâtre (dans *Rodogune* de Corneille) qui a pour dessein de faire mourir ses propres fils, s'écarte elle aussi de la communauté humaine. Les personnages de Néron, dans *Britannicus* de Racine, et de Phèdre, dans la pièce éponyme du même auteur, suivent des impulsions similaires : Néron en faisant empoisonner son frère adoptif, et Phèdre* en cédant à l'adultère et à l'inceste. Cette dernière se qualifie d'ailleurs elle-même de monstre. De même, Hippolyte*, fils respectueux, est dans la légende coupable de ne pas vouloir céder à l'amour, donc de faire preuve d'un excès de chasteté. Ainsi est-il lui aussi victime de son *hybris**, dont il est puni par la déesse de l'amour, Aphrodite, qui utilise Phèdre comme instrument. Thésée* lui-même, à son retour, en apprenant l'accusation portée contre Hippolyte cède à la colère excessivement vite. Enfin, Ninias, qui en vient à tuer sa mère, entre également dans ces transgressions extrêmes. Mais ce qui n'est pas hérité de la Grèce ni de Rome, c'est la représentation des causes de ces comportements.

De l'hybris aux passions – Dans les tragédies de la période moderne, les agissements des personnages tiennent à des causes identifiables par une psychologie où les passions l'emportent. Par « passions* », on n'entend pas seulement l'amour passionné, mais les mouvements affectifs violents qui troublent le cœur et l'esprit, les effets d'un désir – ou *libido* – démesuré. Ces passions relèvent souvent de l'ambition. Tel est par exemple le cas de Macbeth, dans la tragédie de Shakespeare (**11**), et de Cléopâtre, dans *Rodogune* de Corneille (**13**), ainsi que de Néron, dans *Britannicus* de Racine (**15**), au moins partiellement. Cette façon de voir est sans doute liée à la culture chrétienne, qui fait des passions le signe même de la corruption humaine, le signe que dans l'âme humaine les désirs l'emportent sur les vertus.

La passion amoureuse – Mais un type particulier de passion prend alors de plus en plus de place : la passion amoureuse. Celle-ci devient un thème majeur dans des œuvres comme *Phèdre* de Racine (**16, 17**). L'amour y est présenté comme un désir incontrôlable, mais il est mis en opposition avec une autre forme d'amour, celui qui unit Hippolyte et Aricie, amour partagé et délicat, « galant ». De ce même sentiment relèvent, dans *Rodogune* de Corneille (**13**), l'amour entre le personnage de même nom et Antiochus*, et dans *Britannicus* de Racine (**15**), celui qui unit le personnage du même nom à Junie. Un tel contraste rend plus manifeste la nature néfaste* de la passion incontrôlable. Cette passion hors de toute mesure a pour origine un mouvement impulsif qui n'est pas présenté comme de nature individuelle, mais comme lié à un héritage. Ainsi chez Phèdre la pulsion du désir est-elle présentée comme un trouble physique profond et violent, et elle le rattache à ce que vécut avant elle sa mère Pasiphaé. S'instaurent ainsi d'autres manières de représenter la démesure chez les personnages, et leur faiblesse devant de telles forces.

***Héros divisés et* lamento** – Phèdre ou Néron*, dans leur hésitation entre le chemin de la vertu et celui du vice, sont des personnages divisés dans le crime* même. Plus encore peut-être, Hamlet, dans la tragédie de Shakespeare, conscient de ce que sa vengeance lui coûte et lui fait perdre, est parfois prêt à renoncer, comme en témoigne son monologue (**9**). Mais au-delà de ces hésitations que l'on peut dire « psychologiques », ces personnages modernes rejoignent, par d'autres voies, les

personnages antiques qui prennent conscience de leurs erreurs et de leurs crimes, comme Œdipe* (**7**), ou Ajax* (**2**) lorsque sa folie se dissipe. Vient alors pour eux, mais trop tard, le temps de la prise de conscience et de l'effort pour expier leur faute, ou celui du *lamento*, de la déploration. On ne peut cependant généraliser trop largement. Le *lamento* peut être le fait de personnages qui n'ont pas de fautes à leur actif, comme dans *Les Troyennes* d'Euripide (**5**). Il peut aussi s'accompagner d'une volonté obstinée de résister au malheur, comme chez Prométhée, dans la tragédie éponyme d'Eschyle (**1**). Le *lamento* peut enfin constituer un acte de dignité, comme dans *Scédase* de Hardy (**12**). Il peut enfin être confié au chœur*, comme dans *Antigone* de Sophocle (**3, 4**), alors même que l'héroïne ne cède pas. Si l'*hybris** ou le *furor** sont bien des traits majeurs, ils ne sont donc pas uniformément présents chez tous les personnages, ni toujours traités de même.
Les puissances supérieures – Une caractéristique du tragique, peut-être la plus cruciale, apparaît constante : tous les héros tragiques sont confrontés à des puissances qui dépassent leurs forces. Qu'il s'agisse des valeurs de la famille face à celles de la Cité, dans *Antigone* de Sophocle (**3, 4**), ou des pulsions de la libido face à la morale, dans *Phèdre* et *Britannicus* de Racine (**15, 16, 17**), ou simplement du respect de la justice demandé par Scédase (**12**), c'est une même interrogation qui court : lorsqu'une puissance supérieure paraît injuste, que l'on tente d'y résister et qu'on ne le peut, quel ordre de valeurs subsiste ? La tragédie apparaît ainsi comme un moyen de dire des conflits de valeurs et la faiblesse des humains, moins devant une « fatalité » à proprement parler que devant des forces dont la logique est en partie incompréhensible aux personnages et, à travers eux, aux spectateurs.

Autres héros, autres tragédies

La question des effets – Autre variation : dans la discussion avec Aristote que constitue son *Discours de la tragédie*, Corneille distingue deux effets que les aristotéliciens associent étroitement : l'effet moral de purgation des passions, ou catharsis*, et l'effet émotionnel, autrement dit les sentiments provoqués chez les spectateurs. Celui-ci l'intéresse bien plus que la catharsis. Non qu'il renonce à l'efficacité morale de la tragédie, bien au contraire, mais elle est liée pour lui au mécanisme de l'exemple. Le spectateur doit pouvoir appliquer à lui-même ce que lui montre la pièce, notamment grâce aux dénouements* dans lesquels les « bons » sont sauvés après avoir courageusement affronté tous les risques, et où les « méchants » sont punis après avoir prouvé leur extrême noirceur en tentant par tous les moyens d'éliminer les premiers. Corneille défend ainsi la forme de tragédie qui a fait sa gloire : celle où les héros suscitent à la fois de l'admiration* pour leur grandeur et de la pitié pour leur malheur, en étant confrontés soit à des adversaires médiocres, soit à des criminels eux-mêmes grands dans leur détermination à aller jusqu'au bout de leurs vices. Le « sublime », c'est-à-dire le meilleur de la tragédie, réside donc pour Corneille dans la vision noble qu'elle propose des actions humaines : vertueux et vicieux font chacun « tout ce qu'ils peuvent » pour parvenir à leurs fins, et il ne tient pas à eux de vaincre ou de périr, mais à « quelque puissance supérieure » ou à « quelque changement de fortune* ».

Un modèle formel contesté – La tragédie grecque apparaît ainsi comme un modèle formel souvent revendiqué, notamment par les auteurs de tragédies renaissantes et classiques en France, mais Hardy, par exemple, n'obéit pas au modèle qui veut des personnages de héros ou de princes. Fait assez remarquable, il donne avec *Scédase* (**12**) une tragédie où le héros n'est pas de haut rang, mais dont le sujet est légitimé par sa célébrité. Cette exception a d'ailleurs suscité une réflexion chez les praticiens et les théoriciens de la tragédie ; dans le second *Discours de la tragédie*, Corneille écrit :

« Outre que ce n'est pas une nécessité de ne mettre que les infortunes des rois sur le théâtre, celles des autres hommes y trouveraient place, s'il leur en arrivait d'assez illustres et d'assez extraordinaires pour la mériter et que l'histoire prît assez de soin d'eux pour nous les apprendre. Scédase n'était qu'un paysan de Leuctres, et je ne tiendrais pas la sienne indigne d'y paraître, si la pureté de notre scène pouvait souffrir qu'on y parlât du violement effectif de ses deux filles, après que l'idée de la prostitution n'y a pu être soufferte dans la personne d'une sainte qui en fut garantie. »

Voltaire, commentant ce discours, déclare au contraire :

« Rois, empereurs, princes, généraux d'armées, principaux chefs de république, il n'importe. Mais il faut toujours dans la tragédie des hommes élevés au-dessus du commun : non seulement parce que le destin des États dépend du sort de ces personnages importants. Mais parce que les malheurs des hommes illustres exposés au regard des nations, font sur nous une impression plus grande que les infortunes du vulgaire. Je doute beaucoup qu'un paysan de Leuctres nommé Scédase dont on a violé deux filles, fût un aussi beau sujet de tragédie que Cinna et Iphigénie. »

De même, si la dignité du ton, l'organisation en actes qui divisent une durée d'environ vingt-quatre heures (unité de temps) et les unités de lieu et d'action paraissent s'imposer, ce modèle n'est pas suivi pas à pas. La tragédie française abandonne progressivement – sauf exception comme l'*Athalie* de Racine – les chœurs*. Par ailleurs, des auteurs comme Hardy ou Shakespeare ne se plient pas aux unités, notamment à l'unité de ton.

La question du vraisemblable – La « règle* » de la vraisemblance apparaît centrale dans les débats. Boileau, Saint-Évremond et La Bruyère (**18, 19, 20**) en font une condition de la réussite du genre. Il faut que le spectateur puisse entrer dans l'illusion, « y croire », pour que la pièce lui procure une pleine émotion. Mais Shakespeare ou Voltaire recourent à des effets de fantastique qui s'écartent de ce vraisemblable.

Ainsi, il apparaît que si les substrats des contenus et les données formelles des tragédies constituent une tradition, les auteurs et les œuvres varient en fonction des publics et des conditions de représentation, et nuancent les émotions proposées. C'est donc du côté de la substance, du sens, des émotions que l'enjeu majeur du tragique se situe, alors même qu'on observe une continuité forte des modèles. Cette question prendra plus de relief encore lorsque les modèles seront moins strictement revendiqués dans les formes.

à vous...

1 – Le *lamento*, ces tirades où les héros déplorent leur sort et se « lamentent » sur leur destin, constitue une sorte de « genre intérieur ». En vous appuyant sur les textes d'Eschyle (1), de Hardy (12) et de Racine (15, 16, 17), précisez-en le rôle dans la tragédie.

2 – La tragédie classique se caractérise par une composition en cinq actes, et par le respect des trois unités, comme le déclare Boileau (18). En comparant ce type de tragédie avec celles de Shakespeare (9, 10, 11) et, en France, celle de Hardy (12), expliquez ce qu'apporte le respect des unités. Comment est-il lié à la composition en cinq actes ?

ÉVOLUTIONS DU THÉÂTRE TRAGIQUE : DU XVIIIe AU XXe SIÈCLE

Voltaire (1694-1778)

Dissertation sur la tragédie ancienne et moderne (1752)

En 1752, lorsque Voltaire publie sa tragédie Sémiramis*, il joint à cette édition une* Dissertation *qu'il adresse « à Son Éminence Monseigneur Cardinal Quirini », prélat italien et amateur de belles-lettres. Il s'agit d'un essai qui compare les tragédies grecques et le théâtre moderne, puis qui justifie les choix mis en œuvre dans* Sémiramis*. Il fait écho à la Querelle des Anciens et des Modernes qui, pendant la seconde moitié du* XVIIe *siècle et le premier tiers du* XVIIIe*, a opposé ceux qui, comme Boileau, pensaient que les auteurs de l'Antiquité ne pouvaient être égalés et ceux qui, comme Perrault, Fontenelle et Voltaire lui-même, estimaient les œuvres modernes supérieures aux antiques. Plus largement, c'était l'idée même de progrès, dans les sciences et les savoirs, qui était en cause. Vers 1750, la Querelle est largement dépassée, et les Modernes l'ont emporté – sauf dans certains établissements scolaires où l'on continue de privilégier les littératures antiques. Voltaire* *apporte ici une idée originale : la vraie comparaison entre le théâtre antique et le théâtre du* XVIII*e siècle ne doit pas se faire de tragédies à tragédies, mais de tragédies antiques à opéras modernes.*

22. **O**ù trouver un spectacle qui nous donne une image de la scène grecque ? C'est peut-être dans vos[1] tragédies, nommées opéras, que cette image subsiste. Quoi ! me dira-t-on, un opéra italien aurait quelque ressemblance avec le théâtre d'Athènes ? Oui. Le récitatif italien est précisément la mélopée des anciens ; c'est cette déclamation notée et soutenue par des instruments de musique. Cette mélopée, qui n'est ennuyeuse que dans vos mauvaises tragédies-opéras, est admirable dans vos bonnes pièces. Les chœurs* que vous y avez ajoutés depuis quelques années, et qui sont liés essentiellement au sujet, approchent d'autant plus des chœurs des anciens, qu'ils sont exprimés avec une musique différente du récitatif, comme la strophe, l'épode, et l'antistrophe[2], étaient chantées chez les Grecs tout autrement que la mélopée des scènes. [...]

(Première partie : *Des tragédies grecques imitées par quelques opéras italiens et français*.)

Un auteur, nommé Mairet[3], fut le premier qui, en imitant la *Sophonisbe* du Trissino[4], introduisit la règle des trois unités que vous aviez prise des Grecs. Peu à peu, notre

1. « Vos » : le texte est adressé au cardinal Quirini, qui était italien, et l'opéra s'était développé d'abord en Italie. Il y avait dans ces années-là une querelle entre les partisans de l'opéra italien et ceux de l'opéra français.
2. Strophe, épode et antistrophe : appellations traditionnelles des parties de la tragédie grecque.
3. Jean Mairet : auteur dramatique français (1604-1686), rival de Corneille, mit le premier les trois unités en œuvre dans sa tragédie *Sophonisbe* (1634-1635).
4. Gian Giorgio Trissin ou Trissino : poète, savant et artiste italien (1478-1550).

scène s'épura, et se défit de l'indécence et de la barbarie qui déshonoraient alors tant de théâtres, et qui servaient d'excuse à ceux dont la sévérité peu éclairée condamnait tous les spectacles [1]. [...]

Je ne prétends pas que la scène française l'ait emporté en tout sur celle des Grecs, et doive la faire oublier. Les inventeurs ont toujours la première place dans la mémoire des hommes ; mais quelque respect qu'on ait pour ces premiers génies, cela n'empêche pas que ceux qui les ont suivis ne fassent souvent beaucoup plus de plaisir. On respecte Homère, mais on lit Le Tasse [2] ; on trouve dans lui beaucoup de beautés qu'Homère n'a point connues. On admire Sophocle ; mais combien de nos bons auteurs tragiques ont-ils de traits de maîtres que Sophocle eût fait gloire d'imiter, s'il fût venu après eux ! Les Grecs auraient appris de nos grands modernes à faire des expositions [3] plus adroites, à lier les scènes les unes aux autres par cet art imperceptible qui ne laisse jamais le théâtre vide, et qui fait venir et sortir avec raison les personnages. [...]

Je dis que ce serait manquer d'âme et de jugement que de ne pas avouer combien la scène française est au-dessus de la scène grecque, par l'art de la conduite, par l'invention, par les beautés de détail, qui sont sans nombre. Mais aussi on serait bien partial et bien injuste de ne pas tomber d'accord que la galanterie [4] a presque partout affaibli tous

1. Au XVIIe siècle, de nombreux membres de l'Église catholique condamnaient le théâtre, dans la lignée de saint Augustin (Ve siècle) : ainsi les jansénistes, les dévots et Bossuet.
2. Torquato Tasso, dit le Tasse : poète italien (1544-1595) auteur notamment de deux œuvres célèbres dans toute l'Europe, la pastorale d'*Aminta* et l'épopée *La Jérusalem délivrée* (il fut célèbre aussi parce qu'on pensa qu'il avait perdu la raison et qu'il fut enfermé pendant des années).
3. Des scènes d'exposition.
4. La galanterie : désigne un courant esthétique du XVIIe siècle et plus largement, comme ici, l'art de plaire aux dames.

les avantages que nous avons d'ailleurs. Il faut convenir que, d'environ quatre cents tragédies qu'on a données au théâtre depuis qu'il est en possession de quelque gloire en France, il n'y en a pas dix ou douze qui ne soient fondées sur une intrigue d'amour, plus propre à la comédie qu'au genre tragique. C'est presque toujours la même pièce, le même nœud, formé par la jalousie et une rupture, et dénoué par un mariage : c'est une coquetterie continuelle, une simple comédie, où des princes sont acteurs, et dans laquelle il y a quelquefois du sang répandu pour la forme.

La plupart de ces pièces ressemblent si fort à des comédies que les acteurs en étaient parvenus, depuis quelque temps, à les réciter du ton dont ils jouent les pièces qu'on appelle du haut comique ; ils ont par là contribué à dégrader encore la tragédie : la pompe et la magnificence de la déclamation ont été mises en oubli. On s'est piqué de réciter les vers comme de la prose ; on n'a pas considéré qu'un langage au-dessus du langage ordinaire doit être débité d'un ton au-dessus du familier. Et si quelques acteurs ne s'étaient heureusement corrigés de ces défauts, la tragédie ne serait bientôt parmi nous qu'une suite de conversations galantes froidement récitées [...].

On a voulu donner, dans *Sémiramis*, un spectacle encore plus pathétique que dans *Mérope*[1] ; on y a déployé tout l'appareil de l'ancien théâtre grec. Il serait triste, après que nos grands maîtres ont surpassé les Grecs en tant de choses, que notre nation ne pût les égaler dans la dignité de leurs représentations. Un des plus grands défauts qui s'opposent, sur notre théâtre, à toute action grande et pathétique, est la foule des spectateurs confondue sur la scène

1. *Mérope* : autre tragédie de Voltaire (1743), imitée d'une pièce d'un auteur italien (Maffei, 1713).

avec les acteurs[1] : cette indécence se fit sentir particulièrement à la première représentation de *Sémiramis*.

(Seconde partie : *De la tragédie française comparée à la tragédie grecque.*)

Par tout ce que je viens de dire, Monseigneur, vous voyez que c'était une entreprise assez hardie de représenter *Sémiramis* assemblant les ordres de l'État pour leur annoncer son mariage ; l'ombre de Ninus[2] sortant de son tombeau, pour prévenir un inceste, et pour venger sa mort ; Sémiramis entrant dans ce mausolée, et en sortant expirante, et percée de la main de son fils. Il était à craindre que ce spectacle ne révoltât : et d'abord, en effet, la plupart de ceux qui fréquentent les spectacles, accoutumés à des élégies amoureuses, se liguèrent contre ce nouveau genre de tragédie. On dit qu'autrefois, dans une ville de la Grande Grèce[3], on proposait des prix pour ceux qui inventeraient des plaisirs nouveaux. Ce fut ici tout le contraire. Mais quelques efforts qu'on ait faits pour faire tomber cette espèce de drame, vraiment terrible et tragique, on n'a pu y réussir. [...]

Suit une justification de l'intervention des revenants dans la tragédie, avec référence à Hamlet *de Shakespeare – et discussion des beautés et des irrégularités de cette œuvre. Puis :*

Je pourrais surtout appliquer à *Sémiramis* la morale par laquelle Euripide finit son *Alceste*, pièce dans laquelle le

1. Usage du théâtre en France aux XVIIe et XVIIIe siècles : les spectateurs chics occupaient des fauteuils installés sur la scène même.
2. Voir texte 21.
3. La Grande Grèce : c'est-à-dire le monde hellénistique après les conquêtes d'Alexandre.

merveilleux règne bien davantage : « Que les dieux emploient des moyens étonnants pour exécuter leurs éternels décrets ! Que les grands événements qu'ils ménagent surpassent les idées des mortels ! »

Enfin, Monseigneur, c'est uniquement parce que cet ouvrage respire la morale la plus pure, et même la plus sévère, que je le présente à votre Éminence. La véritable tragédie est l'école de la vertu ; et la seule différence qui soit entre le théâtre épuré et les livres de morale, c'est que l'instruction se trouve dans la tragédie toute en action, c'est qu'elle y est intéressante, et qu'elle se montre relevée des charmes d'un art qui ne fut inventé autrefois que pour instruire la terre et pour bénir le ciel, et qui par cette raison fut appelé le langage des dieux [1].

(Troisième partie : *De Sémiramis.*)

Goethe (1749-1832)

Faust (Trad. Gérard de Nerval)

La tragédie de Faust *fut publiée dans sa totalité (c'est-à-dire avec sa deuxième partie) en 1833. Elle reprend un sujet issu du folklore allemand, et traité par le dramaturge anglais Marlowe dans une pièce intitulée* The Tragical History of Doctor Faustus *(1604). Le nœud* en est le pacte avec le diable, nommé ici Méphistophélès*, qui promet au savant désespéré par l'impossibilité d'atteindre la connaissance totale, en échange de son âme, de lui donner tous les plaisirs et toutes les expériences qu'un homme peut vivre, et par là le véritable savoir.*

1. Le langage des dieux : la poésie.

La première partie de la tragédie se termine sans qu'on sache si Faust sera ou non damné. Elle est centrée sur l'histoire de Marguerite, construite sur le modèle des histoires tragiques* ; la jeune fille est séduite, puis abandonnée par le docteur Faust, et finit condamnée à mort pour infanticide, après avoir perdu son frère tué par Méphistophélès, et sa mère qu'elle a été amenée à empoisonner sans le savoir. L'âme de Marguerite est cependant sauvée parce que, devenue folle, elle refuse au dernier moment de suivre Faust venu l'épargner avec son compagnon démoniaque, et accepte son exécution tandis que le docteur est entraîné par celui-ci.*

23. FAUST. – On frappe ? entrez ! Qui vient m'importuner encore ?

MÉPHISTOPHÉLÈS. – C'est moi.

FAUST. – Entrez !

MÉPHISTOPHÉLÈS. – Tu dois le dire trois fois.

FAUST. – Entrez donc !

MÉPHISTOPHÉLÈS. – Tu me plais ainsi ; nous allons nous accorder, j'espère. Pour dissiper ta mauvaise humeur, me voici en jeune seigneur, avec l'habit écarlate brodé d'or, le petit manteau de satin empesé, la plume de coq au chapeau, une épée longue et bien affilée ; et je te donnerai le conseil court et bon d'en faire autant, afin de pouvoir, affranchi de tes chaînes, goûter ce que c'est que la vie.

FAUST. – Sous quelque habit que ce soit, je n'en sentirai pas moins les misères de l'existence humaine. Je suis trop vieux pour jouer encore, trop jeune pour être sans désirs. Qu'est-ce que le monde peut m'offrir de bon? *Tout doit te manquer, tu dois manquer de tout!* Voilà l'éternel refrain qui tinte aux oreilles de chacun de nous, et ce que, toute notre vie, chaque heure nous répète d'une voix cassée. C'est avec effroi que le matin je me réveille ; je devrais répandre des larmes amères, en voyant ce jour qui dans sa course n'accomplira pas un de mes vœux ; pas un seul ! [...] Le dieu qui réside en mon sein peut émouvoir profondément tout mon être ; mais lui, qui gouverne toutes mes forces, ne peut rien déranger autour de moi. Et voilà pourquoi la vie m'est un fardeau, pourquoi je désire la mort et j'abhorre l'existence.

MÉPHISTOPHÉLÈS. – Et pourtant la mort n'est jamais un hôte très bien venu.

FAUST. – Ô heureux celui à qui, dans l'éclat du triomphe, elle ceint les tempes d'un laurier sanglant, celui qu'après l'ivresse d'une danse ardente, elle vient surprendre dans les bras d'une femme ! Oh ! que ne puis-je, devant la puissance du grand Esprit, me voir transporté, ravi, et ensuite anéanti !

MÉPHISTOPHÉLÈS. – Et quelqu'un cependant n'a pas avalé cette nuit une certaine liqueur brune[1]...

FAUST. – L'espionnage est ton plaisir, à ce qu'il paraît.

1. Liqueur brune : Faust préparait un poison.

MÉPHISTOPHÉLÈS. – Je n'ai pas la science universelle, et cependant j'en sais beaucoup.

FAUST. – Eh bien ! puisque des sons bien doux et bien connus [1] m'ont arraché à l'horreur de mes sensations, en m'offrant, avec l'image de temps plus joyeux, les aimables sentiments de l'enfance… je maudis tout ce que l'âme environne d'attraits et de prestiges, tout ce qu'en ces tristes demeures elle voile d'éclat et de mensonge ! Maudite soit d'abord la haute opinion dont l'esprit s'enivre lui-même ! Maudite soit la splendeur des vaines apparences qui assiègent nos sens ! Maudit soit ce qui nous séduit dans nos rêves, illusions de gloire et d'immortalité ! Maudits soient tous les objets dont la possession nous flatte, femme ou enfant, valet ou charrue ! […] Maudit soit le baume de la vigne ! Maudite soit la suprême grâce de l'amour ! Maudite soit l'espérance ! Maudite la foi, et maudite, avant tout, la patience !
[…]

MÉPHISTOPHÉLÈS. – […] Cesse donc de te jouer de cette tristesse qui, comme un vautour, dévore ta vie. En si mauvaise compagnie que tu sois, tu pourras sentir que tu es homme avec les hommes ; cependant on ne songe pas pour cela à t'encanailler. Je ne suis pas moi-même un des premiers ; mais si tu veux, uni à moi, diriger tes pas dans la vie, je m'accommoderai volontiers de t'appartenir sur-le-champ. Je me fais ton compagnon, ou, si cela t'arrange mieux, ton serviteur et ton esclave.

1. Des sons bien doux et bien connus : il s'agit des chants et des cloches annonçant la fête de Pâques, qui ont empêché Faust de se suicider en avalant du poison.

FAUST. – Et quelle obligation devrai-je remplir en retour ?

MÉPHISTOPHÉLÈS. – Tu auras le temps de t'occuper de cela.

FAUST. – Non, non ! Le diable est un égoïste, et ne fait point pour l'amour de Dieu ce qui est utile à autrui. Exprime clairement ta condition ; un pareil serviteur porte malheur à la maison.

MÉPHISTOPHÉLÈS. – Je veux *ici* m'attacher à ton service, obéir sans fin ni cesse à ton moindre signe ; mais, quand nous nous reverrons *là-dessous*, tu devras me rendre la pareille.

FAUST. – Le *dessous* ne m'inquiète guère ; mets d'abord en pièces ce monde-ci, et l'autre paraîtra ensuite. Mes plaisirs jaillissent de cette terre, et ce soleil éclaire mes peines ; que je m'affranchisse une fois de ces dernières, arrive après ce qui pourra. Je n'en veux point apprendre davantage. Peu m'importe que, dans l'avenir, on aime ou haïsse, et que ces sphères aient aussi un dessus et un dessous.

MÉPHISTOPHÉLÈS. – Dans un tel esprit tu peux te hasarder : engage-toi ; tu verras ces jours-ci tout ce que mon art peut procurer de plaisir ; je te donnerai ce qu'aucun homme n'a pu même encore entrevoir.

FAUST. – Et qu'as-tu à donner, pauvre démon ? L'esprit d'un homme en ses hautes inspirations fut-il jamais conçu par tes pareils ? Tu n'as que des aliments qui ne rassasient pas ; de l'or pâle, qui sans cesse s'écoule des mains comme le vif-argent ; un jeu auquel on ne gagne jamais ; une fille qui jusque dans mes bras fait les yeux doux à mon voisin ; l'honneur, belle divinité qui s'évanouit comme un météore. Fais-moi voir un fruit qui ne pourrisse avant de tomber, et des arbres qui tous les jours se couvrent d'une verdeur nouvelle.

MÉPHISTOPHÉLÈS. – Une telle entreprise n'a rien qui m'étonne, je puis t'offrir de tels trésors. Pourtant, mon bon ami, le temps viendra aussi où nous pourrons, en tout repos, savourer quelque chose qui nous plaise.

FAUST. – Si jamais, calmé, je puis m'étendre sur un lit de repos, que c'en soit fait de moi à l'instant ! Si tu peux me flatter au point que je me plaise à moi-même, si tu peux m'abuser par des jouissances, que ce soit pour moi le dernier jour ! Je t'offre le pari !

MÉPHISTOPHÉLÈS. – Tope !

FAUST. – Et tope ! Si je dis à l'instant : Reste donc ! tu me plais tant ! Alors tu peux m'entourer de liens ! Alors, je consens à m'anéantir ! Alors la cloche des morts peut résonner, alors tu es libre de ton service… Que l'horloge s'arrête, que l'aiguille tombe, que le temps n'existe plus pour moi !

MÉPHISTOPHÉLÈS. – Penses-y bien, nous ne l'oublierons pas !
[…]

FAUST. – Aucune crainte que je viole cet engagement. L'exercice de toute ma force est justement ce que je promets. Je me suis trop enflé, il faut maintenant que j'appartienne à ton espèce ; le grand Esprit m'a dédaigné, la nature se ferme devant moi ; le fil de ma pensée est rompu, et je suis dégoûté de toute science. Il faut que dans le gouffre de la sensualité mes passions ardentes s'apaisent ! [...] Tu sens bien qu'il ne s'agit pas là d'amusements. Je me consacre au délire, aux jouissances les plus douloureuses, à la haine amoureuse, au chagrin réconfortant. Mon sein, guéri de l'ardeur de la science, ne sera désormais fermé à aucune douleur : et ce qui est le partage de l'humanité tout entière, je veux le concentrer dans le plus profond de mon être ; je veux, par mon esprit, atteindre à ce qu'elle a de plus élevé et de plus secret ; je veux entasser sur mon cœur tout le bien et tout le mal qu'elle contient, et me gonflant comme elle, me briser aussi de même.

MÉPHISTOPHÉLÈS. – Ah ! vous pouvez me croire, moi qui pendant plusieurs milliers d'années ai mâché un si dur aliment : je vous assure que, depuis le berceau jusqu'à la bière, aucun homme ne peut digérer le vieux levain ! croyez-en l'un de nous, tout cela n'est fait que pour un Dieu ! Il s'y contemple dans un éternel éclat ; il nous a créés, nous, pour les ténèbres, et ce qui seul vaut pour vous, c'est le jour et la nuit.

FAUST. – Mais je le veux !

MÉPHISTOPHÉLÈS. – Eh bien, soit ! [...] Nous partons tout de suite, ce cabinet n'est qu'un lieu de torture [...]. Ce que tu sais le mieux, tu n'oserais le dire aux écoliers. J'en entends justement un dans le corridor.

FAUST. – Il ne m'est point possible de le voir.

MÉPHISTOPHÉLÈS. – Le pauvre garçon est là depuis longtemps, il ne faut pas qu'il s'en aille mécontent. Viens ! donne-moi ta robe et ton bonnet ; le déguisement me siéra bien. [...]

Faust sort.

MÉPHISTOPHÉLÈS, *dans les longs habits de Faust.* – Méprise bien la raison et la science, suprême force de l'humanité. Laisse-toi désarmer par les illusions et les prestiges de l'esprit malin, et tu es à moi sans restriction. – Le sort l'a livré à un esprit qui marche toujours intrépidement devant lui et dont l'élan rapide a bientôt laissé derrière lui tous les plaisirs de la terre ! – Je vais sans relâche le traîner à travers la vie sauvage, à travers mille futilités ; je le ferai se débattre, se raidir, s'enliser et son insatiabilité verra des aliments et des liqueurs se balancer devant ses lèvres, sans jamais les toucher : c'est en vain qu'il implorera quelque soulagement, et ne se fût-il pas donné au diable, il n'en périrait pas moins.

(Cabinet d'étude.)

Victor Hugo (1802-1885)

Préface de *Cromwell* (1827)

Victor Hugo se fait théoricien du drame romantique et, plus largement, de l'évolution de la littérature en fonction de l'histoire générale de l'humanité dans la préface qu'il compose pour l'édition de son drame Cromwell. *Pour Hugo théoricien, la tragédie n'est pas et ne sera jamais un genre à part entière, à la différence de l'ode, de l'épopée, du drame ou du roman. Pour les trois premiers, il les rattache aux temps : primitifs pour l'ode, antiques pour l'épopée, et chrétiens pour le drame. Dans son* William Shakespeare, *publié en 1864, il y ajoute le roman, lié à l'époque ouverte par la Révolution française. Selon lui, chez les Grecs, la tragédie n'est qu'une des variantes de l'épopée, qui est le genre « superposé » à la société antique.*

24. **M**ais c'est surtout dans la tragédie antique que l'épopée ressort de partout. Elle monte sur la scène grecque sans rien perdre en quelque sorte de ses proportions gigantesques et démesurées. Ses personnages sont encore des héros, des demi-dieux, des dieux ; ses ressorts, des songes, des oracles, des fatalités ; ses tableaux, des dénombrements, des funérailles, des combats. Ce que chantaient les rapsodes, les acteurs le déclament : voilà tout.

Il y a mieux. Quand toute l'action, tout le spectacle du poème épique ont passé sur la scène, ce qui reste, le chœur le prend. Le chœur commente la tragédie, encourage les héros, fait des descriptions, appelle et chasse le jour [...] Or qu'est-ce que le chœur, que ce bizarre personnage placé entre le spectacle et le spectateur, sinon le poète complétant son épopée ?

Le théâtre des anciens est comme leur drame, grandiose, pontifical, épique. Il peut contenir trente mille spectateurs ; on y joue en plein air, en plein soleil ; les représentations durent tout le jour. Les acteurs grossissent leur voix, masquent leurs traits, haussent leur stature ; ils se font géants, comme leurs rôles. La scène est immense. [...] On y déroule de vastes spectacles. C'est [...] Prométhée sur sa montagne : c'est Antigone cherchant du sommet d'une tour son frère Polynice dans l'armée ennemie (*Les Phéni-*

ciennes) [...] ; c'est un vaisseau qu'on voit surgir au port, et qui débarque sur la scène cinquante princesses avec leur suite (*Les Suppliantes* d'Eschyle). Architecture et poésie, là, tout porte un caractère monumental. L'antiquité n'a rien de plus solennel, rien de plus majestueux. Son culte et son histoire se mêlent à son théâtre. Ses premiers comédiens sont des prêtres ; ses jeux scéniques sont des cérémonies religieuses, des fêtes nationales.

Une dernière observation qui achève de marquer le caractère épique de ces temps, c'est que par les sujets qu'elle traite, non moins que par les formes qu'elle adopte, la tragédie ne fait que répéter l'épopée. Tous les tragiques anciens détaillent Homère. Mêmes fables, mêmes catastrophes, mêmes héros. [...] Comme Achille traînant Hector, la tragédie grecque tourne autour de Troie.

*La tragédie est donc un genre apparent, qui n'est défini que par des critères extérieurs. Elle s'imprègne du caractère du genre authentique dominant à l'époque où un auteur écrit une tragédie ; ou du caractère que l'auteur veut lui donner, puisque les genres authentiques sont présents même aux époques où ils ne dominent pas ; voire aussi du mauvais goût qui peut lui aussi dominer un temps. C'est ainsi par exemple qu'*Athalie *de Racine, pièce « si haute et si simplement sublime que le siècle royal ne l'a pu comprendre », est selon Hugo marquée par « le génie épique ».* Esther *est quant à elle une « ravissante élégie ».*

Or, Delille a passé dans la tragédie. Il est le père (lui, et non Racine, grand Dieu !) d'une prétendue école d'élégance et de bon goût qui a flori récemment. La tragédie n'est pas pour cette école ce qu'elle est pour le bonhomme Gilles Shakespeare, par exemple : une source d'émotions de toute nature ; mais un cadre commode à la solution d'une foule de petits problèmes descriptifs qu'elle se pose chemin faisant. Cette muse, loin de repousser, comme la véritable école classique française, les trivialités et les bassesses de la vie, les recherche au contraire et les ramasse avidement. Le grotesque, évité comme mauvaise compagnie par la tragédie de Louis XIV, ne peut passer tranquille devant celle-ci : *Il faut qu'il soit décrit !* c'est-à-dire *anobli*. Une scène de corps-de-garde, une révolte de populace, le marché aux poissons, le bagne, le cabaret, la *poule au pot* de Henri IV, sont une bonne fortune pour elle[1]. Elle s'en saisit, elle débarbouille cette canaille, et coud à ses vilenies son clinquant et ses paillettes [...] Son but paraît être de délivrer des lettres de noblesse à toute la roture du drame [...].

Cette *Melpomène*, comme elle s'appelle, frémirait de toucher une chronique. Elle laisse au costumier le soin de savoir à quelle époque se passent les drames qu'elle fait. L'histoire à ses yeux est de mauvais ton et de mauvais goût. Comment, par exemple, tolérer des rois et des reines qui jurent ? Il faut les élever de leur dignité royale à la dignité tragique.

On voit qu'ici « tragédie » et « tragique » renvoient à ce que les auteurs des XVII*e et* XVIII*e siècles français, et surtout les théori-*

1. Hugo fait ici allusion au théâtre de Scribe et de Casimir Delavigne, ou encore de Legouvé, auteur d'une tragédie d'*Henri IV* où il fait dire au roi, à la place du mot célèbre attribué à ce roi sur le fait que chaque Français devait pouvoir « mettre chaque jour la poule au pot » (c'est-à-dire avoir de la viande au menu) : « Je veux enfin qu'au jour marqué pour le repos, / L'hôte laborieux des modestes hameaux, / Sur sa table moins humble ait pour sa bienveillance, / Quelques-uns de ces mets réservés à l'aisance. »

ciens et les critiques, ont fait de ce genre plastique et capable d'adopter des caractères très divers – puisqu'il est défini à travers l'exemple de Shakespeare comme « source d'émotions de toute nature » –, dont ils ne conservent qu'une recherche artificielle de la grandeur et de la noblesse.
Mais ces deux mots renvoient également chez Hugo à l'une des deux composantes qui constituent selon lui le grand genre moderne, « le drame, qui fond sous un même souffle le grotesque et le sublime, le terrible et le bouffon, la tragédie et la comédie, le drame est le caractère propre de la troisième époque de la poésie, de la littérature actuelle ». Chez les modernes instruits par le christianisme, le tragique devient donc la part « terrible » et « sublime » d'une réalité double que le drame vise à rendre dans son intégralité.

Du jour que le christianisme a dit à l'homme : « Tu es double, tu es composé de deux êtres, l'un périssable, l'autre immortel, l'un charnel, l'autre éthéré, l'un enchaîné par les appétits, les besoins et les passions, l'autre emporté sur les ailes de l'enthousiasme et de la rêverie, celui-ci enfin toujours courbé vers la terre, sa mère, celui-là sans cesse élancé vers le ciel, sa patrie » ; de ce jour, le drame a été créé. Est-ce autre chose en effet que le contraste de tous les jours, que cette lutte de tous les jours entre deux principes opposés qui sont toujours en présence dans la vie, et qui se disputent l'homme depuis le berceau jusqu'à la tombe ?

La poésie née du christianisme, la poésie de notre temps est donc le drame ; le caractère du drame est le réel ; le réel résulte de la combinaison toute naturelle de deux types, le sublime et le grotesque, qui se croisent dans le drame, comme ils se croisent dans la vie et dans la création. Car la poésie vraie, la poésie complète est dans l'harmonie des contraires. [...]

Ainsi, que des pédants étourdis [...] prétendent que le difforme, le laid, le grotesque, ne doit jamais être un objet d'imitation pour l'art, on leur répond que le grotesque, c'est la comédie, et qu'apparemment la comédie fait partie de l'art. Tartufe n'est pas beau, Pourceaugnac n'est pas noble ; Pourceaugnac et Tartufe sont d'admirables jets de l'art.

Que si, chassés de leur retranchement dans leur seconde ligne de douanes, ils renouvellent leur prohibition du grotesque allié au sublime, de la comédie fondue dans la tragédie, on leur fait voir que, dans la poésie des peuples chrétiens, le premier de ces deux types représente la bête humaine, le second l'âme. Ces deux tiges de l'art, si l'on empêche leurs rameaux de se mêler, si on les sépare systématiquement, produiront pour tous fruits, d'une part des abstractions de vices, de ridicules ; de l'autre, des abstractions de crimes, d'héroïsme et de vertu. Les deux types, ainsi isolés et livrés à eux-mêmes, s'en iront chacun de leur côté, laissant entre eux le réel, l'un à sa droite, l'autre à sa gauche. D'où il suit qu'après ces abstractions, il restera quelque chose à représenter, l'homme ; après ces tragédies et ces comédies, quelque chose à faire, le drame.

Peu importe donc à Hugo, comme il le développera plus longuement dans son William Shakespeare, *que les pièces de Shakespeare, comme celles d'Eschyle, soient ou non classées parmi les tragédies : ce sont pour lui des drames, où se mêlent le tragique et le comique. Par voie de conséquence, la composante tragique – dont le sens que lui donne finalement Hugo se comprend par rapport aux deux termes qui lui sont associés,*

« sublime » et « terrible[1] » – du drame peut apparaître dans tous les genres, même non théâtraux, de la littérature moderne, et en particulier dans le roman. Dans Les Travailleurs de la mer, *par exemple, le mot « tragique » apparaît au moment où se rencontrent la grandeur du sacrifice – Gilliatt vient de renoncer à celle qu'il aime – et l'ampleur d'un abandon accepté à la fatalité de la mer : « Dans cette prunelle tragique et calme il y avait de l'inexprimable. Ce regard contenait toute la quantité d'apaisement que laisse le rêve non réalisé ; c'était l'acceptation lugubre d'un autre accomplissement. Une fuite d'étoile doit être suivie par des regards pareils. »*

Paul Ginisty (1855-1932)

Le Mélodrame

Le genre du mélodrame connaît un immense succès au* XIXe *siècle. Le livre de Paul Ginisty, postérieur au succès du genre mélodramatique, suggère ses points communs avec les conceptions et les réalisations des drames romantiques. Cet ouvrage lie l'histoire du mélodrame avec celle des révolutions en France. C'est pourquoi il la fait commencer avant la Révolution de 1789, avec la critique de la distinction entre tragédies et comédies menée par les auteurs de la fin du* XVIIIe *siècle au nom de considérations sociales. Ginisty appuie cette analyse sur l'examen des arguments des ennemis du*

1. Une comparaison extraite de *William Shakespeare* peut préciser cette association. Hugo n'y rapproche pas *Hamlet* de l'*Orestie* d'Eschyle, mais du *Prométhée enchaîné* du même Eschyle, bien qu'il note l'identité de sujet entre les deux tragédies du fils. Ce qui l'intéresse, c'est de comparer les deux grands « enchaînés », le grand « libérateur enchaîné » de la « tragédie géante » de Prométhée, et Hamlet, le héros « formidable » de « l'indécision », de la prison intérieure.

mélodrame, auteurs de comédies et de tragédies, qui jugent intolérable d'habituer le peuple à voir des tyrans dans les princes et les grands de la terre ; d'autant plus que ces tyrans sont punis lors du dénouement. « Le principe de l'autorité n'était-il pas atteint par des fictions dangereuses mettant en opposition, selon la poétique du genre, un maître avec ceux qui lui devaient être soumis ? Le mélodrame ne devenait-il pas l'école de la désobéissance ? »*

25. Le mélodrame, cette tragédie populaire, qui se hâte vers son but en cherchant avant tout l'effet, n'est pas né tout d'une pièce. Il est le fils dévoyé du drame sentimental qu'essaya la fin du XVIIIe siècle, non sans résistance ; il a mis en œuvre des théories de Diderot, d'une façon que Diderot n'eût pas prévue ; il a reçu des leçons de Beaumarchais, du Beaumarchais de la préface d'*Eugénie* : « Il est temps d'intéresser un peuple et de faire couler ses larmes sur un événement tel qu'on le suppose véritable et passé sous ses yeux, entre des citoyens ; il ne manquerait jamais de produire de l'émotion. L'éclat du rang n'ajoute rien à la pitié qu'inspire les malheurs. Le spectacle de la vertu persécutée, mais toujours généreuse, engage l'homme sensible à des retours sur soi-même. La véritable éloquence du drame est celle des situations. » Le mélodrame est en germe dans les conceptions de Mercier, cet homme à idées, qui ne savait pas toujours où il allait. « Pourquoi fermez-vous votre théâtre au peuple, nation orgueilleuse ou avare ! s'écrie Mercier sur le ton déclamatoire qui lui est cher. Si vous jugez le spectacle utile, de quel droit en privez-vous la partie la plus nombreuse de la nation ? Pourquoi la renvoyez-vous sur les boulevards entendre des pièces licencieuses, où triomphent le vice et

la grossièreté ? Le pauvre a cependant plus besoin qu'un autre de pleurer et de s'attendrir. Il apprendrait peut-être à souffrir avec plus de patience en voyant la nation assemblée ne point fermer son oreille aux accents de l'infortune. Le peuple aime naturellement le spectacle. Il sent lui-même la grossièreté des turpitudes dont on l'empoisonne. Quel sera l'auteur qui songera à ce bon peuple, qui lui donnera une nourriture saine et agréable, qui présidera à ses plaisirs honnêtes et lui apprendra à les goûter ? » C'est dans la polémique engagée par Mercier contre La Harpe, soutenant qu'il ne faut travailler que pour une « classe d'hommes choisis », que l'auteur du *Tableau de Paris*, qui est aussi l'auteur de *L'Essai sur l'art dramatique*, décrit, en quelque sorte, le mélodrame futur, en assurant que l'écrivain dramatique a une mission à remplir vis-à-vis du peuple (Mercier ne craint pas d'abuser de ce mot). « Le spectacle est un tableau ; il s'agit de rendre ce tableau utile ; c'est-à-dire de le mettre à la portée du plus grand nombre, afin que l'image qu'il présentera serve à lier entre eux les hommes par le sentiment victorieux de la compassion et de la pitié. Ce n'est pas assez que l'âme soit occupée, soit même émue : il faut que le but moral, sans être caché ni trop offert, vienne saisir le cœur. » Et ailleurs : « Le poète dramatique est peintre universel : le manteau royal et l'habit de bure sont indifférents à son pinceau. Il n'a pas besoin de s'élever jusqu'aux nues pour parvenir à toucher. Une vérité intéressante, une maxime juste, un tableau touchant, et il verra tous les cœurs s'émouvoir, il les soulèvera avec le fil puissant qu'il tient en main. » C'est ce que répétera Guilbert de Pixerécourt dans ses innombrables préfaces ou postfaces, en disant que les ignorants avaient droit au plaisir du théâtre et qu'il l'a mis à leur portée, soucieux de laisser un enseignement moral. Mais ces déclarations étaient appuyées par l'expérience du succès, que connut beaucoup moins Mercier, quand il s'avisa de passer de la théorie à la pratique [...].

Parmi les prophètes du mélodrame, il est peut-être assez curieux de rencontrer un homme qui fit de la « tragédie en action », Robespierre. Mais c'est, en 1786, le Robespierre de *L'Éloge de Gresset*. Il se moque des « fougueux censeurs » qui sont persuadés que la nature ne connaît que la tragédie et la comédie, « comme si l'inépuisable variété des tableaux intéressants que présentent l'homme et la société devait être nécessairement renfermée entre ces deux cadres ». Lui aussi, il proclame qu'il est d'autres catastrophes que celles des rois et des héros : « Nous éprouverons que nos larmes peuvent couler pour d'autres malheurs que ceux d'Oreste et d'Andromaque : nous sentirons que plus l'action ressemble aux scènes de la vie, plus les personnages sont rapprochés de notre condition, plus l'illusion est complète, l'intérêt puissant et l'instruction frappante. »

Le mélodrame doit encore, dans sa formule, un grain au bon Sedaine et quelques autres grains aux dramaturges allemands[1] [...]. Le mélange de la musique et de la danse à l'action vient de l'ancien théâtre de la Foire à qui les scènes privilégiées avaient imposé un genre hybride. Il a donné la parole aux pantomimes historiques et romanesques que représentait Audinot. Amalgame du drame bourgeois, de la tragédie, de la comédie, assemblage qui à force de ressembler à tout à la fois ne ressemblerait plus à rien, le mélo-

1. Aux dramaturges allemands : en 1791, le Théâtre du Marais donne sous le titre de *Robert, chef de brigands*, une imitation des *Brigands* de Schiller due à La Martellière.

drame pourrait – à grande distance – se recommander encore des préceptes de Lope de Vega, qui dans son *Art dramatique* estimait le pathétique mêlé au rire « conforme à la nature » et préconisait l'harmonie des contraires. « En mêlant le tragique et le comique, vous aurez une partie de la pièce qui sera sérieuse et l'autre qui sera bouffonne. Mais cette variété plaît beaucoup. La nature même en donne l'exemple et c'est de ces contrastes qu'elle tire sa beauté. » Cette partie comique, dont Guilbert de Pixerécourt, régulateur du genre, fera une règle essentielle du mélodrame, on ne l'y introduira cependant pas du premier coup. Il n'y a pas d'apparence de comique dans *Victor ou l'Enfant de la forêt* (22 prairial, an VI). Il est vrai que Pixerécourt n'a pas encore légiféré quand il donne cet ouvrage [...]

La formule complète se dégagera avec *Coelina ou l'Enfant du mystère* (2 septembre 1800) et le mélodrame aura désormais ses lois : quatre personnages essentiels : le troisième rôle, tyran ou traître, souillé de tous les vices, animé de toutes les passions mauvaises – une femme malheureuse ornée de toutes les vertus – un honnête homme protecteur de l'innocence – le comique ou le « niais », selon le terme consacré, qui fera surgir le rire au milieu des pleurs. Le traître persécutera la victime, celle-ci souffrira jusqu'au moment où son infortune étant au comble, l'honnête homme arrivera opportunément pour la délivrer et tirer de son ennemi une vengeance exemplaire, assisté du comique qui se rangera traditionnellement du côté des opprimés. Le style sera imposant par son emphase et par le luxe des maximes morales semées au cours du dialogue, par l'abondance des épithètes. Trois actes, généralement, du moins dans la première période [...] La structure aura un développement uniforme : le premier acte consacré à l'amour, le second au malheur, le troisième au triomphe de la vertu et au châtiment du crime. Le ballet est ingénieusement amené selon la circonstance, ainsi que le combat, qui est indispensable. La musique qui joue un rôle important (les brochures de Pixerécourt nomment toujours le musicien) souligne les situations dramatiques, accompagne l'entrée et la sortie des personnages, augmente l'effet des émotions produites, « ouvre l'âme et la prépare au genre de sentiments qu'on va développer devant elle ». Le mot de mélodrame a été créé par Jean-Jacques, pour son monologue de *Pygmalion*, où il entremêla la prose et la musique : il ne se doutait guère de l'emploi que l'on ferait de ce terme ! [...]

Ce sont là des données générales sur le mélodrame primitif. Il naquit en un temps « où le peuple tout entier venait de jouer dans les rues et sur les places publiques le plus grand drame de l'histoire ». Il fallait au public des émotions fortes au théâtre, comme il en avait fallu aux lecteurs de romans. Le roman ! il est indispensable de l'évoquer rapidement, au moment où le mélodrame va prendre son essor ; on verra qu'il mettra un peu d'ordre dans un chaos d'imaginations déchaînées, où le chimérique le dispute à l'invraisemblable, où tous les conteurs semblaient atteints d'un délire, où ils se jetaient avec délices dans le surnaturel, car on était blasé sur toutes les horreurs véritables. Cette littérature romanesque éclose sous le Directoire est extraordinaire et reflète l'affolement d'une société qui ne s'est pas encore reprise, après la tempête. Les personnages de ces romans sont aussi excessifs dans la vertu que dans le crime ; une sensibilité niaise se mêle à l'obscénité ; un vent de folie souffle d'Angleterre, dont on traduit éperdument les authoresses déchaînées, rivales d'Ann Radcliffe.

Après avoir ainsi retracé les origines du mélodrame et l'avoir décrit comme une sorte de genre total, mêlant tous ceux qui l'ont précédé et tous ceux qui lui sont contemporains sans souci du bon goût, Ginisty envisage, puis critique, la fonction qui lui a été donnée par ses praticiens et ses défenseurs, tous ennemis de la Révolution : fournir au peuple l'enseignement moral qui lui manque dans une société désorganisée par la disparition des institutions de l'Ancien Régime. Selon Ginisty, le mélodrame est en réalité révolutionnaire malgré lui ; en habituant le peuple à voir les injustices réparées, il a tourné son attention vers les injustices dont il est victime dans la réalité, et l'a habitué à croire à l'efficacité de l'action.

Les souterrains, les fantômes, les brigands, le moyen âge, les troubadours, la sensibilité, l'exotisme, le libertinage, la vertu, si vertueuse qu'elle est exaspérante, se mêlent dans cette liste [...] Le goût, si français, qui avait encore la toute-puissance dix ans auparavant, paraît perdu. On pense, on parle, on écrit faux. On ne s'habitue pas à être sevré des grandes angoisses par lesquelles on a passé, aux heures tragiques de la Révolution, et on les demande à la littérature courante. L'autre, la grande, celle qui aura la gloire d'avoir renoué les hautes traditions [...] n'a encore pour public qu'une élite. La morale est bien indécise, les mœurs sont tombées fort bas, les nouvelles fortunes se sont faites d'une façon scandaleuse. Les âmes simples sont sans guide.

Peut-être n'est-il pas paradoxal d'avancer que le mélodrame, tout en amusant, fut un aliment sain et opportun, et qu'il fortifia, avec ses leçons de morale en action, la conscience populaire. Nodier, qui avait des indulgences infinies pour Pixerécourt, parce qu'il l'aimait, et qu'il se plaisait toujours à justifier ses amis, a envisagé ce rôle du mélodrame, cette fonction qu'il remplit durant quelques années, à ce point de vue moral, ce par quoi ce grand lettré lui cherchait une excuse. « La chaire était vide, la tribune ne retentissait que de paroles inquiétantes, la théorie des intérêts matériels avait remplacé dans les esprits l'idée de toute autre destination. » Et Nodier ajoutait sérieusement : « Où les hommes devaient-ils aller puiser des enseignements propres à les diriger dans les anxiétés toujours renaissantes de la vie, si ce n'est au mélodrame ! »

[...] Nodier [...] voyait en lui une contre-épreuve – éloignée, sans doute – de la tragédie grecque, prêtant comme elle « un habile et puissant auxiliaire à la Providence, en la démontrant par les faits ». Dans le monde antique, c'était le poète qui maintenait le culte des devoirs. Le mélodrame (la poésie en moins, hélas !), dans un thème toujours le même, à travers la variété de l'action, résume l'enseignement de toutes les philosophies et de toutes les religions en donnant l'horreur du mal [...] « Qu'on n'aille pas s'y tromper, ajoutait Nodier, haussant encore le ton, ce n'était pas peu de chose que le mélodrame ; c'était la moralité de la Révolution ! »

L'effet du mélodrame sur l'âme populaire, le bon seigneur de l'Arsenal le voyait dans la diminution des crimes pendant les années de triomphe de ces pièces aboutissant, par essence, à l'apologie de la vertu. Mais ces années-là correspondirent aux temps de l'Empire, ou de sa préparation, et la police n'avait jamais reçu une plus forte organisation, qui pouvait, autant que le souvenir des châtiments implacablement distribués à la Gaîté ou à l'Ambigu[1], inspirer de prudentes réflexions.

Il paraîtrait assez monstrueux, aujourd'hui, qu'il y eût un art pour le peuple, une langue pour le peuple, des moyens scéniques pour le peuple. Les représentations populaires des chefs-d'œuvre classiques attestent que la foule est parfaitement accessible à la beauté pure, et ces anciennes théories de la nécessité d'un art secondaire sont en contradiction absolue avec nos idées actuelles. Mais il ne s'agit ici que d'histoire dramatique, et peut-être faut-il admettre qu'il y eut de bonnes raisons à ce théâtre de transition. Le pauvre mélodrame d'antan, qui semble aujourd'hui comique où il ne pensait pas l'être, fit l'éducation du parterre et des galeries, éveilla bien des curiosités, et, quand il aborda les sujets historiques, apprit, d'une façon un peu étrange parfois, des noms devant être connus de tous.

Mais il eut un autre rôle aussi, auquel n'avaient pas songé ses fondateurs, en si bons termes avec la Providence qu'ils l'avaient toujours à leur disposition. Ce peuple, à force d'entendre parler de justice en des tirades solennelles, eut soif de cette justice, pour lui-même ; à force d'assister à la lutte des faibles contre les forts, vaincus et désarmés, au dénouement, il pensa à son propre sort, et s'avisa d'espérer avoir son tour, lui aussi. Cette foule se compara à l'héroïne persécutée, et rêva à un sauveur lui rendant ses libertés. Le despotisme se plaisait à la voir courir au spectacle ; il encourageait, au besoin, ses plaisirs, de crainte qu'elle ne pensât. Ces pièces qu'elle allait voir semblaient inoffensives, avec leurs péripéties frisant souvent l'absurde. Mais, en réalité, l'œuvre révolutionnaire se

1. À la Gaîté ou à l'Ambigu : théâtres parisiens, l'un à Montparnasse, l'autre sur les Grands Boulevards.

poursuivait, obscurément, à l'insu des auteurs qui croyaient n'offrir à leur public que des aventures romanesques, des fictions, n'ayant qu'une importance théâtrale. Ce public, qu'ils émancipaient en croyant seulement le distraire honnêtement, il élargissait, au-delà de la fiction représentée, la lutte du bien et du mal qui en faisait le ressort ; il jugeait peu à peu ses maîtres, il s'habituait à l'attente de ces merveilleux retournements de situation auxquels il avait si souvent applaudi ; il se trouva prêt à prendre part, dans la réalité, au combat des « quatre coups » (comme le poulailler de l'Ambigu appelait la bataille libératrice, qui terminait les mélodrames), quand s'élevèrent, sous un ciel embrasé, les barricades de Juillet.

Jean Giraudoux (1882-1944)

La guerre de Troie n'aura pas lieu (1935)

Jean Giraudoux, romancier et dramaturge, a donné deux tragédies, reprises de sujets mythologiques grecs : La guerre de Troie n'aura pas lieu *et* Électre. La guerre de Troie n'aura pas lieu *: ce titre reprend la première phrase de la pièce, où Andromaque* dit à Cassandre*, qui la contredit, son espoir de voir la guerre évitée, et sonne de façon évidemment ironique. Giraudoux construit sa fiction en supposant que Pâris, ayant enlevé Hélène à Sparte, l'a amenée à Troie à un moment où Hector*, son frère aîné et général en chef de la ville, est absent, engagé dans une guerre. Tous les vieillards de Troie, symbolisés par le vieux poète Démokos, tombent amoureux de la jeune femme. Mais les femmes, en particulier Andromaque, désirent la paix. Hector revient, et décide de renvoyer Hélène pour sau-*

ver la paix. Arrivent des envoyés des Grecs. Il se laisse insulter et même gifler par l'un d'eux, pour ne pas céder aux provocations. Puis il discute avec Ulysse, ambassadeur de la coalition grecque. De leur négociation dépend la guerre ou la paix. C'est donc encore une fois, dans une forme moderne, une scène d'*agôn**. Les deux négociateurs parviennent à un accord : Hector rend Hélène à Ulysse pour qu'il la reconduise en Grèce. Mais des trublions, le poète Démokos et un des soldats grecs, ivre, s'affrontent : le Grec frappe le Troyen ; la guerre aura lieu.*

Créée dans un contexte européen troublé (guerre civile en Espagne, revendications d'Hitler sur des territoires hors des frontières allemandes…) la pièce résonne comme une méditation poétique sur les chances de la paix et les risques de guerre dans l'Europe moderne même.

26.

ULYSSE, HECTOR

HECTOR. – Et voilà le vrai combat, Ulysse ?

ULYSSE. – Le combat d'où sortira ou ne sortira pas la guerre, oui.

HECTOR. – Elle en sortira ?

ULYSSE. – Nous allons le savoir dans cinq minutes.

HECTOR. – Si c'est un combat de paroles, mes chances sont faibles[1].

1. Ulysse était réputé être l'homme le plus rusé et le meilleur orateur de la Grèce.

ULYSSE. – Je crois que cela sera plutôt une pesée[1]. Nous avons vraiment l'air d'être chacun sur un plateau de la balance. Le poids parlera...

HECTOR. – Mon poids ? Ce que je pèse, Ulysse ? Je pèse un homme jeune, une femme jeune, un enfant à naître. Je pèse la joie de vivre, la confiance de vivre, l'élan vers ce qui est juste et naturel.

ULYSSE. – Je pèse l'homme adulte, la femme de trente ans, le fils que je mesure chaque mois avec des encoches contre le chambranle du palais... Mon beau-père prétend que j'abîme la menuiserie... Je pèse la volupté de vivre et la méfiance de la vie.

HECTOR. – Je pèse la chasse, le courage, la fidélité, l'amour.

ULYSSE. – Je pèse la circonspection devant les dieux, les hommes et les choses.

HECTOR. – Je pèse le chêne phrygien[2], tous les chênes phrygiens feuillus et trapus, épars sur nos collines avec nos bœufs frisés.

ULYSSE. – Je pèse l'olivier.

HECTOR. – Je pèse le faucon, je regarde le soleil en face.

1. Une pesée : allusion sans doute à une tradition héritée de l'Égypte ancienne, la psychostasie, ou « pesée des âmes », qui décidait si elles iraient dans les parties heureuses ou malheureuses de l'au-delà.
2. Phrygien : de Phrygie, région au nord de l'actuelle Turquie, où était censée se situer la ville de Troie.

ULYSSE. – Je pèse la chouette.

HECTOR. – Je pèse tout un peuple de paysans débonnaires, d'artisans laborieux, des milliers de charrues, de métiers à tisser, de forges et d'enclumes… Oh ! pourquoi, devant vous, tous ces poids me paraissent-ils tout à coup si légers !

ULYSSE. – Je pèse ce que pèse cet air incorruptible et impitoyable sur la côte et sur l'Archipel.

HECTOR. – Pourquoi continuer ? La balance s'incline.

ULYSSE. – Oui, je le crois.

HECTOR. – Et vous voulez la guerre ?

ULYSSE. – Je ne la veux pas. Mais je suis moins sûr de ses intentions à elle.

HECTOR. – Nos peuples nous ont délégués tous deux ici pour la conjurer. Notre seule réunion signifie que rien n'est perdu…

ULYSSE. – Vous êtes jeune, Hector ! À la veille de toute guerre, il est courant que deux chefs des peuples en conflit se rencontrent seuls dans quelque innocent village, sur la terrasse au bord d'un lac, dans l'angle d'un jardin. Et ils conviennent que la guerre est le pire fléau du monde, et tous deux, à suivre du regard ces reflets et ces rides sur les eaux, à recevoir sur l'épaule ces pétales de magnolias, ils sont pacifiques, modestes, loyaux. Et ils s'étudient. Ils se regardent. Et, tiédis par le soleil, attendris par le vin clairet, ils ne trouvent dans le visage d'en face aucun trait qui justifie la haine, aucun trait qui n'appelle l'amour humain, et rien d'incompatible non plus dans leurs langages, dans leurs façons de se gratter le nez ou de boire. Et ils sont vraiment comblés de paix, de désirs de paix. Et ils se quittent en se serrant les mains, en se sentant des frères. Et ils se retournent dans leur calèche pour se sourire... Et le lendemain pourtant éclate la guerre... Ainsi nous sommes tous deux maintenant... Nos peuples autour de l'entretien se taisent et s'écartent, mais ce n'est pas qu'ils attendent de nous une victoire sur l'inéluctable. C'est seulement qu'ils nous ont donné pleins pouvoirs, qu'ils nous ont isolés, pour que nous goûtions mieux, au-dessus de la catastrophe, notre fraternité d'ennemis. Goûtons-la. C'est un plat de riches. Savourons-la... Mais c'est tout. Le privilège des grands, c'est de voir les catastrophes d'une terrasse.

HECTOR. – C'est une conversation d'ennemis que nous avons là ?

ULYSSE. – C'est un duo avant l'orchestre. C'est le duo des récitants avant la guerre. Parce que nous avons été créés sensés, justes et courtois, nous nous parlons, une heure juste avant la guerre, comme nous nous parlerons longtemps après, en anciens combattants. Nous nous réconcilions avant la lutte même, c'est toujours cela. Peut-être d'ailleurs avons-nous tort. Si l'un de nous doit un jour tuer l'autre et arracher pour reconnaître sa victime la visière de son casque, il vaudrait peut-être mieux qu'il ne lui donnât pas son visage de frère... Mais l'univers le sait, nous allons nous battre.

HECTOR. – L'univers peut se tromper. C'est à cela qu'on reconnaît l'erreur, elle est universelle.

ULYSSE. – Espérons-le. Mais quand le destin, depuis des années, a surélevé deux peuples, quand il leur a ouvert le même avenir d'invention et d'omnipotence, quand il a fait de chacun, comme nous l'étions tout à l'heure sur la bascule, un poids précieux et différent pour peser le plaisir, la conscience et jusqu'à la nature, quand par leurs architectes, leurs poètes, leurs teinturiers, il a donné à chacun un royaume opposé de volumes, de sons et de nuances, quand il leur a fait inventer le toit en charpente troyen et la voûte thébaine, le rouge phrygien et l'indigo grec, l'univers sait bien qu'il n'entend pas préparer ainsi aux hommes deux chemins de couleur et d'épanouissement, mais se ménager son festival, le déchaînement de cette brutalité et de cette folie humaine qui seules rassurent les dieux. C'est de la petite politique, j'en conviens. Mais nous sommes chefs d'État, nous pouvons bien entre nous deux le dire : c'est couramment celle du Destin.

(Acte II, scène 13, Le Livre de poche, n° 945.)

Électre (1937)

Giraudoux reprend ici un sujet célèbre depuis Sophocle : la légende des Atrides et de l'Orestie. Le modèle grec est donc, plus encore que dans La guerre de Troie n'aura pas lieu, *fortement revendiqué. Et comme cette pièce,* Électre *est une méditation sur les valeurs : la famille et ses conflits, la vengeance, le rapport entre les liens familiaux et l'ordre politique, les intérêts de la Cité. Agamemnon, lorsqu'il rentre victorieux de la guerre*

de Troie en sa cité d'Argos, est assassiné par sa femme Clytemnestre et par l'amant de celle-ci, Égisthe, qui prend le pouvoir. Son jeune fils Oreste est emmené à l'étranger. Sa fille Électre reste au palais et médite la vengeance. Des années plus tard, Oreste revient et, avec son aide, il tue Clytemnestre et Égisthe.*
Giraudoux innove : il imagine qu'Égisthe, pour se débarrasser d'Électre, a décidé de la marier à un jardinier. Les événements sont sans cesse commentés : ici, le jardinier, dont le mariage avec Électre vient d'être rompu par le retour d'Oreste, s'adresse au public en un lamento *qui vaut comme commentaire des actions, mais plus encore comme réflexion générale sur la tragédie et le tragique.*

27. Lamento du jardinier

Moi, je ne suis plus dans le jeu. C'est pour cela que je suis libre de venir vous dire ce que la pièce ne pourra vous dire. Dans de pareilles histoires, ils ne vont pas s'interrompre de se tuer et de se mordre pour venir vous raconter que la vie n'a qu'un but, aimer. Ce serait disgracieux de voir le parricide s'arrêter, le poignard levé, et vous faire l'éloge de l'amour. Cela paraîtrait artificiel. Beaucoup ne le croiraient pas. Mais moi qui suis là, dans cet abandon, cette désolation, je ne vois vraiment pas ce que j'ai d'autre à faire ! Et je parle impartialement. Jamais je ne me résoudrai à épouser une autre qu'Électre, et jamais je n'aurai Électre. Je suis créé pour vivre jour et nuit avec une femme, et toujours je vivrai seul. Pour me donner sans relâche en toute saison et occasion, et toujours je me garderai. C'est ma nuit de noces que je passe ici, tout seul – merci d'être là –, et jamais je n'en aurai d'autre, et le sirop d'oranges que j'avais préparé pour Électre, c'est moi qui ai dû le boire – il n'en reste plus une goutte, c'était une nuit de noces longue. Alors, qui douterait de ma parole ? L'inconvénient est que je dis toujours un peu le contraire de ce que je veux dire, mais ce serait vraiment à désespérer aujourd'hui, avec un cœur aussi serré et cette amertume dans la bouche – c'est amer au fond, l'orange, – si je parvenais à oublier une minute que j'ai à vous parler de la joie. Joie et Amour, oui. Je viens vous dire que c'est préférable à Aigreur et Haine. Comme devise à graver sur un porche, ou sur un foulard, c'est tellement mieux, ou en bégonias nains dans un massif. Évidemment, la vie est ratée, mais c'est très bien la vie. Évidemment, rien ne va jamais, ne s'arrange jamais, mais parfois avouez que cela va admirablement, que cela s'arrange admirablement... Pas pour moi... Ou plutôt pour moi !... Si j'en juge d'après le désir d'aimer, le pouvoir d'aimer tout et tous que me donne le plus grand malheur de la vie, qu'est-ce que cela doit être pour ceux qui ont des malheurs moindres ! Quel amour doivent éprouver ceux qui épousent des femmes qu'ils n'aiment pas, quelle joie ceux qu'abandonne, après qu'ils l'ont eue une heure dans leur maison, la femme qu'ils adorent, quelle admiration, ceux dont les enfants sont trop laids. Évidemment, il n'était pas très gai cette nuit mon jardin. Comme petite fête, on peut s'en souvenir. [...] Sûrement, on ne peut pas dire qu'Électre soit l'amour même pour Clytemnestre. Mais encore faut-il distinguer. Elle se cherche une mère, Électre. Elle se ferait une mère du premier être venu. Elle m'épousait parce qu'elle sentait que j'étais le seul homme, absolument le seul, qui pouvait être une sorte de mère. Et d'ailleurs, je ne suis pas le seul. Il y a des hommes qui seraient enchantés de porter neuf mois s'il le fallait, pour avoir des filles. Tous les hommes. Neuf mois, c'est un peu long, mais de porter une semaine, un jour, pas un homme qui n'en soit fier. Il se peut qu'à chercher ainsi sa mère dans sa mère elle soit obligée de lui ouvrir la poitrine, mais chez les rois c'est plutôt théorique. On réussit chez les rois les expériences qui ne réussissent jamais chez les humbles, la haine pure, la colère pure. C'est toujours de la pureté. C'est cela la Tragédie, avec ses incestes, ses parricides : de la pureté, c'est-à-dire en somme de l'innocence. Je ne sais si vous êtes comme moi ; mais moi dans la Tragédie, la pharaonne qui se suicide me dit espoir, le maréchal qui trahit me dit foi, le duc qui assassine me dit tendresse. C'est une entreprise d'amour la cruauté… Pardon, je veux dire la Tragédie. […]

(« Entracte : lamento du jardinier »,
Le Livre de Poche, n° 3516.)

Jean Anouilh (1910-1987)

Antigone (1944)

Jean Anouilh a eu une production théâtrale abondante, distribuée en « pièces roses » et en « pièces noires » : il évite ainsi les termes de « comédie » et de « tragédie », mais les premières s'inspirent de Molière et Marivaux, et les secondes des tragiques. Plutôt que de reprendre le modèle classique, Anouilh retourne aux sources grecques, autant pour ses sujets que pour l'utilisation de certaines techniques dramaturgiques, comme le chœur. Anouilh a connu un large succès, mais fut aussi très discuté pour avoir défendu des positions dans ses pièces à un moment où la guerre et l'Occupation donnaient un relief parti-

culier aux représentations de préférences politiques, en faveur de personnages enclins à s'accommoder de l'état des choses. Dans son Antigone, *il reprend l'épisode choisi par Sophocle et fait débuter la pièce au moment où Créon* a interdit d'ensevelir Polynice et où Antigone* brave cette interdiction. Comme l'avait fait Sophocle, il donne au chœur une fonction de commentateur de la situation, en même temps que de l'action*. Mais il y ajoute une dimension de réflexion sur la tragédie et le tragique, ce qui rend intéressante la comparaison entre ce texte et celui de Sophocle (textes 3 et 4).*
Au début de la pièce, les gardes ont découvert que quelqu'un avait bravé l'interdit. Mais sans encore que l'on sache que c'est Antigone. Celle-ci a annoncé son intention, et sollicité l'aide de sa sœur, qui refuse. Elle sort seule.

28. LE CHŒUR. – Et voilà. Maintenant, le ressort est bandé. Cela n'a plus qu'à se dérouler tout seul. C'est cela qui est commode dans la tragédie, on donne le petit coup de pouce pour que cela démarre, rien, un regard pendant une seconde à une fille qui passe et lève les bras dans la rue, une envie d'honneur un beau matin, au réveil, comme de quelque chose qui se mange, une question de trop qu'on se pose un soir… C'est tout. Après, on n'a plus qu'à laisser faire. On est tranquille. Cela roule tout seul. C'est minutieux, bien huilé depuis toujours. La mort, le désespoir sont là, tout prêts, et les éclats, et les orages, et les silences ; tous les silences : le silence quand le bras du bourreau se lève à la fin ; le silence au commencement, quand les deux amants sont nus l'un en face de l'autre, pour la première fois, sans oser bouger tout de suite, dans la chambre sombre ; le silence quand les cris de la foule éclatent autour du vainqueur – et on dirait un film dont le son s'est enrayé,

toutes ces bouches ouvertes d'où il ne sort rien, toute cette clameur qui n'est qu'une image, et le vainqueur, déjà vaincu, seul au milieu de son silence…

C'est propre, la tragédie. C'est reposant, c'est sûr… Dans le drame, avec ces traîtres, ces méchants acharnés, cette innocence persécutée, ces vengeurs, ces terre-neuve, ces lueurs d'espoir, cela devient épouvantable de mourir, comme un accident. On aurait peut-être pu se sauver, le bon jeune homme aurait peut-être pu arriver à temps avec les gendarmes. Dans la tragédie, on est tranquille. D'abord, on est entre soi. On est entre innocents en somme ! Ce n'est pas parce qu'il y en a un qui tue et l'autre qui est tué. C'est une question de distribution. Et puis, surtout, c'est reposant, la tragédie, parce qu'on sait qu'il n'y a plus d'espoir, le sale espoir ; qu'on est pris comme un rat, avec tout le ciel sur son dos, et qu'on n'a plus qu'à crier – pas à gémir, non, pas à se plaindre – à gueuler à pleine voix ce qu'on avait à dire, qu'on n'avait jamais dit et qu'on ne savait peut-être même pas encore. Et pour rien : pour se le dire à soi, pour l'apprendre, soi. Dans le drame, on se débat parce qu'on espère en sortir. C'est ignoble, c'est utilitaire. Là, c'est gratuit. C'est pour les rois. Et il n'y a plus rien à tenter, enfin !

Antigone est entrée, poussée par les gardes.

LE CHŒUR. – Alors, voilà, cela commence. La petite Antigone est prise. La petite Antigone va pouvoir être elle-même pour la première fois.

Le Chœur disparaît, tandis que les gardes poussent Antigone en scène.

*Dans cette argumentation, Antigone plaide coupable au regard de la loi humaine, mais aussi au nom d'une autre loi, qu'elle juge supérieure : l'obligation morale profonde. Anouilh introduit là un élément de réflexion sur le rapport des différentes classes sociales à la loi : loin de placer les puissants au-dessus de la loi, Créon affirme qu'ils en sont plus tributaires que les autres. Cependant, il envisage de sauver Antigone contre la loi : contradiction qui fait de lui un personnage « humain ». Antigone, au contraire, refuse toute concession : elle affiche une attitude morale intransigeante, que Créon qualifie d'orgueil, forme moderne de l'*hybris.

29. *CRÉON, ANTIGONE*

[...]

CRÉON. – La loi est d'abord faite pour toi, Antigone, la loi est d'abord faite pour les filles des rois !

ANTIGONE. – Si j'avais été une servante en train de faire sa vaisselle, quand j'ai entendu lire l'édit, j'aurais essuyé l'eau grasse de mes bras et je serais sortie avec mon tablier pour aller enterrer mon frère.

CRÉON. – Ce n'est pas vrai. Si tu avais été une servante, tu n'aurais pas douté que tu allais mourir et tu serais restée à pleurer ton frère chez toi. Seulement, tu as pensé que tu étais de race royale, ma nièce et la fiancée de mon fils, et que, quoi qu'il arrive, je n'oserais pas te faire mourir.

ANTIGONE. – Vous vous trompez. J'étais certaine que vous me feriez mourir, au contraire.

CRÉON, *la regarde et murmure soudain.* – L'orgueil*

d'Œdipe. Tu es l'orgueil d'Œdipe. Oui, maintenant que je l'ai retrouvé au fond de tes yeux, je te crois. Tu as dû penser que je te ferais mourir. Et cela te paraissait un dénouement tout naturel pour toi, orgueilleuse ! Pour ton père – je ne dis pas le bonheur, il n'en était pas question – le malheur humain, c'était trop peu. Il vous faut un tête-à-tête avec le destin et la mort. Et tuer votre père, et coucher avec votre mère et apprendre tout cela après, avidement, mot par mot. Quel breuvage, hein, les mots qui nous condamnent ? Et comme on les boit goulûment quand on s'appelle Œdipe, ou Antigone. Et le plus simple après, c'est encore de se crever les yeux et d'aller mendier avec ses enfants sur les routes… Eh bien, non. Ces temps sont révolus pour Thèbes. Thèbes a droit maintenant à un prince sans histoire. Moi, je m'appelle seulement Créon, Dieu merci. J'ai mes deux pieds par terre, mes deux mains enfoncées dans mes poches et, puisque je suis roi, j'ai résolu, avec moins d'ambition que ton père, de m'employer tout simplement à rendre l'ordre de ce monde un peu moins absurde, si c'est possible. Ce n'est même pas une aventure, c'est un métier pour tous les jours et pas toujours drôle, comme tous les métiers. Mais puisque je suis là pour le faire, je vais le faire… Et si demain un messager crasseux dévale du fond des montagnes pour m'annoncer qu'il n'est pas très sûr non plus de ma naissance, je le prierai de s'en retourner d'où il vient et je ne m'en irai pas pour si peu regarder ta tante sous le nez et me mettre à confronter les dates. Les rois ont autre chose à faire que du pathétique personnel, ma petite fille.

Il a été à elle, il lui prend le bras.

CRÉON. – Alors, écoute-moi bien. Tu es Antigone, tu es la fille d'Œdipe, soit, mais tu as vingt ans et il n'y a pas si longtemps encore, tout cela se serait réglé par du pain sec et une paire de gifles.

Il la regarde en souriant.

CRÉON. – Te faire mourir ! Tu ne t'es pas regardée, moineau ! Tu es trop maigre. Grossis un peu, plutôt, pour faire un gros garçon à Hémon[1]. Thèbes en a besoin plus que de ta mort, je te l'assure. Tu vas rentrer chez toi tout de suite pour faire ce que je t'ai dit et te taire. Je me charge du silence des autres. Allez, va ! Et ne me foudroie pas comme cela du regard. Tu me prends pour une brute, c'est entendu, et tu dois penser que je suis décidément bien prosaïque. Mais je t'aime bien tout de même avec ton sale caractère. N'oublie pas que c'est moi qui t'ai fait cadeau de ta première poupée, il n'y a pas si longtemps.

Antigone ne répond pas. Elle va sortir. Il l'arrête.

CRÉON. – Antigone ! c'est par cette porte qu'on regagne ta chambre. Où t'en vas-tu par là ?

ANTIGONE, *s'est arrêtée ; elle lui répond doucement, sans forfanterie.* – Vous le savez bien...

Un silence. Ils se regardent encore debout l'un en face de l'autre.

CRÉON, *murmure, comme pour lui.* – Quel jeu joues-tu ?

ANTIGONE. – Je ne joue pas.

1. Hémon : Antigone est fiancée à Hémon, fils de Créon – et donc son cousin.

CRÉON. – Tu ne comprends donc pas que si quelqu'un d'autre que ces trois brutes[1] sait tout à l'heure ce que tu as tenté de faire, je serai obligé de te faire mourir ? Si tu te tais maintenant, si tu renonces à cette folie, j'ai une chance de te sauver, mais je ne l'aurai plus dans cinq minutes. Le comprends-tu ?

ANTIGONE. – Il faut que j'aille enterrer mon frère que ces hommes ont découvert[2].

CRÉON. – Tu irais refaire ce geste absurde ? Il y a une autre garde autour du corps de Polynice et, même si tu parviens à le recouvrir encore, on dégagera son cadavre, tu le sais bien. Que peux-tu donc, sinon t'ensanglanter encore les ongles et te faire prendre ?

ANTIGONE. – Rien d'autre que cela. Mais cela, du moins, je le peux. Et il faut faire ce que l'on peut.

(Éditions La Table ronde.)

Aimé Césaire (né en 1913)

La Tragédie du roi Christophe (1963)

Aimé Césaire est à la fois écrivain et homme politique – député de la Martinique et militant de l'opposition au colonialisme. Poète avant tout, il a notamment publié Cahier d'un retour au

1. Ces trois brutes : les gardes qui étaient chargés de surveiller le corps de Polynice pour que nul ne l'enterre et qui ont arrêté Antigone.
2. Elle a fait une première tentative et recouvert le corps de terre, mais les gardes l'ont vue et ont enlevé cette terre, découvrant ainsi le corps.

pays natal *en 1946, il est également homme de théâtre. Sa* Tragédie du roi Christophe *a pour sujet le destin d'un des chefs du mouvement révolutionnaire de libération des esclaves, devenu roi en Haïti.*

Christophe a pris le pouvoir sur une moitié de l'île d'Haïti. Il est entouré de fidèles qui le courtisent ; mais il est aussi en butte à l'hostilité de ceux qui dirigent l'autre moitié de l'île, et aux manœuvres des puissances coloniales. Il instaure un royaume, en s'inspirant du modèle de l'empire napoléonien : une cour, des titres et costumes de cérémonie, une étiquette, dans lesquels se coulent des hommes et des femmes issus du peuple et qui ont conquis leur notoriété dans la lutte. La pièce a ainsi une dimension comique et satirique. Mais le sérieux l'emporte : très vite, le peuple cherche à profiter de la liberté plutôt qu'à développer une économie moderne, et Christophe glisse vers l'autoritarisme. La scène qui suit marque le moment de ce basculement.*

30.

CHRISTOPHE, MADAME CHRISTOPHE,
DIVERS MEMBRES DE LA SUITE ROYALE

MADAME CHRISTOPHE

Christophe !
Je ne suis qu'une pauvre femme, moi
j'ai été servante
moi la reine, à l'Auberge de la Couronne !
Une couronne sur ma tête ne me fera pas
devenir
autre que la simple femme,
la bonne négresse qui dit à son mari
attention !
Christophe, à vouloir poser la toiture d'une case

sur une autre case
elle tombe dedans ou se trouve trop grande !
Christophe, ne demande pas trop aux hommes
et à toi-même, pas trop !
Et puis je suis une mère
et quand parfois je te vois emporté sur le cheval
de ton cœur fougueux
le mien à moi
trébuche et je me dis :
pourvu qu'un jour on ne mesure pas au malheur
des enfants la démesure du père.
Nos enfants, Christophe, songe à nos enfants.
Mon Dieu ! Comment tout cela finira-t-il ?

CHRISTOPHE. – Je demande trop aux hommes ! Mais pas assez aux nègres, Madame ! S'il y a une chose qui, autant que les propos des esclavagistes, m'irrite, c'est d'entendre nos philanthropes clamer, dans le meilleur esprit sans doute, que tous les hommes sont des hommes et qu'il n'y a ni blancs ni noirs. C'est penser à son aise, et hors du monde, Madame. Tous les hommes ont les mêmes droits. J'y souscris. Mais du commun lot, il en est qui ont plus de devoirs que les autres. Là est l'inégalité. Une inégalité de sommations, comprenez-vous ? À qui fera-t-on croire que tous les hommes, je dis tous, sans privilège, sans particulière exonération, ont connu la déportation, la traite, l'esclavage, le collectif ravalement à la bête, le total outrage, la vaste insulte, que tous ils ont reçu, plaqué sur le corps, au visage, l'omni-niant crachat ? Nous seuls, Madame, vous m'entendez, nous seuls, les nègres ! Alors au fond de la fosse ! C'est là que nous crions ; de là que nous aspirons à l'air, à la lumière, au soleil. Et si nous voulons remonter, voyez comme s'imposent à nous, le pied qui s'arc-boute, le muscle qui se tend, les dents qui se serrent, la tête, oh ! la tête, large et froide ! Voilà pourquoi il faut en demander aux nègres plus qu'aux autres : plus de travail, plus de foi, plus d'enthousiasme, un pas, un autre pas, encore un autre pas et tenir gagné chaque pas ! C'est d'une remontée jamais vue que je parle, Messieurs, et malheur à celui dont le pied flanche !

MADAME CHRISTOPHE

Un roi, soit !
Christophe, sais-tu comment, dans ma petite tête
Crépue, je comprends un roi ?
Bon ! C'est au milieu de la savane ravagée d'une rancune de soleil, le feuillage dru et rond du gros mombin sous lequel se réfugie le bétail assoiffé d'ombre.
Mais toi ? Mais toi ?
Parfois je me demande si tu n'es pas plutôt
à force de tout entreprendre
de tout régler
le gros figuier qui prend toute la végétation
alentour
et l'étouffe !

CHRISTOPHE

Cet arbre s'appelle un « figuier maudit » ;
Pensez-y, ma femme !
Ah ! je demande trop aux nègres ?
(Sursautant)
Tenez ! Écoutez ! Quelque part dans la nuit, mon peuple danse… Et c'est tous les jours comme ça… Tous les soirs… L'ocelot est dans le buisson, le rôdeur à nos portes,

le chasseur d'hommes à l'affût, avec son fusil, son filet, sa muselière ; le piège est prêt, le crime de nos persécuteurs nous cerne les talons, et mon peuple danse !
(Suppliant)
Mais qui donc
m'offrira
plus qu'une litanie de prêtre, plus qu'un éloge versifié, plus qu'un boniment de parasite, plus que les prudences d'une femme,
Je dis quelque chose qui ce peuple au travail
mette
quelque chose qui éduque
Non qui *édifie* ce peuple ?
À propos Prézeau, envoyez-moi Martial Besse. Et vous, bande de paresseux et de goinfres, qu'est-ce que vous attendez pour aller danser aussi ? Allez foutez le camp ! J'ai dit foutez le camp ! Ni femmes, ni prêtres ni courtisans… Vous n'entendez pas ? Foutez le camp, nom de Dieu ! Moi, le roi je veillerai seul.

(Acte I, scène 7, Revue *Présence africaine*.)

Samuel Beckett (1906-1989)

Fin de partie (1957)

Samuel Beckett a reçu le prix Nobel de littérature en 1969. Il a d'abord écrit en langue anglaise, puis s'est installé en France avant la Seconde Guerre mondiale et a de plus en plus créé en français. Son œuvre compte des romans, des nouvelles, des textes brefs inclassables selon les critères de genres, et une importante production théâtrale. Dans celle-ci, il attache une grande attention au jeu de scène, et les indications scéniques, ou didascalies, sont abondantes jusqu'à envahir le texte. La communication verbale est souvent réduite à son minimum, dans une constante remise en question de la logique, de la raison et du langage ; son théâtre met en scène des personnages à peine actifs et vivants, frappés de déréliction et frappants de dérision. En cela, il ridiculise les grands modèles, en particulier celui de la tragédie. Ainsi, sa pièce En attendant Godot, *publiée en 1953, montre-t-elle deux vagabonds, sorte de clowns, qui s'acharnent à des actes élémentaires pendant le temps indéfini où ils attendent un personnage mystérieux, Godot (Dieu ? la Mort ?) qui ne vient jamais au rendez-vous. La reprise du modèle tragique – l'attente de quelque chose de transcendant et le désespoir – est manifeste comme l'est la dérision. Dans* Fin de partie, *Beckett met en scène un personnage d'infirme, Hamm, vivant enfermé dans une maison isolée. La pièce commence par « Fini, c'est fini, ça va finir, ça va peut-être finir » : désir de la fin, et impossibilité de l'atteindre, désir de tragique et tragique redoublé par son impossibilité même. Il est servi par son valet Clov qui, lui, est capable d'activité, et entouré par ses parents, réduits à l'état plus ou moins larvaire, dans des tonneaux dont ils ne sortent pas. Hamm tyrannise Clov, et comme celui-ci est parti dans la cuisine, il se livre à un monologue.*

31. HAMM. – [...] À moi. *(Il sort son mouchoir, le déplie, le tient à bout de bras ouvert devant lui.)* Ça avance. *(Un temps.)* On pleure, on pleure, pour rien, pour ne pas rire, et peu à peu... une vraie tristesse vous gagne. *(Il replie son mouchoir, le remet dans sa poche, relève un peu la tête.)* Tous ceux que j'aurais pu aider. *(Un temps.)* Aider ! *(Un temps.)* Sauver. *(Un temps.)* Sauver ! *(Un temps.)* Ils sor-

taient de tous les coins ! *(Un temps. Avec violence.)* Mais réfléchissez, réfléchissez, vous êtes sur terre et c'est sans remède ! *(Un temps.)* Allez-vous-en et aimez-vous ! Léchez-vous les uns les autres[1] ! *(Un temps. Plus calme.)* Quand ce n'était pas du pain, c'était du mille-feuille. *(Un temps. Avec violence.)* Foutez-moi le camp, retournez à vos partouzes ! *(Un temps. Bas.)* Tout ça, tout ça ! *(Un temps.)* Même pas un vrai chien[2] ! (*Plus calme.)* La fin est dans le commencement et cependant on continue. *(Un temps.)* Je pourrais peut-être continuer mon histoire, la finir et en commencer une autre. *(Un temps.)* Je pourrais peut-être me jeter par terre. *(Il se soulève péniblement, se laisse retomber.)* Enfoncer mes ongles dans les rainures et me traîner en avant, à la force du poignet. *(Un temps.)* Ce sera la fin et je me demanderai ce qui a bien pu… *(il hésite)*… pourquoi elle a tant tardé. *(Un temps.)* Je serai là, dans le vieux refuge, seul contre le silence et… *(il hésite)*… l'inertie. Si je peux me taire, rester tranquille, c'en sera fait du son, et du mouvement. *(Un temps.)* J'aurai appelé mon père et j'aurai appelé mon… *(il hésite)*… mon fils. Et même deux fois, trois fois, au cas où ils n'auraient pas entendu à la première, ou à la seconde. *(Un temps.)* Je me dirai, il reviendra. *(Un temps.)* Et puis ? *(Un temps.)* Et puis ? *(Un temps.)* Il n'a pas pu, il est allé trop loin. *(Un temps.)* Et puis ? *(Un temps. Très agité.)* Toutes sortes de fantaisies ! Qu'on me surveille ! Un rat[3] ! Des pas ! des yeux ! Le souffle qu'on retient et puis… *(il expire)* Puis parler, vite, des mots comme l'enfant solitaire qui se met en plusieurs, deux,

1. Léchez-vous les uns les autres : allusion à l'Évangile : « Aimez-vous les uns les autres ».
2. Même pas un vrai chien : il a une peluche.
3. Un rat : allusion à la scène de *Hamlet* où le prince tue Polonius.

trois, pour être ensemble, et parler ensemble, dans la nuit. *(Un temps.)* Instants sur instants, plouff, plouff, comme les grains de mil de… *(Il cherche.)*… ce vieux Grec, et toute la vie on attend que ça vous fasse une vie. *(Un temps. Il veut reprendre, y renonce. Un temps.)* Ah y être, y être ! *(Il siffle. Entre Clov, le réveil à la main. Il s'arrête à côté du fauteuil.)* Tiens ! Ni loin ni mort ?

CLOV. – En esprit seulement.

HAMM. – Lequel ?

CLOV. – Les deux.

HAMM. – Loin tu serais mort.

CLOV. – Et inversement.

HAMM, *fièrement*. – Loin de moi c'est la mort.

(Éditions de Minuit.)

Arrêt sur lecture 3

L'évolution du modèle classique

Le XVIIIe siècle : la tragédie en question

La critique des classiques – La tragédie, dans la forme très codifiée qu'elle a prise au cours du XVIIe siècle, apparaît bientôt à la fois comme un modèle indépassable – Racine devient ainsi l'auteur tragique par excellence, le sommet inimitable du genre – et comme un cadre trop rigide. Par les contraintes qu'elle s'impose, elle appauvrirait finalement l'émotion tragique elle-même. Les critiques dans ce sens se multiplient tout au long du XVIIIe siècle. Certaines insistent sur la différence entre cette tragédie classique et ses prétendus modèles antiques, sur la disparition du chœur* et de la musique, sur l'affaiblissement des passions* représentées et sur les limites que la bienséance impose aux auteurs. Le modèle shakespearien, connu par de nombreuses traductions qui se succèdent au cours du siècle, est souvent invoqué pour appuyer cette critique, notamment par Voltaire (**22**). D'autres suivent une autre direction et mettent en cause la trop grande distance entre les personnages des tragédies et leur public.

La distance en accusation – « Que me font à moi, paisible citoyen du XVIIIe siècle, écrit Beaumarchais, les malheurs d'une princesse grecque immolée en Aulide ? » La critique, ici, ne vise pas seulement la distance historique, mais aussi la convention qui veut que les personnages de tragédie soient forcément des rois ou des princes, la distance sociale qui les sépare des spectateurs que leur sort est censé émouvoir. Pour Diderot, Sedaine, Beaumarchais, Mercier, qui s'emploient à élaborer et à illustrer un « genre dramatique sérieux » alternatif à la tragédie, et qui critiquent aussi le langage ampoulé exigé par la condition princière des personnages, l'émotion recherchée par les dramaturges ne peut être réellement provoquée que par des malheurs compréhensibles à partir de l'expérience des spectateurs. Cette critique est prolongée, chez les romantiques allemands et français, par l'idée qu'en se cantonnant aux princes la tragédie s'oblige à ne traiter qu'un petit nombre de sujets, et surtout à ne représenter qu'une portion restreinte des malheurs qui adviennent, et ainsi à donner de la réalité une vision partielle. Elle apparaît de ce fait comme fondamentalement fausse et déformée, ignorant que dans la vie le rire se mêle à la peine et la faiblesse à la grandeur.

La naissance de nouveaux genres

Le drame – Ces appels à l'élargissement social, mais aussi passionnel, de la tragédie nourrissent et commentent à la fois la pratique des dramaturges contemporains. D'une part, la tragédie peut recevoir un traitement nouveau, dans le *Faust* de Goethe par exemple, où les règles de la tragédie française, notamment celle des trois unités, sont totalement et spectaculairement ignorées. D'autre part, des genres nouveaux apparaissent. La comédie sérieuse et le drame dit « bourgeois », illustrés par exemple par Sedaine (*Le Philosophe sans le savoir*, 1765) et Diderot (*Le Fils naturel*, 1757, *Le Père de famille*, 1758), donnent naissance au grand genre du XIXe siècle : le drame. Caractérisé par sa souplesse, le drame s'écarte rapidement des sujets fournis par les malheurs de familles bourgeoises et par le théâtre des « conditions », concentré sur les différentes appartenances sociales des personnages, réclamé par Diderot. Il prend chez les romantiques la forme de pièces historiques : c'est, par exemple, *Cromwell* (1827) et *Marion de Lorme* (1831) de Victor Hugo, ou *Lorenzaccio* de Musset en 1834. Le drame est aussi le genre des histoires d'amour passionnées associées à des sujets modernes, comme *Chatterton* de Vigny en 1835, ou *Antony* de Dumas en 1831.

Le mélodrame – La fin du XVIIIe siècle et le début du XIXe voient aussi se développer, sur les scènes secondaires, autrement dit les théâtres supposés populaires des boulevards, le genre du mélodrame*. Illustré et théorisé notamment par Nodier et Pixerécourt, le « Corneille du boulevard », il se distingue souvent mal du drame bourgeois, et plus tard le drame romantique se distinguera mal de lui. Le mélodrame peut notamment traiter des sujets historiques, et même reprendre des sujets de tragédie ; il existe par exemple une version mélodramatique de *Macbeth,* donnée par Ducange et Bourgeois en 1829 comme une « imitation libre de Shakespeare ». Ce qui lui est propre, c'est le caractère ouvertement stéréotypé des intrigues, qui se déroulent toujours de la même manière, mettant en scène les malheurs excessifs de femmes vertueuses et persécutées, mais sauvées au dénouement*. Toutes ces pièces entendent bien proposer un renouvellement et un enrichissement des émotions tragiques : la pitié*, l'intérêt pour des infortunes sortant de l'ordinaire et des événements historiques grandioses, l'admiration, voire l'horreur devant des épisodes spectaculaires. Cet enrichissement est obtenu par l'approfondissement des oppositions entre les personnages, par le contraste entre des moments de tension violente et des moments de détente souvent comiques. De même, l'extension des émotions tragiques à des catégories de personnages en principe exclus de la tragédie pour des raisons idéologiques, sociales ou morales (les « filles perdues » par exemple), ou de vraisemblance, participe à ce renouvellement. C'est ainsi que Voltaire revendique le droit de faire apparaître des fantômes sur la scène (**22**), que Goethe, dans *Faust* (**23**), fait du diable un de ses personnages principaux, ou que Nodier fait évoluer un vampire dans le mélodrame éponyme qu'il publie en 1820.

Le XXe siècle : réécritures

De la tragédie au théâtre tragique

L'entre-deux-guerres : le retour de la tragédie – La tragédie occupe encore une place considérable dans la production théâtrale de la première moitié du XIXe siècle : on en compte à cette époque plus même que de drames romantiques. Le dernier de ceux-ci, *Les Burgraves* de Victor Hugo, connut en 1843 l'échec alors même qu'une tragédie de Ponsard, *Lucrèce*, était un véritable succès. On laissa cependant progressivement de côté le genre pour ce qui est de la création littéraire – alors qu'il devint un des piliers de l'enseignement du français.

Le théâtre tragique – La tragédie reprend vigueur au milieu du XXe siècle, et connaît un regain entre les deux guerres mondiales, mais les dramaturges revendiquent le retour aux modèles grecs plus que la reprise des modèles classiques français. En outre, la tragédie n'est bien sûr pas la seule forme théâtrale où se manifeste le tragique. Après la Seconde Guerre mondiale, les distinctions entre les genres littéraires traditionnels sont de plus en plus battues en brèche. Le théâtre de l'absurde, en particulier, les récuse. On ne compte plus alors que peu de tragédies présentées comme telles. Il est cependant possible de parler de théâtre tragique dans la mesure où des éléments de référence à des textes tragiques – notamment les tragédies – y sont identifiables. Ainsi des formes proches apparaissent, qui soit transforment le modèle de la tragédie, tout en le revendiquant, comme le fait Aimé Césaire (**30**), soit en reprennent des éléments mais les altèrent, éventuellement en jouant de la réécriture avec une dimension parodique, comme chez Ionesco, dans *Le roi se meurt* en 1962, ou chez Beckett (**31**).

La remise en cause de la catharsis – Cette relative vitalité du théâtre tragique suscite sa remise en cause par des dramaturges de premier plan. Bertolt Brecht, théoricien du théâtre allemand, souhaite par exemple rompre avec les processus d'identification qui amènent à la catharsis*, et créer un théâtre « épique ». Selon lui, le spectateur doit garder une attitude critique devant la réalité qui lui est montrée, et être ainsi réceptif aux leçons politiques dont tout spectacle, s'il ne relève pas du pur divertissement, doit être porteur. Avant Bertolt Brecht, Antonin Artaud vise un dépassement de la tragédie par un « théâtre de la cruauté » qui fait de la souffrance non pas seulement un spectacle, mais le cœur même de l'émotion suscitée chez les spectateurs. On assiste donc à une véritable remise en question de la catharsis*, et les pièces relevant du tragique sont affectées par cette interrogation.

Théâtre et société – La permanence du théâtre tragique depuis la Renaissance est manifeste. Son évolution également. Des genres de plus en plus divers sont concernés. Mais on ne peut borner cette évolution aux traits formels : elle rejoint l'élargissement des emplois du mot « tragique » que l'on a observé. Par ailleurs, ces transformations mettent en cause le processus de la catharsis. Au fil des changements culturels, l'interrogation sur le tragique et la tragédie concerne donc de plus en plus nettement les finalités et les fonctions du théâtre en général. Nombre d'auteurs veulent y voir une littérature ayant un rôle d'« éducation » du peuple, mais les modalités de cette éducation sont problématiques. Aussi les reprises déclarées de modèles antérieurs s'inscrivent-elles dans autant d'interrogations sur les genres et leurs fonctions. Prendre pour modèle Shakespeare ou revenir aux anciens Grecs, par-delà les « standards » de la tragédie classique que les institutions, l'École dès le XVIIIe siècle et la Comédie-Française dès le XVIIe, diffusent, apparaît comme une quête de nouvelles conceptions du théâtre et de son rôle dans un contexte historique et culturel où les certitudes ont disparu.

Vers un théâtre populaire ?

La fête et la cérémonie

Du rôle de la tragédie – Le théâtre grec inscrivait les tragédies dans l'univers des fêtes civiques. Leur rôle était donc lié de façon évidente à celui de ces fêtes et de leur signification. Avec le regain de la tragédie à partir de la Renaissance, les conditions de représentation sont tout à fait différentes. Les pièces sont jouées dans des salles spécialisées dont l'accès est payant – sauf dans le cas de certaines représentations lors de fêtes de cour au XVIIe siècle. Dès lors, le spectacle devient autonome. Et le fait d'y assister ne peut être perçu que comme un divertissement, ou un moment de recueillement collectif, d'attention volontaire, une « cérémonie » en quelque sorte. L'esthétique tragique ne cesse de s'interroger sur ces deux ressources possibles. Dans le cas d'un théâtre conçu comme divertissement, il s'agit alors de faire passer par la distraction même une leçon utile. C'est le processus souhaité par Voltaire (**22**), ou décrit par Ginisty (**25**) à propos du mélodrame*, ou encore théorisé par Hugo (**24**).

Divertissement ou réflexion – Au xxe siècle, les mêmes tensions persistent. Giraudoux et Anouilh proposent un théâtre aisé à suivre, animé, où s'intercalent des moments de « leçons » explicitement adressées au public. Parce qu'il vise à susciter une forme de sympathie avec les personnages, par exemple Antigone ou le jardinier, un tel théâtre participe d'une forme de catharsis* : si la terreur ne semble plus guère crédible, la compassion peut s'exercer. Mais d'autres voies, notamment représentées par Beckett, conduisent plutôt à un spectacle où l'émotion ne peut naître de la sympathie avec les personnages, eux-mêmes dérisoires ; elle réside davantage dans un temps d'interrogation sur le langage et la possibilité d'accéder à un sens. La lenteur du spectacle, l'absence d'action, tout concourt alors à créer un espace où la réflexion peut ainsi trouver place dans la durée même de la représentation.

Le tragique comme modèle culturel – Redisons-le : la tragédie, en France – mais la chose est aussi vraie en Angleterre avec Shakespeare –, est devenue très tôt un genre institué. La Comédie-Française reprend régulièrement les principaux titres du répertoire, et l'École enseigne les auteurs tragiques, les Grecs et les Latins, mais aussi, très vite, les Français. L'expansion de l'enseignement au xixe siècle joue à cet égard un rôle considérable. Cet enseignement se fonde sur les textes et la lecture plus que sur les spectacles et la vision, mais il contribue à former un public averti des sujets et des personnages, et même des procédés formels. C'est pourquoi les effets de reprises jouent un rôle majeur. Nous n'avons pas ici donné de document sur les représentations de « classiques » et sur l'enseignement de ces œuvres : les pièces créées en disent elles-mêmes assez. Ainsi, la comparaison entre les textes de l'*Antigone* d'Anouilh (**28, 29**) et ceux de sa source grecque, Sophocle (**3, 4**), est assez parlante. Le tragique est donc devenu un modèle culturel, aux deux sens de ce terme : il est un modèle de genre, et comme le genre de la tragédie est très connu par les spectateurs, il est possible de le transformer, détourner, subvertir ; il est une façon de représenter le sort de personnages incarnant l'humain, dans les temps de souffrance, d'angoisse, d'incapacité à agir. Les questions de l'illusion, de la liberté et de la grandeur – qui rejoignent pour une bonne part des réflexions de Pascal (**34**) – sont ainsi devenues un espace commun de représentation, de sensibilité et de pensée.

La diversité des langages

Le mélange des genres – La déstabilisation des modèles génériques fait que les langages se diversifient au sein du théâtre tragique. Des éléments de ton comique, satirique, pathétique, des procédés parodiques se mêlent aux textes tragiques. À la « convenance », à l'absolue correspondance du ton avec le sujet, préconisée par les classiques – les malheurs de princes et de héros exigeaient un langage noble –, se substituent des mélanges. On assiste ainsi à l'alliance préconisée par Victor Hugo du « grotesque et du sublime » (**24**), qui est censée donner une image plus vraie et plus touchante de la réalité.

« Tout est langage au théâtre » – Depuis la fin du XIXe siècle, le théâtre bénéficie de nouveaux moyens techniques, donc de nouveaux langages. La mise en scène devient plus élaborée. Il est notamment devenu possible dès cette époque d'utiliser les ressources de l'électricité : d'éclairer la scène, de faire le noir dans la salle, voire de placer un projecteur sur un seul personnage et de l'isoler de la sorte de tout le reste de l'espace. Le « Lamento du jardinier » par exemple (**27**) donne à un personnage humble, au langage tâtonnant, une présence forte, quasi hiératique, qui permet que le caractère ordinaire de son vocabulaire et de sa syntaxe s'élève peu à peu jusqu'à la grandeur.

Les sujets tragiques forment donc une même constellation : la mort, la justice et l'injustice, la guerre, les angoisses ; mais le tragique n'est plus tenu, au théâtre, comme le propre de la tragédie et d'elle seule. Il est devenu l'objet d'une quête de représentations sans cesse diversifiées, pour atteindre des publics sans cesse plus divers et nombreux.

Agrippa d'Aubigné (1552-1630)

Les Tragiques (1589)

Les Tragiques *sont un long poème composé de sept livres, consacré à l'évocation des malheurs du temps. Agrippa d'Aubigné y dénonce les atrocités dont ont été victimes ses coreligionnaires protestants. Le tragique de l'œuvre réside dans l'univers de cruauté qu'elle dépeint, dans le caractère monstrueux des crimes relatés. Ce n'est pas du statut des personnages que la grandeur émane, mais de l'échelle et de l'excès des souffrances infligées ou subies. Disparaissent également la faute tragique et les héros ni bons ni mauvais : il n'y a ici que des monstres et des saints. Ce tragique hors de la tragédie fait pourtant explicitement référence au genre dont il s'écarte, et convoque les émotions tragiques, crainte* et pitié*. De la tragédie, d'Aubigné retient aussi un autre aspect : l'idée de crime familial. La guerre civile qui déchire la France est ainsi qualifiée de tragique à la fois parce qu'elle s'introduit au sein des familles, et parce qu'elle détruit l'unité du royaume. Celui-ci a dans le texte qui suit deux incarnations : une mère ensanglan-*

tée et un corps malade, dont les différentes composantes ont cessé de jouer les rôles complémentaires et hiérarchisés qu'elles doivent normalement tenir. Ce passage est extrait du premier livre : Misères.

32. Je n'écris plus les feux d'un amour inconnu[1],
Mais, par l'affliction plus sage devenu,
J'entreprends bien plus haut, car j'apprends à ma plume
Un autre feu, duquel la France se consume.
Ces ruisselets d'argent, que les Grecs nous feignaient,
Où leurs poètes vains buvaient et se baignaient,
Ne courent plus ici : mais les ondes si claires
Qui eurent les saphirs et les perles contraires[2]
Sont rouges de nos morts ; le doux bruit de leurs flots,
Leur murmure plaisant heurte contre des os.
Telle est en écrivant ma non-commune image :
Autre fureur qu'amour reluit en mon visage ;
Sous un inique Mars, parmi les durs labeurs
Qui gâtent le papier et l'encre de sueurs,
Au lieu de Thessalie aux mignardes vallées
Nous avortons ces chants au milieu des armées,
En délassant nos bras de crasse tous rouillés
Qui n'osent s'éloigner des brassards[3] dépouillés.
Le luth que j'accordais avec mes chansonnettes
Est ores étouffé de l'éclat des trompettes ;
Ici le sang n'est feint, le meurtre n'y défaut,
La mort joue elle-même en ce triste échafaud,

1. Les feux d'un amour inconnu : allusion aux recueils de poèmes d'amour précédemment publiés par d'Aubigné, par exemple *L'Hécatombe à Diane*.
2. Qui eurent les saphirs et les perles contraires : qui pouvaient rivaliser avec les perles et les saphirs, tant ils étaient clairs et bleus.
3. Brassards : partie de l'armure que les combattants viennent d'ôter (« dépouillés »).

Le Juge criminel tourne et remplit son urne.
D'ici la botte en jambe, et non pas le cothurne,
J'appelle Melpomène[1] en sa vive fureur,
Au lieu de l'Hippocrène[2] éveillant cette sœur
Des tombeaux rafraîchis, dont il faut qu'elle sorte
Échevelée, affreuse, et bramant en la sorte
Que fait la biche après le faon qu'elle a perdu.
Que la bouche lui saigne, et son front éperdu
Fasse noircir du ciel les voûtes éloignées,
Qu'elle éparpille en l'air de son sang deux poignées
Quand épuisant ses flancs de redoublés sanglots
De sa voix enrouée elle bruira ces mots :
« Ô France désolée ! ô terre sanguinaire,
Non pas terre, mais cendre ! ô mère, si c'est mère
Que trahir ses enfants aux douceurs de son sein
Et quand on les meurtrit les serrer de sa main !
Tu leur donnes la vie, et dessous ta mamelle
S'émeut des obstinés la sanglante querelle ;
Sur ton pis blanchissant ta race se débat,
Là le fruit de ton flanc fait le champ du combat. »
[...]
Quand éperdu je vois les honteuses pitiés
Et d'un corps divisé les funèbres moitiés,
Quand je vois s'apprêter la tragédie horrible
Du meurtrier de soi-même[3], aux autres invincible,

1. Melpomène : muse de la tragédie, dans la mythologie.
2. Hippocrène : fontaine où se rafraîchissaient les muses.
3. Meurtrier de soi-même : allusion possible à l'*Héautontimoroumenos* (ou : bourreau de soi-même), comédie du dramaturge latin Térence, mais plus vraisemblablement encore à Hercule, le héros invincible de la mythologie qui, dans la tragédie de Sénèque intitulée *Hercule sur l'Œta* (pièce qui reprend *Les Trachiniennes* de Sophocle), se suicide par le feu pour échapper à la souffrance que lui inflige une tunique trempée dans le sang d'une de ses victimes, le centaure Nessus, par son épouse jalouse, Déjanire, qui lui en a ensuite fait présent. Ce sang, en effet, empoisonne le sien (cf. plus loin : « [...] le flegme et la colère / Rendent le sang non sang »).

Je pense encore voir un monstrueux géant
Qui va de braves mots les cieux outrageant,
Superbe, florissant, si brave qu'il ne trouve
Nul qui de sa valeur entreprenne la preuve;
Mais lorsqu'il ne peut rien rencontrer au-dehors
Qui de ses bras nerveux endure les efforts,
Son corps est combattu, à soi-même contraire :
Le sang pur a le moins, le flegme et la colère
Rendent le sang non sang; le peuple abat ses lois,
Tous nobles et tous Rois, sans nobles et sans Rois;
La masse dégénère en la mélancolie;
Ce vieil corps tout affect, plein de sa dyscrasie [1],
Hydropique [2], fait l'eau, si bien que ce géant
Qui allait de ses nerfs ses voisins outrageant,
Aussi faible que grand n'enfle plus que son ventre.
[...]
Les Rois, qui sont du peuple et les Rois et les pères,
Du troupeau domestique sont les loups sanguinaires;
[...]
L'homme est en proie à l'homme, un loup à son pareil;
Le père étrangle au lit le fils, et le cercueil
Préparé par le fils sollicite le père;
Le frère avant le temps hérite de son frère.

1. Dyscrasie : maladie, dysfonctionnement.
2. Hydropique : victime d'une maladie qui se caractérise par un excès d'eau dans le corps.

François de Rosset (1570-1619)

Les Histoires mémorables et tragiques de ce temps (1619)

Le recueil des Histoires mémorables et tragiques *est un des plus grands succès de librairie du* XVIIe *siècle. François de Rosset y raconte, dans l'édition de 1619, vingt-trois histoires qui appartiennent selon lui à l'actualité la plus récente. La plupart sont des récits de meurtres atroces, mettant souvent en scène des membres d'une même famille, et qui sont donnés comme la conséquence d'amours passionnées et scandaleuses, de la jalousie ou de la vengeance. Mais ces histoires de famille font écho à des récits plus proprement politiques, destinés à faire apparaître, à travers l'action de quelques grands criminels d'État, la dissolution de la société. Quelques récits, enfin, démontrent la puissance du diable, qui intervient en personne dans l'Histoire X, et le danger représenté par les sorciers.*

33. Au Lecteur

Ce que Polibe [1] a remarqué, parlant de l'Histoire, est très véritable, Lecteur. Elle est, dit-il, la parfaite académie où nous apprenons l'état du gouvernement politique, les volages révolutions des choses du monde et l'entière connaissance de nous-mêmes ; car il faut avouer que les accidents tragiques et lamentables sont d'excellentes leçons à l'instruction de la vie. Ceux que la nature a fait naître avec la moindre inclination aux actions honorables peuvent difficilement voir ou lire les changements des

1. Polybe (200-120 av. J.-C.) : historien grec.

grandes fortunes et n'apprendre pas qu'ils sont hommes, c'est-à-dire sujets aux disgrâces et aux malheurs. Ainsi la même loi, qui leur défend de sortir hors des bornes de la raison, les oblige à s'instruire par l'exemple d'autrui.

Ces histoires, Lecteur, sont advenues de notre temps et ne doivent rien à celles de l'Antiquité en matière d'admiration. La France en a été le théâtre où l'Amour et l'Ambition, principaux acteurs de la scène, ont représenté divers personnages.

Or, comme d'une mauvaise cause ne peut naître un bon effet, cette venimeuse engeance a produit une infinité de ruines en la personne de ceux qui en ont donné le sujet. Il m'a semblé à propos d'en déguiser les noms, afin de n'affliger leurs familles, puisqu'elles en sont assez affligées. Aussi mon dessein n'est pas de publier les hommes pour les rendre déshonorés mais bien plutôt de faire paraître les défauts, afin qu'ils les corrigent eux-mêmes. C'est à quoi je rapporte le principal fruit de ces histoires que je vous donne, Lecteur, corrigées en cette dernière édition, plus exacte que les précédentes et augmentée de six nouvelles pièces que j'ai écrites fidèlement, et sans m'éloigner de la vérité. Adieu.

L'Histoire VII raconte l'histoire d'un adultère qui est aussi un inceste entre frère et sœur, et qui se termine sur l'échafaud. La sœur, Doralice, vient d'être exécutée, sous les yeux d'une foule en pleurs, après avoir récité une prière et émerveillé les assistants par son courage (« L'on eût dit, quand elle monta sur l'échafaud, qu'elle allait jouer une feinte tragédie et non pas une véritable : jamais elle ne changea de couleur »).

Tout le peuple pleurait encore à chaudes larmes quand on fit monter le frère sur le théâtre[1]. Si la compassion avait ému l'assemblée pour le sujet de la sœur, la pitié qu'elle eut pour celui du frère ne la toucha pas moins. Il ne pouvait avoir que vingt ans, et à peine un petit coton, messager de jeunesse, paraissait à ses joues. Il était le vivant portrait de sa sœur, comme nous l'avons déjà dit, et par conséquent doué d'excellente beauté. Quand il vit cette belle tête séparée d'une si belle gorge, il pensa rendre soudain l'esprit, sans attendre l'exécution du bourreau : « Hélas ! se dit-il, ma pauvre sœur, que n'exerçait-on toute la cruauté qu'on eût su imaginer contre moi, pourvu qu'on vous eût donné la vie et qu'on se fût contenté de vous enfermer dans un monastère ? Il n'est tourment si rigoureux que je n'eusse souffert avec allégresse. Mon âme aurait quitté ce misérable corps, avec ce contentement de ne point voir mourir celle à qui j'ai causé la mort. L'on devait excuser sa fragilité et tourner toute la coulpe sur moi, comme sur l'auteur du crime. Ô Dieu, ayez pitié de son âme et de la mienne qui n'a eu recours qu'à votre miséricorde. »

Il proférait ces paroles avec tant de zèle que tout le peuple en ressentait une grande douleur. Après qu'on lui eut ôté son pourpoint et fait les cheveux, il s'agenouilla. Le bourreau lui voulut bander les yeux, mais il ne le voulut jamais. « Décharge[2], dit-il, seulement ton coup, j'ai assez de courage pour le recevoir. Tu as déjà vu la constance de ma sœur. Tu dois penser que je suis son frère et que, par conséquent, la raison veut que j'aie encore plus de courage. » Ayant fini ce discours, il se mit à dire *In manus tuas*, tandis que l'exécuteur lui fit voler la tête. Leurs corps furent

1. Le théâtre : métaphore habituelle en français ancien pour désigner l'échafaud.
2. Décharge : frappe violemment.

le jour même emportés et mis dans une bière pour être enterrés dans une église de Paris où ils reposent avec ces mots :

CI GISENT LE FRÈRE ET LA SŒUR.
PASSANT NE T'INFORME POINT DE
LA CAUSE DE LEUR MORT. PASSE,
PASSANT DEVANT ET PRIE DIEU
POUR LEUR ÂME.

C'est la fin tragique et lamentable de Lizaran et Doralice que le Ciel avait pourvus de beauté et d'esprit, autant que toute autre personne. Leurs exécrables amours avancèrent la fin de leurs jeunes ans. Exemple mémorable qui doit faire trembler de peur les incestueux et les adultères. Dieu ne laisse rien impuni. Sa vengeance trouve toujours le coupable, s'il persévère en sa malice. Tels exemples sont si rares parmi les païens qu'à peine en trouverait-on deux ou trois dans leurs fables, voire même sans que l'adultère y soit conjoint. Dieu veuille si bien défendre son peuple des aguets de Satan que jamais un tel scandale n'arrive parmi nous.

Pascal (1623-1662)

Pensées (Édition établie par P. Sellier)

Les Pensées*, écrites autour de 1660 mais laissées inachevées à la mort de l'auteur, puis publiées par les soins de sa famille en 1670, témoignent d'un projet apologétique. Une part importante de l'œuvre de Pascal visait à convaincre de la vérité de la religion chrétienne la société élégante et peu croyante qu'il fréquentait. Le fragment 630 fait de lui un représentant de la* *condamnation dévote du théâtre, en plein développement autour de 1650. Ce type de critique, dont on remarquera qu'elle s'adresse aux tragédies de son temps, marquées par l'amour malheureux, a pour origine un courant majeur de l'orthodoxie chrétienne. Elle n'a donc rien de particulièrement original. Mais le divertissement théâtral, quels que soient ses dangers propres, n'est ici qu'une des formes de l'omniprésent divertissement. Pascal ne distingue pas les pièces qui sont habituellement considérées comme sérieuses et celles qui n'apparaissent que comme des jeux. Si le théâtre est condamnable, ce n'est au fond que parce qu'il fait aimer les divertissements « sérieux » qu'il donne à voir, inventés par l'homme pour ne pas avoir à penser à sa « condition ». Or ce refus est à la fois une cause, les hommes évitant de réfléchir à leur condition de mortel et négligeant ainsi leur salut, et une conséquence du malheur de cette condition.*

34. **Divertissement**

Quand je m'y suis mis quelquefois à considérer les diverses agitations des hommes et les périls et les peines où ils s'exposent dans la Cour, dans la guerre, d'où naissent tant de querelles, de passions, d'entreprises hardies et souvent mauvaises, etc., j'ai dit souvent que tout le malheur des hommes vient d'une seule chose, qui est de ne savoir pas demeurer en repos dans une chambre. Un homme qui a assez de bien pour vivre, s'il savait demeurer chez soi avec plaisir, n'en sortirait pas pour aller sur la mer ou au siège d'une place. On n'achète une charge à l'armée, si chère, que parce qu'on trouverait insupportable de ne bouger de la ville. Et on ne recherche les conversations et les divertissements des jeux que parce qu'on ne peut demeurer chez soi avec plaisir. Etc.

Mais quand j'ai pensé de plus près et qu'après avoir trouvé la cause de tous nos malheurs j'ai voulu en découvrir la raison, j'ai trouvé qu'il y en a une bien effective et qui consiste dans le malheur naturel de notre condition faible et mortelle, et si misérable que rien ne peut nous consoler lorsque nous y pensons de près.

(Fragment 187.)

Le dernier acte est sanglant, quelque belle que soit la comédie[1] en tout le reste. On jette enfin de la terre sur la tête, et en voilà pour jamais.

(Fragment 197.)

Tous les grands divertissements sont dangereux pour la vie chrétienne. Mais entre tous ceux que le monde a inventés, il n'y en a point de plus à craindre que la comédie. C'est une représentation si naturelle et si délicate des passions qu'elle les émeut et les fait naître dans notre cœur et surtout celle de l'amour, principalement lorsqu'on le représente fort chaste et fort honnête, car plus il paraît innocent aux âmes innocentes, plus elles sont capables d'en être touchées. Sa violence plaît à notre amour-propre, qui forme aussitôt un désir de causer les mêmes effets que l'on voit si bien représentés. Et l'on se fait au même temps une conscience fondée sur l'honnêteté des sentiments qu'on y voit, qui ôtent la crainte des âmes pures, qui s'imaginent que ce n'est pas blesser la pureté que d'aimer d'un amour qui leur semble si sage.

Ainsi l'on s'en va de la comédie le cœur si rempli de toutes les beautés et de toutes les douceurs de l'amour, et

1. Comédie : le terme de « comédie » désigne en français classique toute pièce de théâtre.

l'âme et l'esprit si persuadés de son innocence qu'on est tout préparé à recevoir ses premières impressions, ou plutôt à chercher l'occasion de les faire naître dans le cœur de quelqu'un pour recevoir les mêmes plaisirs et les mêmes sacrifices que l'on a vus si bien dépeints dans la comédie.

(Fragment 630 Classiques Garnier.)

Barbey d'Aurevilly (1808-1889)

Les diaboliques (1874)

Dans « La vengeance d'une femme », nouvelle qui met en scène une aristocrate espagnole se prostituant jusqu'à mourir d'une maladie vénérienne pour déshonorer son mari et venger ainsi son amant assassiné, le catholique traditionaliste qu'est Barbey d'Aurevilly entend prouver que la littérature peut et doit représenter les crimes qui se commettent réellement dans le monde moderne. Selon lui, ces crimes modernes se caractérisent à la fois par leur atrocité égale à celle des plus célèbres crimes antiques, ceux qui sont devenus les sujets des tragédies antiques et classiques, et par leur nature plus morale ou « intellectuelle » que sanglante. Cette intellectualisation du crime s'explique d'abord pour Barbey par le christianisme, qui a découvert l'âme et le péché spirituel, ensuite par l'aggravation de la corruption de l'homme dans une société qui a cessé d'être catholique et monarchique. L'auteur des Diaboliques *s'inscrit donc tout autant dans la tradition des histoires tragiques*, qu'il adapte à la société post-révolutionnaire, que dans celle, mentionnée, quant à elle, explicitement, des tragédies.*

35. **J**'ai souvent entendu parler de la hardiesse de la litté-

rature moderne ; mais je n'ai, pour mon compte, jamais cru à cette hardiesse-là. Ce reproche n'est qu'une forfanterie de moralité. La littérature, qu'on a si longtemps dite l'expression de la société, ne l'exprime pas du tout, – au contraire ; et quand quelqu'un de plus crâne que les autres a tenté d'être plus hardi, Dieu sait quels cris il a fait pousser ! Certainement, si on veut bien y regarder, la littérature n'exprime pas la moitié des crimes que la société commet mystérieusement et impunément tous les jours, avec une fréquence et une facilité charmantes. Demandez à tous les confesseurs – qui seraient les plus grands romanciers que le monde aurait eus s'ils pouvaient raconter les histoires qu'on leur coule dans l'oreille au confessionnal. Demandez-leur le nombre d'incestes, par exemple, enterrés dans les familles les plus fières et les plus élevées, et voyez si la littérature, qu'on accuse tant d'immorale hardiesse, a osé jamais les raconter, même pour en effrayer ! À cela près du petit souffle, – qui n'est qu'un souffle, – et qui passe – comme un souffle – dans le *René* de Chateaubriand, – du religieux Chateaubriand, – je ne sache pas de livre où l'inceste, si commun dans nos amours, – en haut comme en bas, et peut-être plus en bas qu'en haut, – ait jamais fait le sujet, franchement abordé, d'un récit qui pourrait tirer de ce sujet des effets d'une moralité vraiment tragique. La littérature moderne, à laquelle le bégueulisme jette sa petite pierre, a-t-elle jamais osé les histoires de Myrrha, d'Agrippine* et d'Œdipe*, qui sont des histoires, croyez-moi, toujours parfaitement vivantes, car je n'ai pas vécu – du moins jusqu'ici – dans un autre enfer que l'enfer social, et j'ai, pour ma part, connu et coudoyé pas mal de Myrrhas, d'Œdipes et d'Agrippines, dans la vie privée et dans le plus beau monde, comme on dit. Parbleu ! ça n'avait jamais lieu comme au théâtre ou dans l'histoire. Mais, à travers les surfaces sociales, les précautions, les peurs et les hypocrisies, cela s'entrevoyait [...] Il n'y a déjà pas tant d'années que Paris a vu une femme du faubourg Saint-Germain prendre à sa mère son amant et, furieuse de voir cet amant retourner à sa mère qui, vieille, savait pourtant mieux se faire aimer qu'elle, voler les lettres passionnées de cette dernière à cet homme trop aimé, les faire lithographier et les jeter, par milliers, du Paradis (bien nommé pour une action pareille) dans la salle de l'Opéra, un jour de première représentation. Qui a fait l'histoire de cette autre femme-là ? La pauvre littérature ne saurait même pas par quel bout prendre de telles histoires pour les raconter. Et c'est là ce qu'il faudrait faire si on était hardi. [...]

Et ce n'est pas tout. À cette défaillance inexplicable, mais frappante, dans la littérature, quand on la compare, dans sa réalité avec la réputation qu'elle a, ajoutez la physionomie que le crime a prise par ce temps d'ineffables et de délicieux progrès ! L'extrême civilisation enlève au crime son effroyable poésie et ne permet pas à l'écrivain de la lui restituer. Ce serait par trop horrible, disent les âmes qui veulent qu'on enjolive tout, même l'affreux. Bénéfice de la philanthropie ! d'imbéciles criminalistes diminuent la pénalité et d'ineptes moralistes le crime, et encore ils ne le diminuent que pour en diminuer la pénalité. Cependant, les crimes de l'extrême civilisation sont, certainement, plus atroces que ceux de l'extrême barbarie par le fait de leur raffinement, de la corruption qu'ils supposent et de leur degré supérieur d'intellectualité. L'Inquisition le savait bien. À une époque où la foi religieuse et les amours publiques étaient fortes, l'Inquisition, ce tribunal qui jugeait la pensée, cette grande institution dont l'idée seule tortille nos petits nerfs et escarbouille nos têtes de linotte, l'Inquisition savait bien que les crimes spirituels étaient les plus grands et elle les châtiait comme tels. Et, de fait, si ces crimes parlent moins aux sens, ils parlent plus à la pensée ; et la pensée, en fin de compte, est ce qu'il y a de plus profond en nous. Il y a donc, pour le romancier, tout un genre de tragique inconnu à tirer de ces crimes, plus intellectuels que physiques, qui semblent moins des crimes à la superficialité des vieilles sociétés matérialistes, parce que le sang n'y coule pas et que le massacre ne s'y fait que dans l'ordre des sentiments et des amours. C'est ce genre de tragique dont on a voulu donner ici un échantillon, en racontant l'histoire d'une vengeance de la plus épouvantable originalité, dans laquelle le sang n'a pas coulé, et où il n'y a eu ni fer ni poison ; un crime civilisé enfin, dont rien n'appartient à l'invention de celui qui le raconte, si ce n'est la manière de le raconter.

(« La vengeance d'une femme ».)

Émile Verhaeren (1855-1916)

Les Forces tumultueuses (1902)

Poète belge d'expression française, Émile Verhaeren s'est efforcé de créer une poésie de la modernité urbaine et industrielle, sous ses aspects effrayants et douloureux, comme en témoigne le titre d'un de ses recueils publié en 1895, Les Villes tentaculaires, *mais aussi pour sa beauté propre et les espoirs d'émancipation qu'elle porte avec elle. Dans le texte qui suit, il développe une allégorie progressiste et messianique de l'his-*

toire humaine en comparant le devenir de l'humanité à un « haut navire » dont le voyage relie les temps chrétiens aux temps des révolutions et à ce qu'ils annoncent. Le mot « tragique », ici, renvoie aux souffrances de ceux qui préparent pour d'autres un meilleur avenir, mais ne le vivront pas, et souvent ne le voient pas. Il est un moyen d'afficher la contradiction, et en même temps l'articulation, de l'expérience humaine dans sa généralité et de l'expérience contingente des générations.

36. Sur la mer

Au temps des rocs sacrés et des croyances frustes,
Il avait apporté la légende et les dieux,
Dans les tabliers d'or de ses voiles robustes
Gonflés d'espace immense et de vent radieux.

Les apôtres chrétiens avaient nimbé de gloire
Son voyage soudain, vers le pays du gel,
Quand s'avançait, de promontoire en promontoire,
Leur culte jeune à la conquête des autels.

Les pensers de la Grèce et les ardeurs de Rome
Pour se répandre au cœur des peuples d'Occident
S'étaient mêlés, ainsi que des grappes d'automne,
À son large espalier de cordages ardents.

Et quand sur l'univers plana quatre-vingt-treize,
Livide et merveilleux de foudre et de combats,
L'aile rouge des temps frôla d'ombre et de braise
L'orgueil des pavillons et l'audace des mâts.

Ainsi de siècle en siècle, au cours fougueux des âges,
Il emplissait d'espoir les horizons amers,
Changeant ses pavillons, changeant ses équipages,

Mais éternel dans son voyage autour des mers.

Et maintenant sa hantise domine encore,
Comme un faisceau tressé de magiques lueurs,
Les yeux et les esprits qui regardent l'aurore,
Pour y chercher le nouveau feu des jours meilleurs.

Il vogue ayant à bord les prémices fragiles,
Ce que seront la vie et son éclair, demain,
Ce qu'on a pris non plus au fond des Évangiles,
Mais dans l'instinct mieux défini de l'être humain.

Ce qu'est l'ordre futur et la bonté logique,
Et la nécessité claire, force de tous,
Ce qu'élabore et veut l'humanité tragique
Est oscillant déjà dans l'or de ses remous.

Primo Levi (1919-1987)

Si c'est un homme (1947)

Écrivain italien, Primo Levi a été déporté durant la Seconde Guerre mondiale au camp de concentration d'Auschwitz. Dans l'univers des camps, le tragique, mot employé par Levi, est présent sous l'aspect de la mort qui menace sans cesse, les « sélections », selon le terme exact, envoyant aux chambres à gaz et au four crématoire ceux qui paraissaient les plus faibles et malades, donc inaptes au travail. Mais Primo Levi montre qu'il est présent aussi d'autres façons. D'une part, dans le délire de puissance que le régime nazi entretient et qui est symbolisé ici par la tour de distillation d'une usine, comparée à la tour de Babel : selon ce mythe biblique, les hommes ont voulu *atteindre aux cieux par leurs propres moyens, en construisant une tour gigantesque, et Dieu les en a punis en divisant le langage commun qui unissait les hommes à l'origine en plusieurs langues. Le mythe de Babel peut renvoyer donc à l'idée d'*hybris**. D'autre part, le tragique est présent dans les multiples formes de négation de l'humain imposées aux déportés. Le passage qui suit se situe au moment où Levi relate l'arrivée du printemps : après la peur de mourir de froid durant l'hiver, celle-ci suscite un espoir de survie ; mais elle est en fait l'occasion de découvrir que le malheur des déportés est insondable et irrémédiable : la résistance au désespoir est ici due non à la volonté, mais à une sorte de force d'illusion. Ainsi le tragique est-il rattaché d'un côté à la démesure des conquérants oppresseurs, de l'autre à la résistance des victimes. Non par des actes d'héroïsme, mais simplement parce qu'elles sont humaines et que leur humanité limitée leur donne des illusions qui les aident à tenir.*

37. La Tour du Carbure, qui s'élève au centre de la Buna[1] et dont le sommet est rarement visible au milieu du brouillard, c'est nous qui l'avons construite. Ses briques ont été appelées Ziegel, mattoni, tegula, cegli, kamenny, bricks, téglak[2], et c'est la haine qui les a cimentées ; la haine et la discorde, comme la Tour de Babel, et c'est le nom que nous lui avons donné : Babelturm, Bobelturm. En elle, nous haïssons le rêve de grandeur insensée de nos maîtres, leur mépris de Dieu et des hommes, de nous autres hommes.

1. La Buna : usine de produits chimiques proche du camp de concentration et où les déportés étaient forcés de travailler.
2. Ziegel [...] téglak : noms de la brique en diverses langues européennes – allemand, italien, etc. –, les déportés provenant de l'Europe entière.

Aujourd'hui encore comme dans l'antique légende, nous sentons tous, y compris les Allemands, qu'une malédiction, non pas transcendante et divine, mais immanente et historique, pèse sur cet insolent assemblage, fondé sur la confusion des langues et dressé comme un défi au ciel, comme un blasphème de pierre.

Ainsi qu'on le verra, de l'usine de la Buna, sur laquelle les Allemands s'acharnèrent pendant quatre ans et dans laquelle une innombrable quantité d'entre nous souffrirent et moururent, il ne sortit jamais un seul kilo de caoutchouc synthétique. [...]

Aujourd'hui, c'est une bonne journée. Nous regardons autour de nous comme des aveugles qui recouvrent la vue, et nous nous entre-regardons. Nous ne nous étions jamais vus au soleil : quelqu'un sourit. Si seulement nous n'avions pas faim !

Car la nature humaine est ainsi faite, que les peines et les souffrances éprouvées simultanément ne s'additionnent pas totalement dans notre sensibilité, mais se dissimulent les unes derrière les autres par ordre de grandeur décroissante selon les lois bien connues de la perspective. Mécanisme providentiel qui rend possible notre vie au camp. Voilà pourquoi on entend dire si souvent dans la vie courante que l'homme est perpétuellement insatisfait : en réalité, bien plus que l'incapacité de l'homme à atteindre à la sérénité absolue, cette opinion révèle combien nous connaissons mal la nature complexe de l'état de malheur, et combien nous nous trompons en donnant à des causes multiples et hiérarchiquement subordonnées le nom unique de la cause principale ; jusqu'au moment où, celle-ci venant à disparaître, nous découvrons avec une douloureuse surprise que derrière elle il y en a une autre, et même toute une série d'autres.

Aussi le froid – le seul ennemi, pensions-nous cet hiver – n'a-t-il pas plus tôt cessé que nous découvrons la faim : et, retombant dans la même erreur, nous disons aujourd'hui : « Si seulement nous n'avions pas faim !... »

Mais comment pourrions-nous imaginer ne pas avoir faim ? Le Lager[1] *est* la faim : nous-mêmes nous sommes la faim, la faim incarnée.

Si c'est un homme, Appendice

À la suite de la publication de son témoignage, Primo Levi a été à diverses reprises amené à présenter son livre dans des lycées et des universités. À l'occasion d'une réédition, il a ajouté à son livre une annexe dans laquelle il donne des éclaircissements sur les questions qui lui ont été le plus souvent posées lors de ces conférences. Dans le passage ci-dessous, il est conduit à préciser les effets du souvenir de sa « tragique expérience de déporté ». Par l'emploi du mot « tragique », ici, il fait référence aux multiples morts qu'il a vues, à la menace de mort qui pesait sur lui comme sur tous les déportés, mais aussi aux moyens par lesquels il a résisté à la tentation du désespoir. Il oppose alors à ces menaces qui dépassaient l'humain en le niant le désir et la volonté de regarder les hommes ainsi maltraités et niés comme des hommes en dépit de tout. C'est, en quelque sorte, l'explication même du titre qu'il a donné à son livre.

38. **Q**u'éprouvez-vous lorsque vous vous remémorez cette période ? [...]

1. Lager : camp de concentration.

– Bien des années ont passé depuis ; ce livre a connu de nombreuses vicissitudes, et il s'est curieusement interposé, comme une mémoire artificielle, mais aussi comme une barrière défensive, entre un présent on ne peut plus normal et le terrible passé d'Auschwitz. J'hésite à le dire car je ne voudrais pas passer pour un cynique, mais lorsqu'il m'arrive aujourd'hui de penser au Lager, je ne ressens aucune émotion violente ou pénible. Au contraire, à ma brève et tragique expérience de déporté s'est superposée celle d'écrivain-témoin, bien plus longue et complexe, et le bilan est nettement positif ; au total, ce passé m'a intérieurement enrichi et affermi. Une de mes amies, déportée toute jeune au Lager pour femmes de Ravensbrück, assure que le camp a été son université : je crois, pour ma part, que je pourrais en dire autant, et qu'en vivant, puis en écrivant et en méditant cette expérience, j'ai beaucoup appris sur les hommes et sur le monde.

Je dois cependant me hâter de préciser que cette issue positive a été une chance réservée à une étroite minorité. Sur l'ensemble des déportés italiens, par exemple, il n'y en a que 5 % qui soient revenus, et parmi eux beaucoup ont perdu leur famille, leurs amis, leurs biens, leur santé, leur équilibre, leur jeunesse. Le fait que je sois encore vivant et que je sois revenu indemne tient surtout, selon moi, à la chance. Les facteurs préexistants, comme mon entraînement à la vie de montagne et mon métier de chimiste qui m'a valu quelques privilèges dans les derniers mois de détention, n'ont joué que dans une faible mesure. Peut-être aussi ai-je trouvé un soutien dans mon intérêt jamais démenti pour l'âme humaine, et dans la volonté non seulement de survivre (c'était là l'objectif de beaucoup d'entre nous), mais de survivre dans le but précis de raconter les choses auxquelles nous avions assisté et que nous avions subies. Enfin, ce qui a peut-être également joué, c'est la volonté que j'ai tenacement conservée, même aux heures les plus sombres, de toujours voir, en mes camarades et en moi-même, des hommes et non des choses, et d'éviter ainsi cette humiliation, cette démoralisation totales qui pour beaucoup aboutissaient au naufrage spirituel.

(Éditions Pocket Classiques, n° 6247)

François Bon (né en 1953)

Mécanique (2001)

François Bon, romancier et auteur de théâtre, traite volontiers de sujets pris dans le plus immédiat du quotidien. Dans ses œuvres théâtrales, il se place au-delà des genres : il désigne ses pièces simplement comme « théâtre ». Mais la référence au tragique y est présente : en tête de Quatre avec le mort *il place ainsi une citation de Racine exposant que les « personnages tragiques […] ne doivent être ni tout à fait bons ni tout à fait méchants ». Cette pièce prend pour thème une veillée funèbre. Sujet semblable avec le récit intitulé* Mécanique *: simple narration du moment du décès du père, des petits faits de la nuit de la mort, et mélange de faits du présent et de bribes de souvenirs. La narration est divisée en paragraphes introduits chacun par un mot. Dont celui de « lamento » : François Bon revient ainsi vers un des modes d'écriture qui intervient, explicitement ou non, dans la tragédie. Le thème du « jamais plus » se conjugue avec celui du souvenir pour rendre sensible la perte inéluctable du passé. Le tragique réapparaît alors dans le quotidien, dans la dignité simple avec laquelle est affronté le moment de la mort.*

Le titre de Mécanique *fait référence au métier du père, mécanicien, mais aussi au rythme donné au récit, et, au-delà, à ce que ce trait de style donne à saisir de la mécanique de la vie et de la mort.*

39. Lamento : pour simplement s'être égarés, parce qu'avoir quitté la rocade un embranchement trop tard, butant sur un rond-point (et même : sortir sous une pluie battante pour se situer sur la carte plastifiée d'un arrêt de bus), tenter de guider mon frère qui conduit, s'orienter vers un ensemble haut et massif de bâtiments à étages et fenêtres régulières mais découvrir à l'approche qu'il s'agit non pas de l'hôpital mais de la nouvelle cité administrative, trouver enfin, chercher une place bancale, voiture mi-montée sur le trottoir dans un parking encombré, se renseigner aux urgences et puis tout au bout le hall cette fois en gris avec portes automatiques par où accèdent directement ambulances et véhicules de secours, la pièce où on vous fait asseoir, chaises à dominante bleue, murs blancs, une cabine téléphonique et évidemment toujours ces notes de service affichées pour une chose ou une autre que tu ne peux pas t'empêcher d'aller lire, la nervosité de ton frère, ils viennent enfin vous chercher, vous demandent qui vous êtes.

Voix : encore des mots séparés, opaques, par exemple Citroën B2, moteur Bettus Loire, ou CLM.

Maison : le jardin évidemment maintenant tu le considères minuscule mais c'est l'abandon à cause du cabinet médical installé dans l'autre, auquel autrefois vous aviez affaire, habitée toujours cette maison bourgeoise derrière le presbytère et l'église, avec vigne vierge et jardin clos, le couloir sombre et indifféremment frais par lequel on vous faisait attendre avant de passer sa porte capitonnée, le jeune médecin de maintenant et son associé se moquent bien des allées de gravier et des carrés de terre à l'abandon derrière la petite maison. Je prends par l'allée à droite, il faut à peine huit pas pour traverser. La petite porte du hangar, cette porte dont la couleur gris fer témoigne, parce que sur le bois on a appliqué un reste de peinture automobile, que rien n'a changé depuis votre départ d'ici en 1964, est fermée à clé. C'est le hangar que je voulais voir : le bâtiment de parpaings semblait lui aussi autrefois tellement plus grand. Je suis ressorti du jardin (le cabinet médical était fermé, volets clos), j'ai remonté le long de la vieille grille avec glycine pour entrer dans la ruelle sans goudron et en courbe qui descend vers la ferme où on prenait le lait, puis celle des Macaud, avant de remonter à la grande rue vers l'arrière de la boulangerie. Le hangar donne sur la ruelle en courbe par un portail en tôle ondulée sur bâti de cornière peinte : aucune ambiguïté quant aux formes et aux matières, le souvenir est précis de la tôle et de la cornière, du jour qu'on apercevait par les interstices, quelquefois tout cela grand ouvert bien sûr mais quand tu y venais avec ton frère tout était dans l'ombre et silencieux. Il y tenait quatre véhicules et à l'époque on n'aurait pas fait coucher une voiture dehors. Et même on louait pour une bricole, au mois ou à l'année, une des places à la Dauphine du brigadier de la gendarmerie, il la garait là, on ne la touche pas, on ne l'effleure pas – je me souviens, elle est verte. Au fond cette vieille Citroën dite Trèfle qui servait à vos jeux de gosses, et d'autres voitures en instance de revente, on aurait sous les doigts par le contact des plastiques intérieurs des portes, ou ne serait-ce qu'à l'odeur, identifié très précisément ces réalités manufacturées complexes que recouvraient des mots comme Simca Aronde, Panhard Dyna Z ou 24 (on a souvenir qu'il y eut dans le bâtiment longtemps une Panhard 24, qu'on s'y asseyait enfant pour conduire, dans le noir du bâtiment fermé par son portail de tôle sur cornière peinte).

Repères : deux garçons, à deux ans d'intervalle. Puis un troisième dix ans après le premier, ce n'est pas, quarante-cinq ans plus tard, qu'on se voie beaucoup entre frères, on a quand même fait pour la mère devenue grand-mère une photo des onze petits-enfants (et même douze maintenant) sur l'escalier de sa maison, ce n'est pas qu'on se voie beaucoup mais cela n'empêche pas cette compréhension immédiate et muette, complice même sans mots, quand bien même on ne s'est pas vu pendant deux ans. Alors ce dimanche matin, après l'appel téléphonique qu'on relaye, prendre sa voiture et rejoindre son frère, puis s'en aller à deux, tandis que le troisième, le plus jeune, parce qu'il habite trop loin, on lui dit que ce n'est pas la peine, qu'on l'informera au téléphone, à mesure : c'est ce qu'on fait.

Lamento : le nom du brigadier de gendarmerie de Saint-Michel-en-L'Herm, propriétaire de la Dauphine verte hébergée à l'année, on ne le retrouvera pas mais lui aurait pu nous le dire et ne nous le dira pas. Il n'y aura plus ces détails qu'on glisse comme n'ayant pas d'importance à la fin du coup de fil du dimanche matin : La Dauphine, tu sais, à Saint-Michel... et on n'aurait même pas eu besoin de préciser plus, si c'est la mécanique que ça concernait. On est là devant tout auprès, il y a des appareils et des mesures, des contractions de pouls mais rien qui se synchronise avec les mots qu'on lui dit et ce nom qu'on a presque sur les lèvres brusquement.

(Éditions Verdier, 2001.)

Arrêt sur lecture 4

Le tragique sans théâtre

Les textes non théâtraux que nous venons de lire font diversement appel à la catégorie de « tragique ». Des genres variés y sont représentés : poésies, nouvelles, romans, autobiographies. Cette diversité aurait pu être plus grande encore. Par exemple, nous aurions pu mentionner Bossuet, qui utilise la catégorie du tragique dans ses oraisons funèbres, notamment dans celle d'Henriette d'Angleterre (« Madame », belle-sœur du roi Louis XIV) où il écrit :

« Ô nuit désastreuse ! Ô nuit effroyable où retentit tout à coup, comme un éclat de tonnerre, cette étonnante nouvelle : Madame se meurt, Madame est morte ! Qui de nous ne se sentit frappé à ce coup, comme si quelque tragique accident avait désolé sa famille ? »

L'histoire tragique

L'apogée du genre – La Renaissance et le premier XVIIe siècle représentent le grand moment de l'histoire tragique*, illustrée en Italie par Bandello, en France par ses traducteurs Boaistuau et Belleforest, puis par François de Rosset et Jean-Pierre Camus. Elle bénéficie d'un engouement dont l'écho se fait entendre à l'ouverture de la troisième édition du *Francion* de Charles Sorel (1623), « histoire comique » qui entend réagir à cet engouement : « Nous avons assez d'histoires tragiques qui ne font que nous attrister » ; reste que Sorel lui-même a par ailleurs écrit des nouvelles tragiques (*La Sœur jalouse*). Mais les représentations de la violence, de l'horreur et des crimes de la passion se retrouvent aussi dans la poésie d'Agrippa d'Aubigné, voire dans des tragédies : rappelons que l'histoire traitée par Shakespeare dans *Roméo et Juliette* vient de Bandello. On peut aussi penser au titre que Théophile de Viau donne à sa tragédie sur l'histoire de Pyrame et Thisbé[1] : *Les Amours tragiques de Pyrame et Thisbé* (1621). Les histoires tragiques, de fait, sont souvent des histoires d'amour passionnées et malheureuses, et on a vu que lorsque Pascal parle de théâtre (**34**), c'est à la mise sur scène de ce type d'histoires (infléchies par la mode galante) qu'il pense. Un même espace existe donc, qui réunit théâtre tragique et récits tragiques.

L'expression de la violence d'une époque ? – La vogue des histoires tragiques a pu être renvoyée à la violence de l'époque de guerre civile où le genre est apparu sous tant de formes différentes. Agrippa d'Aubigné comme François de Rosset (**32, 33**) ou Jean-Pierre Camus affirment ne donner à lire des récits de crimes atroces que parce que leur temps est fécond en crimes atroces, et pour faire de la peinture exacte de ces monstruosités la matière de leçons de morale chrétienne (Rosset et Camus sont des partisans de la Contre-Réforme, tandis que d'Aubigné est un ancien combattant des armées protestantes). Ils déclarent tous prendre leurs sujets dans l'actualité immédiate, et ne raconter que des histoires vraies. Mais il faut sans doute éviter de voir dans ce tragique sombre une image de l'époque qui l'a vu naître, dans la mesure où la tendance durera et sera illustrée dans d'autres périodes moins sanglantes – et aussi dans la mesure où le tragique n'est pas, et n'était pas alors, le seul registre d'écriture de la violence disponible :

1. Pyrame et Thisbé : deux amants malheureux dont l'histoire se trouve dans *Les Métamorphoses* d'Ovide. Séparés par décision politique, ils arrivèrent au rendez-vous qu'ils s'étaient fixé pour fuir et se suicidèrent, Pyrame parce qu'il crut que Thisbé avait été tuée par un lion en voyant son voile ensanglanté, et Thisbé lorsqu'elle revint sur ses pas, après avoir fui le lion, pour découvrir le cadavre de Pyrame.

parler de la violence n'implique pas forcément le recours à un modèle théâtral. Il vaut peut-être mieux s'interroger, inversement, sur la manière qu'ont eue les auteurs de cette époque de guerre d'utiliser ce modèle théâtral, d'utiliser (et donc d'infléchir) la catégorie du tragique pour se représenter à eux-mêmes et représenter à leurs lecteurs leur propre temps. Il est clair en tout cas que le recours à des termes renvoyant à une tradition prestigieuse donne aux gens de lettres une position surplombante par rapport aux événements qu'ils prétendent décrire. Ils apparaissent ainsi comme possédant une compétence spécifique, la capacité de donner du sens aux choses. Il n'est pas indifférent, de ce point de vue, qu'un auteur comme Balthazar Baro, offrant une pièce de théâtre (une pastorale intitulée *Clorise*, 1632) à Richelieu, déclare dans son épître dédicatoire : « Quelque grande que soit la témérité qui accompagne le dessein que j'ai eu de vous donner cette Comédie[1], elle se rend excusable [...], puisque voici la saison où cette sorte de plaisirs semble être plus légitime, & qu'il est vrai que la grandeur de votre courage & de votre esprit, occupe aujourd'hui la bouche de tous les hommes, à vous donner la gloire d'avoir mis la France en état de ne craindre plus de Tragédies. Ce Poème a reçu la vie au temps que vous travailliez à l'ôter à nos ennemis, & la parfaite connaissance que j'ai toujours eue de votre jugement, a fait que j'ai si peu douté du succès de vos entreprises, que j'ai commencé de contribuer quelque chose aux contentements qui devaient suivre vos triomphes, lors même que les autres ne faisaient que les espérer. » Le double sens littéraire et politique des termes choisis – et peut-être faut-il entendre une même résonance dans l'incipit du *Francion* cité plus haut – devient ici une offrande au pouvoir.

Une production abondante – Au sein de ces textes, il faut donc faire une place particulière à un genre, ou plus précisément à une forme narrative inscrite dans la longue durée et au moins aussi représentative du tragique littéraire, par l'abondance de la production qu'elle recouvre, que la tragédie : l'histoire tragique. Nous n'en donnons ici qu'un petit nombre d'exemples. Mais le genre portant ce nom a une histoire qui va bien au-delà des limites chronologiques du XVIIe siècle. Constamment

1. Comédie : s'emploie en français classique pour désigner toute pièce de théâtre.

rééditées jusqu'au XVIIIe siècle, les recueils de nouvelles tragiques servent de sources et de modèles à Sade, puis aux auteurs de romans noirs comme Ann Radcliffe, et, à travers le roman noir ou directement, à Thomas De Quincey et Barbey d'Aurevilly (mais on peut aussi penser au Stendhal des *Nouvelles italiennes*), voire aux auteurs de romans policiers noirs.

Une esthétique de l'horreur et du pathétique – Tous ces genres modernes partagent avec le genre originel de la nouvelle tragique le goût d'une écriture excessive et violente, la priorité donnée aux crimes monstrueux et la recherche de l'horreur et du pathétique, ainsi qu'une tendance à l'extrême théâtralisation des moments importants du récit, qui donnent lieu à des « scènes » ou à des « tableaux ». En retour, au cours de cette histoire, il est souvent arrivé que la nouvelle tragique ait elle-même fourni des sujets et une tonalité, non seulement à certains romans et poèmes, mais encore au théâtre, notamment aux drames et mélodrames*, puis par la suite au cinéma. D'autre part, sa matrice narrative, le récit d'un fait divers violent, reste très présente non seulement dans l'écriture littéraire ou cinématographique, mais aussi dans l'écriture journalistique. Ce courant ne doit donc pas être oublié à la lecture d'autres textes, anciens ou récents, qui mobilisent la notion de tragique sans la référer directement à aucun genre précis : la tragédie, le théâtre en général, n'est pas le seul renvoi implicite possible.

La tragédie en arrière-plan – Reste que s'il arrive aux histoires tragiques de nourrir le théâtre, et s'il arrive que d'autres textes s'inscrivent dans leur tonalité plutôt que dans la référence à la tragédie, celle-ci est toujours présente en arrière-plan. L'origine théâtrale de la notion de tragique – sans compter les cas de nouvelles tragiques intensément théâtralisées et s'achevant, par exemple, sur la mort publique d'un ou de plusieurs personnages – est active. Elle impose notamment, même si c'est pour la transgresser, la distinction avec le comique. Elle impose aussi une recherche de – ou une réflexion sur – l'effet affectif, émotionnel. Elle impose enfin, par là, une manière de penser le texte littéraire comme représentation d'événements, d'actions, de manière à produire ce type d'effet, et éventuellement, à terme, une leçon. La catégorie du tragique est ainsi liée à une conception de la littérature ancienne, mais dont elle contribue à assurer la présence – comme principe avoué chez quelqu'un comme Barbey d'Aurevilly (**35**) ou comme problème, le problème de la représentation de l'extrême chez les écrivains-témoins du XXe siècle, comme Primo Levi (**37, 38**) – dans des écrits qui sont bien postérieurs à l'apparition d'autres conceptions, et en général dans la littérature d'aujourd'hui.

La diversité des sujets et des langages

La mort et autres sujets tragiques

La méditation sur le sens de la vie – Un premier lien se dessine entre des textes qui évoquent la mort, sans que celle-ci soit due à des causes exceptionnelles ; de Pascal à François Bon, c'est le fait même du décès qui impose la méditation sur la vie, sur sa fragilité, sur sa perte et le sens de celle-ci. Le sentiment de la disparition irrémédiable du temps et des illusions de succès ou de plaisir d'ici-bas est donné comme l'une des dimensions du tragique en ce qu'il a de plus immédiat. Le thème de la vanité (p. 146) est ainsi une constante des œuvres tragiques.

Mais le tragique réunit aussi des sujets qui frappent par leur caractère exceptionnel. Le modèle de l'histoire tragique met ainsi en avant un fait divers remarquable où advient une mort qui vaut comme leçon – de la faiblesse humaine, de la toute-puissance et de la justice divine, ou de son caractère incompréhensible, ou encore de sa mise en doute par les hommes, comme chez Barbey (**35**).

Invitation à l'introspection – Enfin, un troisième ordre de sujets tragiques s'inscrit dans une perspective de méditation plus générale. Ainsi des textes de Pascal (**34**) et de Verhaeren (**36**), voire de d'Aubigné (**32**). Le fait que l'on passe là à des écritures poétiques (y compris par instants chez Pascal, qui privilégie parfois l'image et les rythmes frappants dans sa prose même) va de pair avec cette dimension plus méditative. Les textes visent alors moins à raconter – et au théâtre, à raconter en représentant – qu'à évoquer pour conduire à se plonger dans l'exercice de la pensée, et à resituer le sort des individus dans celui, général, de l'humanité. La fragilité humaine, le caractère mortel de l'homme et la force incontrôlable des passions sont toujours au cœur de ces images, mais cette fois il ne s'agit plus de les regarder dans des personnages mis en scène, ni d'en faire une lecture morale, mais d'inviter à l'introspection.

Images et langages

Déplacer le langage tragique – Vision épique chez d'Aubigné ou chez Verhaeren (**32, 36**), trivialisation volontaire chez Rosset, Barbey ou François Bon (**33, 35, 39**), il n'est plus ici question de conserver une relation stable entre un sujet « grand » et un langage lui aussi « grand », soutenu et noble. La violence trouve des modes d'expression divers : violence dite en termes soutenus chez d'Aubigné, sacrifice dit en termes relevés chez Verhaeren, mais aussi violence des images familières remises soudainement en avant chez Pascal (**34**) et François Bon (**39**). On ne peut dès lors garder comme seule voie de description du tragique l'idée d'un langage soutenu. Cette tendance, sensible dans les textes de théâtre, s'affirme ici encore plus fortement.

Solliciter l'imaginaire – Mais un fait est frappant : tous ces textes font appel aux pouvoirs de l'image. Image poétique chez certains, images du quotidien chez d'autres, ils visent tous non tant à représenter qu'à inviter le lecteur à « se » représenter les faits rapportés, à mettre en mouvement son imaginaire. C'est qu'à la différence du théâtre, il ne s'agit pas ici de textes destinés à un spectacle fait pour être vu, mais bien de textes destinés à être lus. Ils doivent donc solliciter l'imaginaire du lecteur pour provoquer chez lui les émotions que susciterait le spectacle théâtral.

Une propriété du corpus littéraire tragique peut ainsi être prise en compte : il est l'un des domaines où l'image joue un rôle-clef, et propose moins des idées que des visions frappantes. On peut penser que le tragique est, au sens propre, « une façon de voir ».

L'intériorisation et la communauté

Ces particularités conduisent aussi à une problématique qui s'impose au lecteur – si du moins il est touché, ému, par de tels textes. Il est moins invité à « se projeter » qu'à ressentir. Il n'est pas tant incité à éprouver de la sympathie pour les personnages – même le récit de Rosset ne mobilise guère de tels sentiments – qu'à chercher en lui-même ce qui fait écho à ce qui est rapporté dans le texte. Ainsi, il est appelé à se sentir lui-même menacé de mort, comme chez Pascal (**34**) ou de déperdition, comme chez François Bon (**39**), partie prenante du sacrifice que chaque génération doit faire pour que l'humanité progresse, chez Verhaeren (**36**), menacé par le crime, chez Rosset (**33**), emporté enfin par les passions de son temps chez d'Aubigné (**32**). Mais il n'est pas pour autant invité à s'abandonner à l'expression lyrique ou pathétique de ces émotions, il est conduit à les rapporter à un sort commun. Les textes ici réunis sont fortement marqués par cette tendance. Celui de Primo Levi peut en donner un exemple significatif. Sa « tragique expérience » (**38**) est celle de la mort par violence arbitraire, mais elle le conduit à sentir au plus profond de lui combien il appartient à l'humanité. Le tragique s'associe donc à un sens de la communauté, à la sensation intérieure d'être partie intégrante de la collectivité. C'est aussi cette appartenance qui permet que l'écrit tragique puisse prendre une dimension d'exaltation du sacrifice, chez Verhaeren ou chez d'Aubigné, et, chez celui-ci par exemple, une force polémique : ceux qui ne partagent pas cette sensation d'appartenance sont rejetés hors de la communauté de ceux qui méritent le nom d'humains.

De la sorte, plus encore que dans le théâtre peut-être, ces textes mettent en jeu une émotion qui est orientée vers l'acceptation de valeurs qui transcendent l'individu, même – ou peut-être : grâce ? – au prix du déchirement et de la souffrance.

Pour une lecture : François Bon commente un extrait de *Mécanique* : « Lamento »

« Lamento » : est-ce un moyen pour François Bon de s'inscrire explicitement dans le champ du tragique ? Est-ce l'annonce de la « musique » du texte ? Réponse et commentaire de l'auteur lui-même.

« J'ai rencontré tard la tragédie. Le sentiment du tragique, oui : je le cherchais dans les romans, ceux de Balzac ou Dostoïevski. De l'enfance jusqu'à mes dix-sept ans je me suis toujours gavé de romans, et toujours pour cette impression de buter dans l'obscur, d'avoir à démêler la vie mais qu'on n'y est pas celui qui gagne.

1 – Rencontre avec le tragique

« La forme épurée de la tragédie, il me fallait avoir moi-même écrit un premier livre pour que s'ouvre l'écluse (elle sonne étrange, cette phrase de Maurice Blanchot, pour moi qui suis né en pays de marais : "Une écluse s'ouvrait, je changeais de niveau avec moi-même"). Je connaissais déjà le grand romancier tragique de notre siècle, William Faulkner, il était déjà pour moi au centre de tout, quand j'ai enfin osé ouvrir les vieux Grecs. Question de traduction aussi : les traductions proposées par les différentes collections de poche ne me satisfont pas, et j'avais trouvé à Marseille, chez un bouquiniste, d'occasion, les deux Pléiade qui rassemblent Eschyle, Sophocle et Euripide.

« Le premier choc, c'est que l'histoire est connue d'avance. D'emblée on sait tout. La totalité des personnages, et comment cela finit. Ce qu'on sait, c'est que ni les personnages ni l'histoire n'y changeront rien. Mais, dans cette immobilité, la langue va se déployer, se heurter à tout l'obscur d'une situation irréversible. Et ce déploiement de langue va devenir aussi fort que le drame du réel, un temps le surplomber et le repousser à distance.

« Le deuxième choc, c'est la langue. Elle n'a pas à raconter, puisque, dès le moment d'exposition, chacun sait tout. Alors elle creuse, elle déploie, elle combat. Et c'est une affaire de masques qui parlent, tout rigides, hissés sur des cothurnes : le corps est immobilisé, les corps ne peuvent pas plus se rejoindre que Prométhée, fixé à son rocher vertical, ne peut toucher Io, qui parcourt essoufflée le monde horizontal, toujours en fuite. Et le chœur* incarne cela tellement bien, parole détachée de l'action, parole devenue collective : comme le chœur en nous de tous ces livres qui nous aident à démêler le présent indémêlable. Un chant sur un gouffre.

« Depuis, c'est un rite : à chaque période d'entre deux livres, je réouvre mes Tragiques (ils ont vieilli, mes deux Pléiade), au moment où Ajax se réveille de son crime, que les vagues apportent à Hécube le cadavre de son dernier fils, ou bien que les Suppliantes demandent asile sur l'île que, par cela même, elles mettent en danger. Il est question d'une civilisation qui tombe, d'une civilisation en bascule, et c'est cela qui compte.

2 – « Cette traversée réécrite du présent vide... »

« *Mécanique* n'est pas pour moi un de ces livres prémédités, conçus. Je venais de perdre mon père, de traverser des étapes où on ne pense pas, mais on fait. De temps évidemment bouleversé, si l'émotion vous apporte des images venues de très loin, qu'on croyait oubliées, et que tout cela, par l'intensité du choc, est présent simultanément, forme ce bloc compact que l'absence de l'autre a rendu irréversible. Je n'aurais rien su faire d'autre que rester là, tenter de comprendre. Et chaque matin je m'étais mis à noter, en vrac, ces images qui flottaient, si proches, parce que le corps de l'autre, qu'on avait vu devant soi s'éteindre, avait disparu comme entre vos mains. C'était au sortir de la nuit, dans le jour pas encore levé, que j'accumulais ces notes, pour pacifier, pour m'en défaire, en hommage. Comme un sculpteur ferait dans le bronze le visage du mort, pour le saluer ou le garder.

« C'est venu ainsi par blocs, d'aucuns longs, d'aucuns juste d'une phrase. Je m'étais interdit de revenir en arrière : je voulais un inventaire de moi-même dans le choc. Et ces notes obéissaient à des récurrences. Des intérieurs de maison se rejoignaient avec précision, là où je ne savais plus rien de la maison au-dehors. Les visages anciens du père étaient présents tout près dans le rêve, quand le visage récent s'effaçait, et pour la voix c'était le contraire. Et puis il y avait la traversée même. Réécrire ce qui n'avait pas de sens, et se limitait à des images si conventionnelles : une route faite en voiture, un couloir d'hôpital, s'orienter dans les franges de la grande ville.

« Alors, au premier tiers de ces notes, pour les distinguer, j'ai mis en tête de chaque paragraphe un mot, selon ces récurrences. Et cette traversée réécrite du présent vide, l'instant tragique de l'autre qui s'en va, c'était pour moi comme une plainte douce, parce qu'on ne pouvait rien faire de plus.

3 – *Lamento* : « Le livre commençait à crier... »

« J'ai choisi *lamento* comme repère, que je pensais provisoire, sans musique en tête : il y avait ces trois quarts d'heure quotidiens d'écriture sur la table de cuisine, le bol de café à côté, et des journées plutôt cloîtrées, silencieuses. Parce que chaque paragraphe commençait ainsi par un mot, *photographies*, *maisons*, *voix*, et donc *lamento* pour filer le tout, les mots sont devenus des germes, aidaient à prolonger l'inventaire. La lamentation, c'est une plainte devenue rituel et partage. Ça a duré trois semaines environ. Après, le mort, on en rêve, il vous parle dans les rêves, et c'est différent : le mental, au-dedans, réorganise le choc, commence le deuil. Ce monde re-né de l'enfance (c'était son prénom, René), il y avait une envie folle de s'y incruster, le prolonger ou le développer : maintenant que les images étaient là, les accepter, s'y enfouir. Je me suis dit que ce qui comptait c'était le choc, et qu'il me fallait m'interdire d'ajouter au texte quoi que ce soit que j'aurais pensé ou trouvé ensuite, après. Polir les paragraphes, les frotter jusqu'à l'endroit où ça hurle, oui. Mais pas rajouter, et ne pas changer l'ordre. Le livre commençait à crier parce que lui-même alors souffrant de tout son manque.

« Et, oui, je comprenais un petit peu mieux, alors, du dedans de la prose, les trois anciens du Tragique : Eschyle des *Suppliantes*, Sophocle d'*Ajax* et Euripide d'*Hécube*. »

à vous...

1 – Proposez une lecture analytique du texte de Barbey d'Aurevilly (35).

INTERPRÉTATIONS DU TRAGIQUE : LECTURES HISTORIQUES

Jacqueline de Romilly

La Tragédie grecque (1960)

Jacqueline de Romilly est universitaire et membre de l'Académie française. Elle est spécialiste de langue et littérature grecques et notamment du théâtre tragique grec. Son étude sur la tragédie grecque est un classique – et à ce titre assez traditionnelle – en la matière. La partie centrale de l'ouvrage est consacrée à l'étude des trois grands auteurs tragiques grecs, Eschyle, Sophocle et Euripide. Nous retenons ici des extraits portant sur l'histoire de ce théâtre et qui proposent, en conclusion, une réflexion sur ce que l'on appelle le « tragique ».

40. **L'**épopée racontait, la tragédie montra. Or cela même implique une série d'innovations. Dans la tragédie, en effet, tout est là, sous les yeux, réel, proche, immédiat. On y croit. On a peur. Et nous savons par des témoignages anciens combien certains spectacles épouvantaient les spectateurs. La tragédie tire sa force, par rapport à l'épopée, d'être ainsi tangible et terrible.

D'autre part, la limitation [de durée] imposée à l'auteur l'obligeait à choisir un épisode, un seul, dont les spectateurs suivraient le développement dans sa continuité, passant ainsi par toutes les phases de l'espoir et de la crainte, sans rémission de l'intérêt. La tragédie tire ainsi sa force de cette concentration de l'attention sur une action unique.

Enfin les conditions mêmes de la représentation amenaient naturellement les auteurs à grandir plutôt les héros et les thèmes. Il convient de le rappeler, car notre théâtre (et déjà le théâtre latin) diffère sur ce point de ce qu'était le théâtre grec. Théâtre de plein air, ce dernier était fait pour des représentations exceptionnelles, groupant un public énorme. Les visages étaient dissimulés par des masques, les rôles de femmes tenus par des hommes. Tout ceci exclut d'office un théâtre tout en nuances, consacré à la psychologie et aux caractères. Contrairement à ce que les termes pourraient suggérer à un moderne, le théâtre était, chez les Grecs, moins intime que l'épopée. [...]

Le dithyrambe était dialogue d'un personnage avec un chœur.

Dans la tragédie grecque, ce partage reste essentiel ; il se marque dans la structure littéraire des œuvres, dans les mètres employés, et il correspond même à une division spatiale.

Une tragédie grecque, en effet, se jouait en deux lieux à la fois ; et il suffit, pour le comprendre, d'avoir vu les ruines de n'importe quel théâtre grec. Les spectateurs occupaient des gradins formant un demi-cercle. Face à ces gradins se présentaient des murs de fond dominant une scène, que l'on peut comparer à la scène de nos théâtres : cette scène était le lieu réservé aux personnages. Elle était surmontée d'une sorte de balcon, où pouvaient apparaître les dieux.

Il n'y avait pas de véritable décor, tout juste quelques portes et quelques symboles évoquant le cadre de l'action : normalement, l'action était toujours censée se dérouler dehors, à la porte d'un palais ; en cas de nécessité, une machine de théâtre (ou *ekkuklèma*) pouvait faire apparaître sur scène un tableau ou un bref épisode révélant une action accomplie à l'intérieur. Tout cela était simple et laissait une part assez grande à l'imagination du spectateur ; mais, malgré tout, il s'agissait de procédés comparables à ceux que devait pratiquer le théâtre français traditionnel.

En revanche, il existait une différence majeure ; car en plus de cette scène, un théâtre antique comprenait ce que l'on appelait l'*orchestra*, au sens où l'on dit : « fauteuils d'orchestre ». L'orchestre était une vaste esplanade de forme circulaire, dont le centre était occupé par un autel rond dédié à Dionysos ; et cette esplanade était entièrement réservée aux évolutions du chœur. Certes la scène formait le fond de l'orchestre ; et quelques marches menaient de l'un à l'autre. Pourtant, les deux lieux restaient bien distincts. [...]

Le résultat est que la tragédie grecque se déroule toujours sur deux plans et que sa structure est commandée par le principe de cette alternance.

Jouée sans rideau, une tragédie grecque n'a pas d'actes ; en revanche, l'action y est distinguée en un certain nombre de parties, appelées épisodes, que séparent des morceaux lyriques exécutés par le chœur dans l'orchestre. [...]

Ceci n'empêchait pas qu'acteurs et choristes fussent engagés dans un même courant d'émotion ; et il existait une forme précise où se traduisait cette relation : c'était une sorte de chant dialogué auquel acteurs et choristes prenaient part ensemble et que l'on appelait le *commos*. [...]

Tout cela fait un schéma bien clair, qui se retrouve dans l'ensemble des tragédies grecques et les distingue de toute autre œuvre théâtrale. Mais ce serait se tromper que de parler de règles. Alors que la tragédie française du XVIIe siècle se soucie constamment de se conformer à des usages fixes, la tragédie grecque, elle, n'a cessé d'innover, d'inventer ; et son seul élan intérieur éclaire le sens d'une structure à première vue déconcertante.

De fait, Euripide a très largement utilisé une forme littéraire, qu'il empruntait à la vie contemporaine, à savoir le débat organisé.

Né de l'habitude judiciaire, perfectionné par la rhétorique du temps, l'art de la joute oratoire était alors en plein essor. C'était ce qu'on appelait un *agôn**. Or, il n'est presque aucune tragédie d'Euripide qui ne contienne au moins une scène d'*agôn*. Par là, il faut entendre une sorte d'affrontement organisé, dans lequel s'opposent deux longues tirades, en général suivies d'échanges vers à vers, plus tendus, plus crépitants. Dans l'*agôn*, chacun défendait son point de vue avec toute la force rhétorique possible, en un grand déploiement d'arguments, qui naturellement contribuaient à éclairer sa pensée ou sa passion.

Mais surtout, plus encore que des personnages pathétiques, la tragédie découvrit l'art de présenter des situations pathétiques. […]

D'Eschyle à Sophocle et à Euripide, la tragédie grecque s'est profondément transformée et renouvelée. La vision du monde a changé, les moyens littéraires ont changé, le goût, le ton, les idées, tout a changé. Pourtant la forme littéraire est restée la même ; et l'esprit qui l'animait est également resté le même. Or cet esprit s'est révélé assez caractéristique pour que, par la suite, tout théâtre puisant à la même inspiration soit appelé « tragique », et aussi pour que tout malheur ou toute situation offrant avec les données de ces pièces une certaine analogie soient de même qualifiés de tragiques. Le bouc qui a donné son nom à la tragédie grecque finit par envahir, de façon assez inattendue, le vocabulaire moderne de l'émotion… […] On comprend bien le retentissement que peut prendre au plus profond de la sensibilité humaine l'évocation de tels malheurs ou de telles émotions [les haines ou assassinats au sein d'une famille]. Et la tragédie grecque en tire une force qui n'appartient qu'à elle. […] S'il en est ainsi, l'on comprend aussi que cette âpreté même ait invité la psychanalyse à reconnaître en ces données si directes et en ces émotions si fondamentales un bien lui appartenant.

Et il est naturel aussi que le théâtre grec ait pu servir d'exemple à ceux qui attendent de la littérature autre chose qu'un plaisir purement artistique, et qui veulent que le poète soit aussi un citoyen… […] Ces poètes étaient en effet des citoyens. Ils vivaient engagés, parce que le statut même de la cité impliquait une participation constante et profonde. Mais leur œuvre de poètes consistait le plus souvent à transcender ces intérêts du moment et à les transposer en intérêts humains. Décrire le meurtre d'une femme tuant son mari, ou d'une mère tuant ses enfants, montrer le désastre d'un homme qui se découvre le mari de sa mère, pourrait fournir de beaux mélodrames. Pour que de telles données apparaissent comme tragiques, il faut un élément de plus, un éclairage autre, une signification propre. Quel est donc l'éclairage tragique ? […] Clytemnestre, Œdipe et Médée sont des cas limites et monstrueux ; mais leurs crimes sont pourtant le résultat inévitable d'un certain arrangement du monde : à cet égard, ils pourraient aussi bien être les nôtres ; et ils inspirent, en même temps que de la pitié pour leurs victimes, de la pitié pour eux, de la pitié pour l'homme. [...]

Cette notion de limites inhérentes à la condition humaine était toujours présente dans la tragédie grecque. Elle s'y manifestait sous des formes différentes, mais l'esprit était le même. Et c'est sans doute ce qui explique que l'on ait souvent traduit ce sentiment en parlant de fatalité [...] Plus que le mot de fatalité, il faudrait employer celui que proposait récemment un philosophe [Henri Gouhier] et parler de transcendance [...] La tragédie se définit plus par la nature des questions qu'elle pose que par celle des réponses qu'elle fournit. Et le tragique consiste à mesurer le sort de l'homme en général en fonction de malheurs qui sont individuels, et souvent exceptionnels.

Une situation peut être triste, horrible, dramatique : dans ce cas elle inspire la pitié pour celui qui s'y trouve. On dit qu'elle est tragique lorsqu'il se fait une sorte de recul grâce auquel elle apparaît comme une preuve des souffrances que l'homme peut avoir à subir, sans solution et sans recours.

(Presses Universitaires de France, 1997.)

Jean-Pierre Vernant et Pierre Vidal-Naquet

Mythe et tragédie en Grèce antique (1972)

Jean-Pierre Vernant était professeur au Collège de France, Pierre Vidal-Naquet, historien à l'École des Hautes Études en Sciences sociales. Cet ouvrage, qu'ils ont réalisé en commun, s'appuie sur une anthropologie historique : contre une anthro-

pologie générale comme celle qui sous-tend la psychanalyse, ils proposent une remise en perspective historique du théâtre grec, et une réflexion sur les mythes, en particulier sur le mythe d'Œdipe et l'*Œdipe roi *de Sophocle, qui tienne compte des façons de penser propres à la culture grecque antique.*

41. [Selon Freud, s'agissant de la tragédie], le sens est donné dans les réactions immédiates du public, dans l'émotion mobilisée en lui par le spectacle. Freud est à cet égard on ne peut plus net : c'est le succès constant et universel de la tragédie d'Œdipe qui prouve l'existence également universelle, dans la psyché enfantine, d'une constellation de tendances semblables à celle qui mène le héros à sa perte. Si *Œdipe roi* nous émeut, autant qu'il bouleversait les citoyens d'Athènes, ce n'est pas, comme on le croyait jusqu'alors, parce qu'il incarne une tragédie de la fatalité, opposant la toute-puissance divine à la pauvre volonté des hommes, c'est que le destin d'Œdipe est en quelque sorte le nôtre, que nous portons en nous la même malédiction que l'oracle a prononcée contre lui. En tuant son père, en épousant sa mère, il accomplit le désir de notre enfance que nous nous efforcions d'oublier. La tragédie est donc en tout point comparable à une psychanalyse : en levant le voile qui dissimule à Œdipe son visage de parricide, d'incestueux, elle nous révèle à nous-mêmes. La tragédie a pour matière les rêves que chacun de nous a rêvés ; son sens se fait jour, de façon éclatante, dans l'épouvante et la culpabilité qui nous submergent quand, à travers l'inexorable progression du drame, nos anciens désirs de mort du père, d'union avec la mère remontent à notre conscience qui feignait de ne les avoir jamais éprouvés. Cette démonstration a toute l'apparente rigueur d'un rai-

sonnement fondé sur un cercle vicieux. Comment procède-t-elle ? Une théorie élaborée à partir de cas cliniques et de rêves contemporains trouve sa confirmation dans un texte dramatique d'un autre âge. Mais ce texte n'est susceptible d'apporter cette confirmation que dans la mesure où il est lui-même interprété par référence à l'univers onirique des spectateurs d'aujourd'hui, tel du moins que le conçoit la théorie en question. Pour que le cercle ne fût pas vicieux, il eût fallu que l'hypothèse freudienne, au lieu de se présenter au départ comme une interprétation évidente et allant de soi, apparaisse au terme d'un minutieux travail d'analyse comme une exigence imposée par l'œuvre elle-même, une condition d'intelligibilité de son ordonnance dramatique, l'instrument d'un entier décryptage du texte. On saisit ici sur le vif la différence de méthode et d'orientation entre la perspective freudienne d'une part, la psychologie historique de l'autre. Freud part d'un vécu intime, celui du public, qui n'est pas historiquement situé ; le sens attribué à ce vécu est alors projeté sur l'œuvre indépendamment de son contexte socio-culturel. La psychologie historique procède de façon inverse. Elle part de l'œuvre telle qu'elle nous est donnée dans la forme qui lui est propre ; elle l'étudie suivant toutes les dimensions que comporte une analyse appropriée à ce type particulier de création. S'il s'agit d'un texte tragique, comme *Œdipe roi*, l'analyse linguistique, thématique, dramatique, débouche à chaque niveau de l'étude sur un problème plus vaste : celui du contexte – historique, social, mental – qui donne au texte tout son poids de signification. C'est en effet par référence à ce contexte général que se dessine la problématique tragique des Grecs ; et c'est seulement dans le cadre de cette problématique (qui suppose, lié à un certain état de société, un champ idéologique défini, des modes de pensée, des formes de sensibilité collective, un type particulier d'expérience humaine) que la communication s'établit entre l'auteur et son public du Vᵉ siècle ; c'est compte tenu de ce contexte et de ce cadre que, pour l'interprète d'aujourd'hui, toutes les valeurs signifiantes, tous les traits pertinents du texte se dégagent. Une fois achevé ce travail de décryptage du sens, on est alors en état de viser les contenus psychologiques, les réactions des spectateurs athéniens en face du drame, de définir sur eux l'effet tragique. C'est donc au terme de l'étude qu'on pourra reconstruire ce vécu intime qui, dans sa prétendue transparence significative, constituait chez Freud le point de départ et tout à la fois la clef du déchiffrement.

La matière de la tragédie n'est plus alors le rêve, posé comme une réalité humaine étrangère à l'histoire, mais la pensée sociale propre à la cité du Vᵉ siècle, avec les tensions, les contradictions qui surgissent en elle quand l'avènement du droit et les institutions de la vie politique mettent en cause, sur le plan religieux et moral, les anciennes valeurs traditionnelles : celles-là mêmes qu'exaltait la légende héroïque, où la tragédie puise ses thèmes et ses personnages, non plus pour les glorifier, comme le faisait encore la poésie lyrique, mais pour les mettre en question publiquement, au nom du nouvel idéal civique, devant cette espèce d'assemblée ou de tribunal populaire que constitue un théâtre grec. Ces conflits internes de la pensée sociale, la tragédie les exprime en les transposant suivant les exigences d'un genre littéraire nouveau, ayant ses règles et sa problématique propres. Le brusque surgissement du genre tragique à la fin du VIᵉ siècle, dans le moment même où le droit commence à explorer la notion de responsabilité en différenciant de façon encore maladroite et hésitante le crime « volontaire » du crime « excusable », marque une étape importante dans l'histoire de l'homme intérieur : dans le cadre de la cité, l'homme commence à expérimenter lui-même en tant qu'agent, plus ou moins autonome par rapport aux puissances religieuses qui dominent l'univers, plus ou moins maître de ses actes, ayant plus ou moins prise sur son destin politique et personnel. Cette expérience, encore flottante et incertaine, de ce qui sera dans l'histoire psychologique de l'Occident la catégorie de la volonté, s'exprime dans la tragédie sous forme d'une interrogation angoissée concernant les rapports de l'homme à ses actes : dans quelle mesure l'homme est-il réellement la source de ses actions ? Lors même qu'il semble en prendre l'initiative et en porter la responsabilité, n'ont-elles pas ailleurs qu'en lui leur véritable origine ? Leur signification ne demeure-t-elle pas en grande partie opaque à celui-là même qui les commet, de telle sorte que c'est moins l'agent qui explique l'acte, mais plutôt l'acte qui, révélant après coup son sens authentique, revient sur l'agent, éclaire sa nature, découvre ce qu'il est, et ce qu'il a réellement accompli sans le savoir ? Cette intime liaison entre un contexte social où les conflits de valeur apparaissent insolubles et une pratique humaine devenue tout entière « problématique » faute de pouvoir exactement se situer dans l'ordre religieux du monde, explique que la tragédie soit un moment historique très précisément localisé dans l'espace et le temps. On la voit naître, s'épanouir, puis disparaître à Athènes en l'espace d'un siècle. Quand Aristote écrit la *Poétique*, dans le public et chez les auteurs de théâtre, le ressort tragique déjà est brisé. On ne sent plus la nécessité d'un débat avec le passé « héroïque », d'une confrontation entre l'ancien et le nouveau. Aristote, qui élabore une théorie rationnelle de l'action en s'efforçant de distinguer plus clairement les degrés d'engagement de l'agent dans ses actes, ne sait plus ce que sont la conscience ni l'homme tragique : ils appartiennent pour lui à une époque révolue.

Dans la perspective de Freud, ce caractère historique de la tragédie demeure entièrement incompréhensible. Si la tragédie puise sa matière dans un type de rêve qui a valeur universelle, si l'effet tragique tient à la mobilisation d'un complexe affectif que chacun de nous porte en soi, pourquoi la tragédie est-elle née dans le monde grec au tournant du VIe et du Ve siècle ? Pourquoi les autres civilisations l'ont-elles entièrement ignorée ? Pourquoi, en Grèce même, la veine tragique s'est-elle si rapidement tarie pour s'effacer devant une réflexion philosophique qui a fait disparaître, en en rendant raison, ces contradictions sur lesquelles la tragédie construisait son univers dramatique ? Mais poussons plus loin l'analyse critique. Pour Freud, l'effet tragique est lié à la nature particulière du matériel utilisé par l'union avec la mère, le meurtre du père qui, écrit-il, donnent la clé de la tragédie : la légende d'Œdipe est la réaction de notre imagination à ces deux rêves typiques et comme ces rêves sont chez l'adulte accompagnés de sentiments de répulsion, il faut que la légende apporte l'épouvante et l'autopunition dans son contenu même. On pourrait épiloguer sur cet « il faut » et noter par exemple que dans les versions premières du mythe il n'y a pas, dans le contenu légendaire, la plus petite trace d'autopunition puisque Œdipe meurt paisiblement installé sur le trône de Thèbes, sans s'être le moins du monde crevé les yeux. C'est précisément Sophocle qui, pour les besoins du genre, donne au mythe sa version proprement tragique – la seule que Freud, qui n'est pas mythologue, a pu connaître, la seule par conséquent dont nous discuterons ici. Pour démontrer sa thèse, Freud écrit que, quand on a voulu produire un effet tragique dans un drame du destin analogue à *Œdipe roi*, mais utilisant un autre matériel que les rêves œdipiens, l'échec a été total. Et il cite en exemple de mauvais drames modernes. On reste ici stupéfait. Comment Freud peut-il oublier qu'il existe bien d'autres tragédies grecques qu'*Œdipe roi* et que, parmi celles qui nous ont été conservées d'Eschyle, de Sophocle et d'Euripide, la quasi-totalité n'a rien à voir avec les rêves œdipiens ? Faut-il dire que ce sont de mauvaises pièces, qu'elles ne comportent pas d'effet tragique ? Si les anciens les admiraient, si le public moderne est par certaines d'entre elles bouleversé comme devant *Œdipe roi*, c'est que la tragédie n'est pas liée à un type particulier de rêve, que l'effet tragique ne réside pas dans une matière, même onirique, mais dans la façon de mettre cette matière en forme pour donner le sentiment des contradictions qui déchirent le monde divin, l'univers social et politique, le domaine des valeurs, et faire ainsi apparaître l'homme lui-même comme un *thaûma*, un *deimon*, une sorte de monstre incompréhensible et déroutant, à la fois agent et agi, coupable et innocent, maîtrisant toute la nature par son esprit industrieux et incapable de se gouverner, lucide et aveuglé d'un délire envoyé par les dieux. Contrairement à l'épopée et à la poésie lyrique où jamais l'homme n'est présenté en tant qu'agent, la tragédie situe d'emblée l'individu au carrefour de l'action, face à une décision qui l'engage tout entier ; mais cet inéluctable choix s'opère dans un monde de forces obscures et ambiguës, un monde divisé où « une justice lutte contre une autre justice », où le droit n'est jamais fixé mais au cours même de l'action se déplace, « tourne » et se transforme en son contraire.

(Éditions La Découverte Poche, 2001.)

Florence Dupont

Le Théâtre latin (1988)

Universitaire et traductrice, Florence Dupont s'est intéressée à la littérature latine, mais aussi à la culture grecque. Elle les envisage en philologue et historienne. Elle s'efforce de revenir aux situations où les œuvres de ces cultures étaient produites et reçues, et reconstruit leurs contextes premiers. Dans son livre intitulé L'Invention de la littérature *(1994), par exemple, elle montre que nombre de textes ont été conservés par écrit alors qu'ils étaient initialement faits pour être récités et entendus. Ce changement de mode de publication et de réception modifie profondément les significations que l'on peut leur attribuer. Dans cette perspective, elle a donné sur* Le Théâtre latin *une synthèse qui fait apparaître le rôle des conditions de représentation et celui des façons de penser propres à la culture romaine, et qui éclaire les façons dont les tragédies y étaient conçues, et la manière dont les spectateurs pouvaient les percevoir avec une certaine distance.*

42. **L**e théâtre à Rome [...] s'inscrit au sein d'une pratique rituelle propre à la civilisation romaine : les jeux – *ludi*. C'est pourquoi, d'ailleurs, les Romains ne parlent pas de théâtre, mais de jeux scéniques – *ludi scœnici*.

Ce rituel des jeux n'existe qu'à Rome dans l'Antiquité, il est inconnu des Grecs, sans doute appartient-il aux cultures italiques et étrusques. C'est un rituel essentiel, Rome ne saurait fonctionner sans ces jeux qui rassemblent l'ensemble des dieux et des hommes dans le plaisir du spectacle à l'hippodrome (*circus*) ou au théâtre, c'est-à-dire devant une scène (*scœna*). Le terme *ludi*, «jeux», est ambigu, car il désigne aussi bien l'ensemble de la fête rituelle dont le ou les spectacles font partie que le spectacle lui-même. Ainsi les représentations théâtrales sont appelées «jeux scéniques» comme les courses de char dans l'hippodrome ou les exhibitions de boxe sont appelées «jeux du cirque».

La caractéristique essentielle du théâtre romain est d'être un spectacle ludique. Cela détermine son inscription dans le temps, dans l'espace, et dans l'esthétique romaine. Autrement dit, le calendrier et le lieu des représentations théâtrales, la place qu'elles tiennent dans les loisirs des Romains, le type de plaisir qu'ils en attendent s'expliquent par le fait que les spectacles théâtraux à Rome sont des jeux. [...]

Parmi les différents spectacles offerts lors des jeux, le théâtre à textes, c'est-à-dire les comédies et les tragédies, est appelé «jeux grecs» : car ces jeux scéniques présentent des pièces de théâtre certes en langue latine et selon le code théâtral romain, mais qui sont écrites à partir de pièces empruntées au répertoire grec, répertoire fixé par les érudits de la bibliothèque d'Alexandrie au IIIe siècle av. J.-C. Tout est et reste volontairement grec dans ces pièces romaines, les noms, les sujets, les lieux, sans qu'intervienne une volonté de «romanisation». Les Romains ne cherchent pas à créer un théâtre latin, comme ils ont créé une épopée ou une histoire latines. Le public des théâtres assiste donc à des comédies ou des tragédies grecques en latin, comme nous voyons aujourd'hui des westerns en italien, tournés en Espagne par des acteurs européens affublés de pseudonyme anglo-saxons, dirigés par des réalisateurs qui font un autre cinéma [...].

(I, « Le Théâtre à Rome ».)

Le crime tragique est assimilé à une notion romaine, le *nefas*, dont le coupable est automatiquement expulsé de l'humanité. Le crime tragique, dans la tragédie romaine, est commis par un Grec qui se transforme en monstre. [...] Le cadre ludique dans lequel ce théâtre a évolué au cours de l'histoire coupe [donc] le spectacle tragique de tout référent extérieur. La tragédie ne saurait être la représentation de réalités extra-théâtrales, elle est la présentation d'une réalité autonome.

Le crime tragique est un *nefas* : un crime symbolique, un crime contre l'humanité.

Les Romains ont donc assimilé le crime mythique grec de la tragédie à un *nefas* pour le rendre acceptable au public latin.

Qu'est-ce qu'un *nefas* ?

La traduction française serait mot pour mot « crime contre les lois divines ». Mais cette traduction rend mal compte du sens romain de l'expression. Le *nefas* est, en effet, un crime contre l'ordre sacré du monde. Il faut bien le distinguer du crime humain, qui n'enfreint que les lois de la cité ou de la morale. L'équivalent contemporain de ce *nefas* serait quelque chose comme « crime contre l'humanité ».

Le crime ordinaire relève des tribunaux et du jugement moral, d'un blâme infligé par la collectivité. Il est susceptible de rachat, par exemple, par un châtiment, la faute est expiable aux yeux de la cité. La justice suffit à ramener l'ordre et la paix. En revanche, le *nefas* n'est pas expiable ; lui et son auteur doivent être expulsés du monde des hommes, et leur souvenir, s'il n'est pas effacé, sera l'objet d'une perpétuelle abomination.

Aucun châtiment, ni humain ni divin, ne peut s'appliquer à ce crime car il échappe à l'humanité. Par définition, le *nefas* marque l'au-delà de l'humanité. Celui qui l'a commis s'est mis au ban de l'humanité et par conséquent échappe à la justice.

Ainsi dans la tragédie romaine, le héros criminel n'est-il jamais jugé. Soit il se métamorphose en monstre et son être prend alors le visage de son crime : il devient son crime, comme Médée ou Atrée. Soit, renouant avec des sentiments plus humains, il se regarde et se voit comme le voient les autres hommes, avec horreur. C'est le cas d'Œdipe. Il réclame vainement un châtiment qui le libérerait et qu'il sait impossible. Les châtiments infernaux du Tartare figurent au sein de la mythologie ce châtiment éternel interdit. C'est ainsi que le fantôme de Tantale au début du *Thyeste* décrit les tourments infligés à lui-même et aux autres grands criminels. Mais le temps mythologique est éternel, donc Tantale dans les récits est simultanément le grand criminel qui a tué son fils Pélops pour le donner à manger aux dieux et celui qui meurt de faim et de soif, près d'une source et d'un arbre chargé de fruits qui recule dès qu'il approche la main.

Ce n'est pas seulement la nature du crime qui constitue le *nefas*, car à Rome il existe des lois punissant le parricide, l'infanticide, l'inceste ; c'est aussi la dimension que le récit mythique grec lui donnait. Le *nefas* est une agression contre un être humain dont la portée dépasse celui qui en est victime.

Dire que Médée commet un *nefas*, c'est souligner qu'en incendiant Corinthe et en égorgeant ses fils, elle n'est pas juridiquement coupable comme incendiaire et infanticide. Ce que son crime remet en cause, c'est l'existence même du monde. C'est pourquoi son crime ne peut être qu'une fiction.

Voici comment Médée définit à l'avance son crime :

MÉDÉE

«Il n'y aura d'autre repos pour moi
Que dans le spectacle d'un monde s'effondrant pour
[accompagner ma ruine.
La mort est plus douce quand elle n'est pas solitaire.»

(v. 46-48)

Quel est le sens d'une telle affirmation ? Que les actions du héros tragique ne sont pas des accidents individuels pris dans le temps : ils font ou défont l'ordre du monde. En tuant ses fils, Médée instaure un monde où l'infanticide serait permis, c'est-à-dire un monde qui se détruirait lui-même.

[...] Le héros tragique agit en proie à une folie : le *furor*. Une fois défini le crime tragique comme *nefas*, les Romains étaient confrontés au problème suivant : comment un homme peut-il en arriver à commettre un crime contre l'humanité, autrement dit à se nier lui-même ? [...] Tous les héros criminels de la tragédie romaine sont en proie au *furor* : ce ne sont plus des hommes mais des *furiosi*, des furieux.

Les Romains, comme ils l'ont fait avec le *nefas*, utilisent donc un élément de leur propre culture, le *furor*, qu'ils adaptent à la tragédie pour mieux concevoir le saut hors de l'humanité qu'accomplissent les criminels tragiques.

Qu'est-ce que le *furor* ? Comme dans le cas du *nefas*, la traduction est décevante : traduire par « fureur » ou « folie » n'apporte rien.

En effet, le *furor* est une notion juridique : il désigne l'état de tout homme qui ne se conduit plus d'une façon humaine. Cet homme, que les Romains appellent *furiosus*, est juridiquement irresponsable parce que son comportement est devenu incompréhensible pour ses semblables. Le furieux n'est donc pas jugé pour ce qu'il fait, car les Romains ne jugent que les hommes : il est simplement privé des possibilités d'agir. [...] Mais le *furor* est un état provisoire, et le furieux revenu à lui-même est restauré dans tous ses anciens droits et libertés. Le *furor* n'est pas une maladie ou une altération du jugement, c'est une absence : le furieux est absent à lui-même. [...]

L'articulation du *furor* et du *nefas* est donc propre à la tragédie romaine : ce héros qui devient furieux, commet un crime symbolique, n'a pas d'équivalent dans la réalité romaine ; il n'a d'existence qu'à la scène et dans la fiction ludique. Les éléments qui le constituent appartiennent à la réalité romaine extra-théâtrale, pas lui.

(II, « Lire une tragédie romaine »,
Paris, Armand Colin, 1988.)

Christian Delmas

La Tragédie de l'âge classique (1994)

Christian Delmas était professeur à l'université de Toulouse-Le-Mirail. Son ouvrage représente un effort pour faire le point *sur les connaissances concernant le genre de la tragédie classique. Il commence par définir les termes (classicisme, tragique), puis étudie successivement la situation historique, les procédés dramatiques et enfin l'« esprit » de la tragédie classique. Il insiste notamment, dans le début de son étude, sur le danger des définitions trop simplistes. Ainsi il remet en cause l'idée de « fatalité* » généralement associée à l'idée de tragédie, en ramenant celle-ci, selon des théoriciens de l'époque (Vossius, d'Aubignac, Sarasin, Corneille – voir texte 14), à la « vibration de la mort », vibration qui peut être celle d'une crainte mais qui n'exige pas que le dénouement soit sanglant (voir aussi Racine, page 16), et à la « grandeur ».*

43. [La] définition [aristotélicienne de la tragédie était] toute descriptive, énoncée en termes si généraux que le Moyen Âge, ayant perdu la notion du fait théâtral antique, la conçut comme désignant « tout récit d'aventures luctueuses » impliquant les hauts faits de personnages de condition, acception retenue encore par d'Aubigné pour ses *Tragiques*, à telle enseigne qu'en 1639 un théoricien comme La Mesnardière précise au seuil de sa *Poétique* que cette « représentation sérieuse et magnifique de quelque action funeste, complète, de grande importance, et de raisonnable grandeur » se fait « non pas par le simple discours, mais par l'imitation réelle des malheurs et des souffrances », sur scène. Si le terme de représentation (*mimesis*) est ambigu aujourd'hui encore, nul doute en revanche sur l'absence de référence à une instance supérieure, dont la tragédie aurait pour fonction justement de représenter la malignité sur le théâtre. Le mot « fatalité » manque même dans le vocabulaire de Racine, et sur cinquante-six occurrences de l'adjectif « fatal », affectionné

justement pour son *aura* poétique, aussi subjective qu'indécise, la quasi-totalité renvoie directement à l'idée de mort, dont on sait que seule elle transforme la vie en destin.

C'est la vibration affective suscitée par l'affrontement à la mort qui suggère un cortège de représentations annexes, dont la pensée critique s'est laissée fasciner. Encore la nécessité d'un dénouement funeste dans la tragédie apparaît-elle comme une sollicitation abusive, par dérivation, du texte philosophique, qui ne précise pas la nature du dénouement – telle est la signification technique de « catastrophe* » en grec. Même le « cruel » Racine pose dans la préface de *Bérénice* que « ce n'est point une nécessité qu'il y ait du sang et des morts dans une tragédie », quoique Titus et Bérénice ravagés, et vidés de leur principe de vie, soient en sursis de mort, de véritables morts vivants. Dans la *Poétique*, tout au plus est-il précisé que le dénouement repose sur la « péripétie », ou retournement de fortune, qui entraîne un changement de face complet de la situation – mais faut-il absolument entendre « funeste », en cédant à l'entraînement rhétorique d'un Boèce, grammairien latin tardif : « Quelle autre chose déplore la clameur des tragédies, lors que Fortune tournant les royaumes heureux par coup infortuné ? ». En effet, l'inconstante roue de l'aveugle Fortune ne peut être assimilée au destin, et à un destin « fatal » que par volonté délibérée d'encoder un genre. Or il est des commentateurs lucides pour protester contre un tel abus de langage, tel Vossius dans sa *Poétique* latine (1647) :

« Jules Scaliger, en sa Poétique, [1561], liv. I, ch. VI, définit la tragédie comme l'imitation d'un illustre destin, au dénouement malheureux, écrite d'un style sérieux et en vers. Je ne peux l'approuver quand il exige un dénouement malheureux. Certes il en est ainsi la plupart du temps, mais ce n'est pas de l'essence de la tragédie. »

Et de soutenir, de même que Sarasin, dès 1639, d'Aubignac et Corneille, la validité du dénouement heureux qui, après avoir fait trembler du péril de mort des personnages, comme dans *Cinna ou La Clémence d'Auguste*, non seulement préserve leur vie, mais les établit dans une situation de fortune désormais stabilisée. Même Racine, dans *Mithridate*, s'il fait mourir son héros éponyme, assure par l'effet inattendu de cette mort l'union future des jeunes premiers, tandis que *Phèdre* se clôt devant le corps de Phèdre sur la réconciliation des survivants, exauçant ainsi les *ultime verba* d'Hippolyte comme de la reine.

Notre méthode laissera donc de côté les constructions idéologiques du post-romantisme, qui imposent à une réalité historique des grilles de lecture inadéquates, ainsi que l'élaboration conceptuelle des théoriciens, que ce soit ceux, pseudo-classiques, du XVIIIe siècle, postérieurs à l'ère inventive de la nouvelle dramaturgie, ou même ceux du XVIIe siècle.

(Éditions du Seuil.)

Lucien Goldmann (1913-1970)

Le Dieu caché (1959)

Lucien Goldmann, qui fut philosophe et professeur de lettres dans les universités belges puis françaises, envisageait l'histoire du tragique en rapport avec l'idée de « vision du monde ».

Celle-ci, empruntée à la philosophie allemande, consiste en un ensemble de façons de penser et de ressentir, en grande partie inconscientes, qu'un groupe social partage à un moment donné de l'histoire. Lucien Goldmann voit dans le XVII*e* *siècle un temps de changements : la conscience collective y est en recul devant des tendances individualistes. Aussi un groupe social, les nobles « de robe », c'est-à-dire ceux qui occupaient des charges administratives et qui s'étaient donc mis au service de l'État et de la collectivité, voit-il son influence décroître. Ils en éprouvent une déception et une angoisse qui les poussent vers le pessimisme, et vers une « vision tragique du monde ». Leur pessimisme religieux extrême, le jansénisme, s'exprime chez un petit groupe d'intellectuels, dont Racine et Pascal sont les deux figures majeures.*

44. **O**n peut caractériser la conscience tragique à cette époque [les XVIIe et XVIIIe siècles] par la compréhension rigoureuse et précise du monde nouveau créé par l'individualisme rationaliste, avec tout ce qu'il contenait de positif, de précieux et surtout de définitivement acquis pour la pensée et la conscience humaines, mais en même temps par le refus radical d'accepter ce monde comme seule chance et seule perspective de l'homme.

[…] la vision tragique est, après la période amorale et areligieuse de l'empirisme et du rationalisme, un retour à la *morale* et à la *religion*, à condition de prendre ce dernier mot dans son sens le plus vaste de *foi* en un ensemble de valeurs qui *transcendent l'individu*. Il ne s'agit cependant pas encore d'une pensée et d'un art qui pourraient remplacer le monde atomiste et mécaniste de la raison individuelle par une *nouvelle communauté* et un nouvel *univers*.

Envisagée *dans une perspective historique*, la vision tragique n'est qu'une position de *passage* précisément parce qu'elle admet comme définitif et inchangeable le monde, en apparence clair mais pour elle en réalité confus et ambigu de la pensée rationaliste et de la sensation empirique, et qu'elle lui oppose seulement une nouvelle exigence et une nouvelle échelle de valeurs.

Mais cette perspective *historique* lui est précisément étrangère. Vue de l'extérieur, la pensée tragique est radicalement *anhistorique* précisément parce qu'il lui manque la principale dimension temporelle de l'histoire, *l'avenir*.

Le refus dans cette forme absolue et radicale qu'il prend dans la pensée tragique n'a qu'une seule dimension temporelle, *le présent*.

[...] La tragédie du XVIIe et du XVIIIe exprime, comme toutes les autres formes de conscience et de création tragiques, une crise des relations entre les hommes, ou plus exactement entre certains groupes d'hommes et le monde cosmique et social.

Nous avons déjà dit que le problème central de cette tragédie est de savoir si l'homme sur lequel est tombé le regard de Dieu peut encore vivre. Car, vivre, *c'est vivre dans le monde*. C'est là une vérité fondamentale et universelle que la phénoménologie et l'existentialisme ont seulement actualisée à nouveau dans la conscience philosophique contemporaine. Mais la possibilité même de cette actualisation indique que la conscience du caractère intramondain de l'existence humaine (ou plus exactement son degré de réflexivité) peut varier, s'affaiblir ou disparaître, ou bien au contraire devenir à certaines époques particulièrement aiguë. [...]

Une constatation s'impose cependant et nous introduit d'emblée au centre du problème qui nous préoccupe. Toute conscience est l'expression d'un équilibre *provisoire* et *mobile* entre l'individu et le groupe social et leur milieu. Lorsque cet équilibre s'établit facilement, lorsqu'il possède une stabilité relative, ou bien encore lorsque ses transformations et ses passages à des niveaux supérieurs s'effectuent de manière relativement aisée, il y a de grandes probabilités pour que les hommes ne pensent pas à l'existence du monde extérieur ni aux problèmes que posent leurs relations avec lui. Sur le plan individuel comme sur le plan du groupe, ce sont les organes malades, les fonctions difficiles à remplir et non pas les organes sains et les fonctions faciles qui occupent de manière aiguë le champ de la conscience.

C'est pourquoi c'est au cours des périodes d'équilibre sain et relativement aisé que nous trouvons le plus souvent un affaiblissement relatif de la conscience du caractère intramondain de l'existence humaine ; et c'est au contraire aux périodes de crise telles que les reflètent et les expriment les différentes formes de conscience tragique ou bien l'existentialisme moderne, que cette conscience deviendra particulièrement aiguë.

On comprendra maintenant plus facilement ce qu'est le monde pour la conscience tragique. On pourrait le dire en deux mots : *rien* et *tout* en même temps.

Rien parce que l'homme tragique vit *en permanence* sous le regard de Dieu, parce qu'il exige et admet seulement des valeurs absolues, claires et univoques, [...] et que, mesuré à cette échelle, le monde apparaît essentiellement ambigu et confus, et cela veut dire *inexistant*.

[...] Le Dieu de la tragédie est un Dieu *toujours présent* et *toujours absent*. Or, sa présence dévalorise sans doute le monde et lui enlève *toute* réalité, mais son absence non moins radicale et non moins permanente fait au contraire du monde la *seule réalité* en face de laquelle se trouve l'homme et à laquelle il peut et doit opposer son exigence de réalisation des valeurs substantielles et absolues.

(«Étude sur la vision tragique dans les *Pensées* de Pascal et dans le théâtre de Racine», Éditions Gallimard.)

Michel Foucault (1926-1984)

«Il faut défendre la société» (1976)

Michel Foucault, philosophe, professeur au Collège de France, a donné dans cette institution des cours qui ont été publiés après sa mort à partir de notes. Son œuvre, ici comme dans ses autres ouvrages, lie profondément la philosophie à l'histoire. Il propose dans «Il faut défendre la société» *une hypothèse sur la tragédie comme genre associé à un régime politique, la monarchie, et à un type de pratique culturelle, la vie de cour. Ainsi envisagée, la tragédie classique se distingue fortement des modèles grecs d'origine, qui étaient liés à la vie de cités démocratiques. Dès lors, la tragédie est considérée comme un cérémonial au cours duquel la cour revoit les erreurs et chutes possibles de chaque homme et est amenée à regarder le souverain comme celui qui dépasse ces erreurs et assure l'unité de l'État, donc la justice et la paix sociale. On sait que nombre de tragédies de cette époque n'ont pas été créées à la cour : l'hypothèse ici avancée vaut donc plus comme un paradigme que comme savoir historique sur les pièces. Son intérêt est de s'interroger sur l'insertion sociale de la tragédie en tant que spectacle, et non pas seulement comme un texte coupé de ses conditions pratiques de représentation. En particulier, elle a le mérite de mettre en relation la pratique du théâtre tragique et d'autres formes de pratiques culturelles, et surtout de lier la question de la représentation tragique et de ses contenus avec celle des conceptions du droit.*

45. Il ne faut pas oublier qu'au XVIIe siècle, et pas seulement en France, la tragédie était une des grandes formes rituelles dans lesquelles se manifestait le droit public et se débattaient ses problèmes. Les tragédies « historiques » de Shakespeare sont des tragédies du droit et du roi, essentiellement centrées sur le problème de l'usurpateur et de la déchéance, de l'assassinat des rois, et de cette naissance d'un être nouveau que constitue le couronnement d'un roi. Comment un individu peut-il recevoir par la violence, l'intrigue, le meurtre et la guerre une puissance publique qui doit faire régner la paix, la justice, l'ordre et le bonheur ?

Comment l'illégitimité peut-elle produire la loi ? Tandis qu'à la même époque la théorie et l'histoire du droit s'efforçaient de tisser la continuité sans rupture de la puissance publique, la tragédie de Shakespeare, elle, s'acharne au contraire, sur cette plaie, sur cette espèce de blessure répétée que porte le corps de la royauté, dès lors qu'il y a mort violente des rois et avènement des souverains illégitimes. Je crois donc que la tragédie shakespearienne est, par un de ses axes, une sorte de cérémonie, de rituel de re-mémorisation des problèmes du droit public. On pourrait dire la même chose de la tragédie française, celle de Corneille et peut-être plus encore celle de Racine, justement. Et d'ailleurs, d'une façon générale, est-ce que la tragédie grecque n'est pas toujours, essentiellement, une tragédie du droit ? Je crois qu'il y a appartenance fondamentale, essentielle, entre la tragédie et le droit, entre la tragédie et le droit public, tout comme, vraisemblablement, il y a une appartenance essentielle entre le roman et le problème de la norme. La tragédie et le droit, le roman et la norme : tout cela serait peut-être à regarder.

En tout cas, la tragédie en France au XVIIe siècle est, elle aussi, une sorte de représentation du droit public, une représentation historico-juridique de la puissance publique. À ceci près, bien sûr – et c'est là la différence fondamentale d'avec Shakespeare (le génie mis à part) –, que dans la tragédie classique française il n'est en général question que des rois antiques. Codage lié sans doute à la prudence politique. Mais, après tout, il ne faut pas oublier non plus que parmi toutes les raisons de cette référence à l'Antiquité, il y a ceci : c'est que le droit monarchique au XVIIe siècle en France, et surtout sous Louis XIV, se donne, par sa forme et même par la continuité de son histoire, comme se situant en ligne directe par rapport aux monarchies antiques. C'est bien le même type de pouvoir et le même type de monarchie que l'on trouve chez Auguste ou chez Néron, à la limite chez Pyrrhus et puis chez Louis XIV. D'autre part, dans la tragédie classique française, il y a référence à l'Antiquité, mais présence aussi de cette institution qui semble en quelque sorte limiter les pouvoirs tragiques de la tragédie, et la faire basculer dans un théâtre de la galanterie et de l'intrigue : c'est la présence de la cour. Tragédie de l'Antiquité et tragédie de la cour. Mais qu'est-ce que la cour, sinon précisément – et ceci d'une façon éclatante chez Louis XIV –, là aussi, une sorte de leçon de droit public ? La cour a essentiellement pour fonction de constituer, d'aménager un lieu de manifestation quotidienne et permanente du pouvoir royal dans son éclat. Au fond, la cour c'est cette espèce d'opération rituelle permanente, recommencée de jour en jour, qui requalifie un individu, un homme particulier, comme étant le roi, comme étant le monarque, comme étant le souverain. La cour, dans son rituel monotone, c'est l'opération sans cesse renouvelée par laquelle un homme qui se lève, qui se promène, qui mange, qui a ses amours et ses passions, est en même temps, à travers cela, à partir de cela et sans que rien de cela ne soit en quelque sorte éliminé, un souverain. Rendre son amour-propre souverain, rendre son alimentation souveraine, rendre souverains son lever et son coucher : c'est en cela que consiste l'opération spécifique du rituel et du cérémonial de la cour. Et tandis que la cour donc requalifie sans cesse le quotidien en souverain, en la personne d'un monarque qui est la substance même de la monarchie, la tragédie le fait, cela, en quelque sorte en sens inverse : la tragédie défait et recompose, si l'on veut, ce que le rituel cérémonial de la cour établit chaque jour.

La tragédie classique, la tragédie racinienne, que fait-elle ? Elle a pour fonction – c'est en tout cas un de ses axes – de constituer l'envers de la cérémonie, de montrer la cérémonie déchirée, le moment où le détenteur de la puissance publique, le souverain, se décompose peu à peu en homme de passion, en homme de colère, en homme de vengeance, en homme d'amour, d'inceste, etc., et où le problème est de savoir si, à partir de cette décomposition du souverain en homme de passion, le roi-souverain pourra renaître et se recomposer : mort et résurrection du corps du roi dans le cœur du monarque. Et c'est là le problème juridique, beaucoup plus que psychologique, qui est posé par la tragédie racinienne. Dans cette mesure, vous comprenez bien que Louis XIV, en demandant à Racine de devenir son historiographe, ne faisait pas autre chose que de rester à la fois dans la ligne de ce qu'était l'historiographie de la monarchie jusque-là, c'est-à-dire chanter le pouvoir lui-même, mais il permettait à Racine de rester dans la fonction même qu'il avait exercée lorsqu'il écrivait des tragédies. Il lui demandait, au fond, d'écrire, comme historiographe, le cinquième acte d'une tragédie heureuse, c'est-à-dire la remontée de l'homme privé, de l'homme de cour et de cœur jusqu'à ce point où il devient chef de guerre et monarque, détenteur de la souveraineté. Confier son historiographie à un poète tragique, ce n'était pas du tout, au fond, quitter l'ordre du droit, ce n'était pas trahir du tout la vieille fonction de l'histoire, qui était de dire le droit, et de dire le droit de l'État souverain. C'était – par une nécessité qui était liée à l'absolutisme du roi – revenir au contraire à la fonction la plus pure et la plus élémentaire de l'historiographie royale, dans cette monarchie absolue dont il ne faut pas oublier que, par une espèce d'étrange replongée vers l'archaïsme, elle faisait de la cérémonie du pouvoir un moment politique intense, et où la cour, comme cérémonie du pouvoir, était une leçon quotidienne de droit public, une manifestation quotidienne de droit public. On comprend que l'histoire du roi ait pu reprendre ainsi sa forme pure, sa forme magico-poétique en quelque sorte. L'histoire du roi ne pouvait pas ne pas redevenir le chant du pouvoir sur lui-même. Donc absolutisme, cérémonial de la cour, illustration du droit public, tragédie classique, historiographie du roi : tout cela, je crois, appartenait à un même ensemble.

(« Cours au Collège de France », février 1976,
Gallimard/Seuil, 1997.)

Jacques Rancière

L'Inconscient esthétique (2001)

Jacques Rancière était professeur d'esthétique à l'université de Paris VIII. L'Inconscient esthétique *propose une lecture de Freud qui met en rapport certains des éléments de sa pensée, ceux qui emploient pour se dire des figures et des objets littéraires (Œdipe, mais aussi la* Gradiva *de Jensen), avec la conception de la littérature qui a cours en son temps, plus largement avec ce que Jacques Rancière appelle le « régime esthétique » des arts. Il distingue en effet un « régime représentatif », où les arts ont avant tout pour fonction de dire quelque chose, et un « régime esthétique » qui lui succède, dominé par la recherche du beau plus que par le message à transmettre. Dans le cours de sa démonstration, c'est l'existence d'un schéma tragique fondamental qui est mise en cause : n'existent que des tragiques, des conceptions du tragique qui prennent sens dans des configurations artistiques précises. Ainsi Jacques Rancière oppose-t-il les adaptations du sujet d'Œdipe* par la tragédie classique et l'Œdipe freudien ; il commence en rappelant les problèmes rencontrés par Corneille et Voltaire lorsqu'ils se sont affrontés à ce sujet et les corrections qu'ils lui ont fait subir.*

46. « **U**n sujet défectueux », c'est ainsi qu'apparaît, à l'âge classique, à l'âge de la représentation, la marche de la « psychanalyse » sophocléenne. Cette défectuosité [...] n'est pas celle de l'histoire d'inceste. Des difficultés de Corneille et de Voltaire à adapter Sophocle rien ne peut s'arguer contre l'universalité du complexe d'Œdipe. Ce qu'elles mettent en doute, par contre, c'est l'universalité de

la « psychanalyse » œdipienne, du scénario sophocléen de révélation du secret. Celui-ci établit pour eux un rapport défectueux entre ce qui est vu et ce qui est dit, ce qui est dit et ce qui est entendu. Il donne trop à voir au spectateur. Et cet excès ne concerne pas seulement le spectacle dégoûtant des yeux crevés. Il concerne plus généralement la marque de la pensée sur les corps. Et, surtout, il donne trop à entendre. Contrairement à l'affirmation de Freud, ce n'est pas un bon suspense, une bonne progression dramatique dans le dévoilement de la vérité au héros et au spectateur. Mais qu'est-ce donc qui compromet cette rationalité dramatique ? La réponse est indubitable : c'est le « sujet », le personnage même d'Œdipe. C'est cette furie qui le pousse à vouloir savoir à tout prix, contre tous et contre lui-même, et, en même temps, à ne pas entendre la parole à peine voilée qui lui offre la vérité qu'il réclame. Le cœur du problème est là : ce qui est heurté par ce fou du savoir qui finit les yeux crevés, ce n'est pas seulement la « délicatesse[1] » des dames. C'est proprement l'ordre du système représentatif qui norme la création dramatique.

L'ordre de la représentation, cela veut dire essentiellement deux choses. C'est d'abord un certain ordre des rapports entre le dicible et le visible. Dans cet ordre, la parole a pour essence de faire voir. Mais elle le fait selon le régime d'une double retenue. D'un côté, la fonction de manifestation visible retient le pouvoir de la parole. Celle-ci manifeste des sentiments et des volontés au lieu de parler par elle-même, comme celle de Tirésias – celle d'Eschyle ou de Sophocle aussi bien – sur le mode de l'oracle et de l'énigme. De l'autre, elle retient la puissance

1. Citation de Corneille sur son *Œdipe* (1659).

du visible lui-même. La parole institue une certaine visibilité. Elle manifeste ce qui est caché dans les âmes, raconte et décrit ce qui est loin des yeux. Mais, ainsi, elle retient ce visible qu'elle manifeste sous son commandement. Elle lui interdit de montrer par lui-même, de montrer ce qui se passe de paroles, l'horreur des yeux crevés.

L'ordre de la représentation, en second lieu, c'est un certain ordre des rapports entre le savoir et l'action. Le drame, dit Aristote, est agencement d'actions. À la base du drame, il y a des personnages poursuivant certains buts, dans des conditions d'ignorance partielle, qui vont se dénouer au cours de l'action. Ce qui est exclu par là, c'est ce qui fait le fond même de la performance œdipienne, le *pathos* du savoir, l'acharnement maniaque à savoir ce qu'il vaut mieux ne pas savoir, la fureur qui empêche d'entendre, le refus de reconnaître la vérité sous la forme où elle se présente, la catastrophe du savoir insupportable, du savoir qui oblige à se soustraire au monde du visible. C'est de ce *pathos* qu'est faite la tragédie de Sophocle. C'est lui que déjà Aristote ne comprend plus et qu'il refoule derrière la théorie de l'action dramatique qui fait advenir le savoir selon l'ingénieuse machinerie de la péripétie et de la reconnaissance. C'est lui enfin qui fait d'Œdipe, à l'âge classique, un héros impossible, sauf corrections radicales. Impossible, non pas parce qu'il tue son père et couche avec sa mère, mais par la manière dont il l'apprend, par l'identité qu'il incarne dans cet apprentissage, l'identité tragique du savoir et du non-savoir, de l'action volontaire et du pathos subi.

C'est donc tout un régime de pensée du poème qui récuse le scénario œdipien. On peut le dire à l'envers. Pour que le privilège de ce scénario soit énonçable, il faut que soit révoqué ce régime de pensée des arts, ce régime représentatif qui implique une certaine idée de la pensée : la pensée comme action s'imposant à une matière passive. [...] On peut le dire autrement : pour que Œdipe soit le héros de la révolution psychanalytique, il faut un nouvel Œdipe, révoquant ceux de Corneille et de Voltaire et prétendant renouer, par-delà la tragédie à la française, mais aussi la rationalisation aristotélicienne de l'action tragique, avec la pensée tragique de Sophocle. Il faut un nouvel Œdipe et une nouvelle idée de la tragédie, ceux de Hölderlin, de Hegel ou de Nietzsche.

Deux traits vont caractériser ce nouvel Œdipe et faire de lui le héros d'une idée « nouvelle » de la pensée qui prétend renouer avec celle dont témoigne la tragédie grecque. Œdipe d'abord témoigne d'une certaine sauvagerie existentielle de la pensée, où le savoir se définit non comme l'acte subjectif de saisie d'une individualité objective, mais comme une certaine affection, une passion, voire une maladie du vivant [1]. C'est le savoir lui-même qui est un crime contre la nature : telle est, selon *La Naissance de la tragédie*, la signification de l'histoire œdipienne. Œdipe et la tragédie témoignent de ce qu'en matière de pensée, c'est toujours de maladie et de médecine qu'il s'agit, de l'union paradoxale des deux. Cette remise en scène philosophique de l'équivalence tragique entre savoir et souffrance (le *mathos patheï* d'Eschyle ou de Sophocle) suppose que soit réunie la grande trilogie des malades du savoir : Œdipe et Hamlet se répondent dans *L'Interprétation des rêves*,

1. Une maladie du vivant : on retrouve là la thématique du *Sentiment tragique de la vie* d'Unamuno (voir page 24), dont on voit bien qu'il transforme une conception très récente du tragique en sentiment de tout temps éprouvé par les hommes.

comme ils le faisaient déjà dans les *Leçons sur l'esthétique* de Hegel, et Faust qui y est également présent. La psychanalyse s'invente en ce point où la philosophie et la médecine se remettent l'une et l'autre en cause pour faire de la pensée une affaire de maladie et de la maladie une affaire de pensée.

(Galilée.)

INTERPRÉTATIONS DU TRAGIQUE : PARCOURS PHILOSOPHIQUE

Platon (vers 428-348 av. J.-C.)

La République (Trad. P. Pachet)

Platon fut l'élève de Socrate, puis fonda sa propre école, l'Académie. Il a composé un grand nombre de dialogues sur des sujets très variés, en donnant la parole à Socrate, dont on ne connaît la pensée que par ces ouvrages, où elle est souvent difficile à distinguer de celle de Platon. Socrate y apparaît comme un dialecticien habile qui, en pratiquant l'ironie, convainc ses interlocuteurs en leur faisant découvrir par eux-mêmes la vérité. Dans* La République, *il discute avec un groupe de jeunes gens d'Athènes – dont Adimante dans le passage ci-dessous – de ce que devrait être une cité idéale. Il la présente en la divisant en fonctions spécifiques. La cité doit selon lui être dirigée par les sages et protégée par des guerriers ; vient alors une discussion sur la bonne façon de former et d'éduquer ceux-ci. La littérature apparaît comme l'un de ces moyens, utile pour imprimer dans l'esprit des idées et dans le cœur des sentiments conformes au bien collectif. La réflexion met alors en relation les façons de représenter et la structure*

politique de la cité idéale. Platon aboutit ensuite à l'idée que les poètes en représentant les passions peuvent agir sur les esprits et les cœurs, donc disposent d'un pouvoir dangereux. Aussi exige-t-il que les poètes soient soumis aux philosophes, sans quoi il souhaite les chasser de la cité idéale.
*On notera dans le passage ci-dessous que la réflexion porte sur les diverses formes de la représentation narrative, soit par récit pur (*diégèsis**), soit par imitation (*mimèsis**), soit par un mixte des deux. Le sujet n'est pas le critère premier que retient Socrate. En effet, selon lui, l'action de l'œuvre sur les spectateurs tient d'abord à sa forme. Or la tragédie, présentant des passions et des crimes, peut amener le spectateur à trouver ceux-ci attirants parce qu'elle les présente sous une forme attirante. Il n'y a donc pas ici l'idée de catharsis*, mais plutôt celle d'une tragédie qui devrait être didactique et qui ne peut l'être sous peine de devenir peu théâtrale et ennuyeuse.*

47. **S**ocrate : [...] C'est ce qui concerne la façon de dire, à ce que je crois, qu'il faut dorénavant examiner, et alors nous aurons complètement épuisé l'examen de ce qu'il faut dire et de la façon dont il faut le dire.

Alors Adimante : Sur ce point, dit-il, je ne comprends pas ce que tu veux dire.

– Et pourtant, dis-je[1], il le faut bien. Cela dit, peut-être le saisiras-tu mieux de la façon suivante. Tout ce qui est énoncé par les compositeurs de récits ou par les poètes ne se trouve-t-il pas être la narration ou bien de ce qui a été, ou de ce qui est, ou de ce qui doit être ?

– Que pourrait-ce être d'autre ? dit-il.

– Or n'est-ce pas qu'ils y parviennent ou bien par une

1. Le « je » désigne Socrate, qui est l'interlocuteur premier du dialogue.

narration simple, ou bien par une narration qui procède de l'imitation, ou par l'une et l'autre à la fois ?

[...] Il y a (donc) narration à la fois quand il [le poète] énonce chacun des discours prononcés, et quand il énonce ce qui se trouve entre les discours ?

– Forcément.

– Mais dans le cas où il énonce quelque discours comme s'il était quelqu'un d'autre, ne dirons-nous pas qu'alors il rend le plus possible sa propre façon de dire semblable à celle de chaque personnage dont il a annoncé qu'il va le laisser parler ?

– Si, nous le dirons. Que dire d'autre ?

– Or se rendre semblable à quelqu'un d'autre, soit par la voix, soit par l'allure, c'est imiter celui à qui on se rend semblable.

– Sans doute.

– Donc dans un cas de ce genre, apparemment, les poètes effectuent leur narration par l'imitation.

– Oui, exactement.

– Tandis que si le poète ne se dissimulait jamais, toute la composition poétique et toute la narration procéderaient chez lui sans recours à l'imitation.[...]

– Cela aussi, dit-il, je le comprends, c'est ce qu'on a dans les tragédies[1].

– Ta supposition est très exacte, dis-je, et je crois qu'à présent je vais pouvoir te montrer ce que je ne parvenais pas à te montrer auparavant ; à savoir que dans la composition poétique comme dans la composition d'histoires il est une manière de faire qui procède entièrement par imita-

1. Ce qu'on a dans les tragédies : les « narrations par imitation » dont il a été question deux phrases avant.

tion ; c'est, comme tu le dis, le cas de la tragédie et de la comédie ; une autre qui procède par la relation qu'en fait le poète lui-même – c'est ce qu'on trouverait surtout dans les dithyrambes ; une autre enfin qui procède par l'une et par l'autre, dans la poésie épique. [...] Eh bien voilà justement ce que je voulais dire : qu'il fallait nous mettre d'accord pour savoir si nous permettrions à nos poètes de faire des narrations en imitant certaines choses et d'autres non, et lesquelles dans l'un et dans l'autre cas, ou si encore nous ne leur permettrions pas du tout de se livrer à l'imitation.

– Je devine, dit-il, que tu soumets à examen la question de savoir si nous accueillerons tragédie et comédie dans la cité, ou non.

– Peut-être, dis-je, et peut-être s'agit-il d'encore plus que cela.

[...]

L'homme mesuré, dis-je, il me semble que lorsqu'il rencontrera dans sa narration une déclaration ou une action d'un homme de bien, il consentira à en faire part comme s'il était lui-même cet homme, et qu'il n'aura pas honte d'une telle imitation, surtout pour imiter l'homme de bien quand il agit sans faillir et avec bon sens ; mais il le fera moins et moins volontiers quand cet homme commet des fautes sous l'empire de la maladie, des amours, de l'ivresse, ou de quelque autre accident. Mais lorsqu'il en arrivera à quelqu'un de valeur inférieure à la sienne, il refusera de conformer sérieusement son apparence à celle de quelqu'un de pire que lui, sauf très brièvement, lorsque cet homme fait quelque chose de bien ; il en aura honte à la fois parce qu'il n'est pas exercé à imiter de tels hommes, et parce qu'il lui déplaît de se modeler sur ce type d'hommes plus mauvais que lui et de s'y engager, étant donné que dans sa pensée il méprise cela, sauf quand on le fait pour s'amuser.

– C'est normal, dit-il.

– Il aura donc recours à une narration comme celle que nous venons de décrire à propos de l'épopée d'Homère, et sa diction participera de la première et de la seconde espèce, à la fois de l'imitation et de la narration simple, mais avec une petite part d'imitation pour beaucoup de discours. Ou bien ne dis-je là rien qui vaille ?

– Mais si, dit-il, c'est nécessairement sur ce modèle que doit se régler un tel orateur.

– Par conséquent, dis-je, ce sera l'inverse pour celui qui n'a pas sa qualité : plus il sera médiocre, plus il voudra imiter toutes choses et croira que rien n'est au-dessous de sa dignité, si bien qu'il entreprendra d'imiter toutes choses de façon sérieuse, même devant un nombreux public [...]. Alors que ferons-nous ? Accueillerons-nous dans la cité tous ces types, ou bien l'un de ceux qui sont sans mélange, ou celui qui est mélangé ?

– Si c'est ma voix qui est décisive, dit-il, celui qui, sans mélange, imite ce qui est décent.

– Et pourtant, Adimante, le type mixte est agréable aussi ; et celui qui est de beaucoup le plus agréable aux enfants, aux maîtres des enfants, et à la plus grande partie de la foule, est le type opposé à celui que tu choisis.

Oui, en effet, c'est le plus agréable. Mais peut-être déclarerais-tu qu'il ne s'harmonise pas avec notre régime politique, parce qu'il n'y a pas chez nous d'homme double, ni multiple. [...] Alors, semble-t-il, un individu que son savoir-faire rendrait capable de se prêter à tout, et d'imiter toutes choses, s'il arrivait dans notre cité, voulant faire étalage de lui-même et de ses poèmes, nous nous prosternerions devant lui comme devant un être sacré, étonnant, et délicieux, mais nous dirions qu'il n'existe pas de tel homme dans notre cité, et qu'il n'est pas permis qu'il en existe un ; et nous le renverrions vers une autre cité, après avoir versé de la myrrhe sur sa tête et l'avoir couronné de brins de laine [1] ; tandis que nous-mêmes, en considération des services qu'il pourrait nous rendre, nous utiliserions les services d'un poète et conteur d'histoires plus austère et moins délicieux, qui imiterait pour nous la façon de parler de l'homme digne de ce nom, et donc la parole se conformerait aux modèles sur lesquels nous avons légiféré au début, lorsque nous avons entrepris d'éduquer les guerriers.

(Livre III, 392-397, Éditions Gallimard, Folio essais.)

Aristote (384-322 av. J.-C.)

La Poétique

(Trad. R. Dupont-Roc et J. Lallot)

Aristote fut le philosophe le plus influent de son temps, et son œuvre a connu une fortune considérable dans la pensée occidentale. Élève de Platon, il se sépare ensuite des théories de son maître. Il est connu pour manifester un grand souci du savoir empirique. Dans cette perspective, il donne un ensemble de traités concernant tous les domaines du savoir et de l'action, de la physique à la rhétorique et à la politique. Sa Poétique *s'inscrit dans cet ensemble. Elle est en effet une description de certains genres et une série de réflexions sur la*

1. Après avoir versé de la myrrhe sur sa tête et l'avoir couronné de brins de laine : la myrrhe, qui est un parfum, et le couronnement de laine sont des signes de distinction destinés à ceux qui sont estimés comme des élus des dieux.

façon de juger mais surtout de bien réaliser les œuvres qui en relèvent. Position paradoxale, puisque au moment où il compose son traité, les deux genres qu'il y envisage, l'épopée et la tragédie, ne sont plus guère productifs en Grèce. Mais sans doute est-ce ce qui les rend possibles à décrire et analyser.
La Poétique *est donc non pas une étude de la littérature en général, mais une analyse de certains genres, ceux qui utilisent le vers, à l'exclusion de la poésie lyrique ; c'est un traité de la poésie « représentative ». Au sein de celle-ci Aristote a composé ou a eu le projet de composer une section consacrée à la comédie, mais elle s'est perdue si elle a été composée ;* La Poétique *est surtout connue pour l'analyse de l'épopée et de la tragédie qu'elle propose. La « représentation » ou « imitation » (*mimèsis**) est selon Aristote une faculté à la fois innée chez l'homme, qui y trouve du plaisir, et essentielle pour tout apprentissage. Les arts réalisent la représentation par différents moyens : les rythmes, les mots, les gestes, les images… Il examine la tragédie à partir de ce fondement, en la considérant, empiriquement, dans ce qu'elle a produit historiquement. Ainsi, il n'a pu conseiller les grands tragiques grecs, à qui il est postérieur d'une ou deux générations, mais propose de leurs pièces une « lecture ».*
La définition qu'il donne du genre et de son but (la purgation, ou épuration, des passions : la catharsis) est de ce fait extrêmement brève.* La Poétique *a été ensuite abondamment citée et glosée, cette brièveté laissant place à des interprétations diverses.*

48. **P**uisque nous avons une tendance naturelle à la représentation et aussi à la mélodie et au rythme (car il est évident que les mètres[1] font partie des rythmes), ceux qui au

1. Les mètres : les vers.

départ avaient les meilleures dispositions naturelles firent peu à peu des progrès et donnèrent naissance à la comédie et à la tragédie à partir de leurs improvisations. Puis la poésie se divisa suivant les caractères propres de chacun : les auteurs graves représentaient des actions de qualité accomplies par des hommes de qualité, les auteurs plus légers celles d'hommes bas, en composant d'abord des blâmes comme les autres composaient des hymnes et des éloges.

(Paragraphe 48 b.)

Lorsque la tragédie et la comédie furent apparues, chaque poète fut entraîné par sa nature propre vers l'une ou l'autre sorte de poésie : les uns devinrent auteurs de comédies et non plus de poèmes iambiques, les autres de tragédies et non plus d'épopées ; car ces deux formes ont plus d'élévation et de dignité que les précédentes. Quant à examiner si la tragédie a maintenant atteint la perfection dans ses différentes espèces, trancher la chose en elle-même et par rapport au théâtre est une autre question.

Quoi qu'il en soit, elle est née, au début, de l'improvisation (la tragédie elle-même et tout aussi bien la comédie : l'une vient de ceux qui conduisaient le dithyrambe, l'autre de ceux qui conduisaient les chants phalliques qui sont encore en usage aujourd'hui dans nombre de cités [1]) ; puis la tragédie s'épanouit peu à peu, les auteurs développant tout ce qui se faisait jour en elle ; enfin, après de multiples transformations, elle se fixa lorsqu'elle eut atteint sa pleine maturité.

1. Les chants phalliques qui sont encore en usage aujourd'hui dans nombre de cités : à l'occasion de fêtes en l'honneur de Dionysos, on récitait, en cortège, des poèmes d'éloge de ce dieu (chants phalliques, Dionysos étant un dieu du plaisir) et de conjuration des dangers, en le remerciant de sa protection.

Le premier, Eschyle porta à deux le nombre des acteurs ; il diminua la partie du chœur et donna le premier rôle au dialogue. Sophocle utilisa trois acteurs et introduisit les décors peints. En outre, pour ce qui est de l'ampleur, délaissant les histoires brèves et l'expression comique qu'elle tenait de son origine satyrique, la tragédie prit, sur le tard, de la gravité – et le mètre iambique remplaça le tétramètre. [...] L'épopée s'accorde avec la tragédie en tant qu'elle est une représentation d'hommes nobles qui utilise – mais seul – le grand vers, mais le fait qu'elle a un mètre uniforme et qu'elle est une narration les rend différentes. Elles le sont encore par la longueur : la tragédie essaye de tenir dans une seule révolution du soleil ou de ne guère s'en écarter ; l'épopée, elle, n'est pas limitée dans le temps. [...]

La tragédie est la représentation d'une action noble, menée jusqu'à son terme et ayant une certaine étendue, au moyen d'un langage relevé d'assaisonnements d'espèces variées, utilisés séparément selon les parties de l'œuvre ; la représentation est mise en œuvre par les personnages et n'a pas recours à la narration ; et, en représentant la pitié et la frayeur, elle réalise une épuration de ce genre d'émotions.

(Paragraphe 49 b, Éditions du Seuil, 1980.)

Hegel (1770-1831)

Cours d'esthétique

(Trad. J.-P. Lefebvre et V. Von Schenck)

Les Cours d'esthétique *de Hegel ont été prononcés à Berlin entre 1820 et 1829, puis publiés en 1835 par un de ses auditeurs, Gustav Hotho, à partir des notes de cours de Hegel et de plusieurs cahiers d'étudiants. Ces cours développent une thèse à la fois proche des thèses romantiques développées par les amis de jeunesse de Hegel et en opposition avec elles, puisqu'elle ne fait pas de l'art le sommet de l'expérience humaine. Cette thèse met en effet l'art en rapport avec la religion et la philosophie, plus exactement en dessous – hiérarchiquement, c'est-à-dire aussi historiquement – de la religion, qui est elle-même en dessous de la philosophie. Le beau, pour Hegel, est en effet l'apparition* sensible *du vrai. Les artistes travaillent une matière, la mettent en forme de façon à faire apparaître un contenu spirituel (lequel ne doit donc pas être compris par opposition à la forme, mais par opposition à la réalité de l'œuvre d'art, telle que perceptible par les sens), mais cette apparition uniquement sensible n'est qu'un moment de l'histoire de ce contenu spirituel, qui se manifeste autrement dans la religion et la philosophie, et va vers l'achèvement constitué par la saisie totale de l'esprit par lui-même dans le Savoir.*

Cette thèse implique une histoire de l'art qui le fait progresser vers l'adéquation la plus parfaite du travail de l'artiste à l'esprit qu'il manifeste, et, au-delà, vers sa propre fin. Cette progression – qui n'est pas une simple hiérarchie : chaque moment est parfait en lui-même – comprend toujours trois moments, un moment objectif, un moment subjectif et un moment dialectique qui réunit les deux moments précédents.

Ainsi, l'histoire hégélienne de l'art distingue l'art symbolique (indien et égyptien) de l'art classique (grec) et de l'art romantique, qui commence avec le christianisme et constitue le dépassement des deux formes d'art précédentes. Mais elle comprend aussi un système des beaux-arts qui redécouvre cette progression au sein des arts singuliers, de l'architecture (qui connaît un moment symbolique avec les temples et les pyramides d'Égypte, puis un moment classique, enfin un moment romantique dont les cathédrales gothiques fournissent une illustration) à la poésie en passant par la sculpture, la peinture et la musique. La poésie constitue le stade suprême de l'art – elle fait parler l'esprit, qui s'y trouve ainsi au plus proche de lui-même, de sa spiritualité – et la poésie dramatique est le stade suprême de la poésie, parce qu'elle « réunit en elle l'objectivité de l'épopée et le principe subjectif du lyrisme ». Le sujet lyrique (l'intériorité) y est en effet présenté en action, donc dans son extériorité. La dualité du tragique et du comique renvoie à l'opposition entre deux manières de comprendre et de montrer cette action : tandis que le comique s'intéressera aux individus eux-mêmes, dans leurs désirs subjectifs et sans rapport avec de quelconques valeurs, le tragique oppose au contraire des valeurs, incarnées par les personnages, mais qui sont en conflit dès lors qu'elles sont ainsi incarnées (donc extériorisées), et ne peuvent se réconcilier que par la destruction des personnages qui les portent. Hegel observe la représentation de ces conflits essentiels dans la tragédie grecque et dans ce qu'il appelle la « tragédie moderne » (il donne pour exemples, entre autres, Hamlet, Faust, Les Brigands *de Schiller), où ils sont intériorisés :* Antigone *confronte une loi religieuse à une autre,* Hamlet *oppose une âme à elle-même, puisque le prince danois n'est pas fait pour faire ce qu'il doit faire. Il faut d'ailleurs remarquer que bien que Hegel fasse une place au drame, comme fusion du tragique et du comique, il trouve manifestement ces derniers plus intéressants en eux-mêmes, et consacre notamment un grand nombre de pages au tragique antique et moderne.*

49. **L**e véritable contenu de l'agir tragique, pour les fins dont s'emparent les individus tragiques, est fourni par la sphère des puissances substantielles et légitimes pour elles-mêmes à l'œuvre dans le vouloir humain : l'amour familial des époux, des parents, des enfants, des frères et sœurs ; et, de même, la vie politique, le patriotisme des citoyens, la volonté des instances dominantes ; outre cela, l'existence religieuse, non comme piété se résignant aux actions, ni comme sentence divine présente dans le cœur de l'homme sur le bien et sur le mal dans l'action, mais au contraire comme défense active d'intérêts et de rapports réels. [...] Or, du fait du principe de particularisation auquel est soumis tout ce qui se propulse dans l'objectivité, les puissances éthiques sont, comme les caractères agissants, *diverses* quant au contenu qui est le leur [...] Quand donc ces puissances particulières, comme le veut la poésie dramatique, sont appelées à une activité qui se manifeste [...] leur accord harmonieux est aboli et elles entrent en scène *en s'affrontant*, chacune demeurant dans une clôture mutuelle [...] le tragique originel consiste en ceci que, dans ce genre de collision, les deux côtés de l'opposition, chacun pris pour soi, ont une *justification*, tandis que par ailleurs ils ne sont en mesure de faire valoir la dite teneur positive de leur fin et de leur caractère que comme *négation et lésion* de l'autre puissance, laquelle est tout aussi justifiée, et donc se *mettent en faute* au sein même de leur souci éthique et donc tout aussi bien par l'effet même de

celui-ci [...] Or ceci aboutit à mettre en place une contradiction sans médiation, qui certes peut surgir à la réalité, mais ne peut se maintenir en elle [...] et ne trouve son droit propre qu'en *s'abolissant* comme contradiction [...] par [la résolution tragique de cette discorde], en effet, la légitimité éternelle s'exerce à même les fins et les individus d'une manière où elle instaure la substance et l'unité éthique par la ruine de l'individualité qui trouble son repos. [...] Ce qui donc est aboli dans l'issue tragique, c'est uniquement la particularité unilatérale qui n'avait pas pu se plier à cette harmonie et qui se voit maintenant, dans le tragique de son action, quand elle ne peut se défaire d'elle-même ni de ses projets, vouée au déclin dans sa totalité tout entière ou à tout le moins forcée de se résigner, si elle le peut, à renoncer à la réalisation de sa fin. C'est en ce sens qu'Aristote situe, comme on sait, la véritable efficience de la tragédie dans le fait qu'elle doit susciter la *crainte** et la *pitié** et en produire la catharsis*. Sous cette affirmation Aristote n'entendait pas le simple sentiment d'accord ou de non-accord avec ma subjectivité, l'agréable ou le désagréable, l'attirant ou le repoussant, qui sont les déterminations les plus superficielles qu'on puisse imaginer et dont on a attendu l'époque moderne pour vouloir faire les principes de l'approbation ou du déplaisir. [...] Ce que l'homme a [...] véritablement à redouter, ce n'est pas la violence extérieure et la répression qu'elle fait subir, mais la puissance éthique qui est une détermination de sa propre raison libre, en même temps l'éternel et l'invulnérable contre quoi il ne peut pas se tourner sans les appeler à agir contre lui-même. Et comme la crainte, la pitié a également deux objets. Le premier concerne l'émotion ordinaire, c'est-à-dire la sympathie avec le malheur et la souffrance d'autrui, ressentis comme quelque chose de fini et de négatif. C'est le genre de regrets dont les bonnes femmes des petites villes ont immédiatement à revendre. Or, l'homme noble et grand ne veut pas qu'on ait pitié de lui et compatisse de la sorte. Dans la mesure, en effet, où il n'y a que le côté nul, que la négativité du malheur qui soit exhibée, il y gît un abaissement du malheureux. La véritable pitié est au contraire la sympathie simultanément avec la légitimité éthique de celui qui souffre, avec ce qu'il a nécessairement d'affirmatif et de substantiel en lui. Ce n'est pas ce genre de compassion que peuvent nous inspirer des gredins et des canailles. C'est pourquoi, si le caractère tragique [...] est censé dans son malheur éveiller une sympathie tragique, il faut qu'en lui-même il ait une riche teneur et soit valeureux. [...] C'est pourquoi aussi nous ne saurions confondre l'intérêt pour l'issue tragique et le contentement niais devant le fait qu'une histoire triste, un malheur en tant que malheur doivent solliciter notre compassion. Ce genre de navrances peuvent s'abattre sur l'homme sans qu'il ait fait quoi que ce soit, ni commis de faute, par la simple opération conjoncturale des hasards extérieurs et des circonstances relatives, la maladie, la ruine, la mort, etc., et l'intérêt proprement dit qui doit s'emparer de nous en l'espèce sera seulement alors de faire vite et d'aller porter secours. Et si l'on n'y parvient pas, les tableaux de misère et de lamentations seront alors seulement déchirants. Tandis qu'une véritable souffrance tragique n'est suspendue au-dessus des individus que dans la mesure où ils sont agissants, que comme conséquence de leur propre action, laquelle est tout aussi légitime que rendue fautive par la collision qu'ils ont provoquée et qu'ils doivent d'ailleurs assumer de tout leur être.

C'est pourquoi, au-dessus de la simple crainte et de la sympathie tragique, il y a le sentiment de *réconciliation* que procure la tragédie par le regard de la justice éternelle, laquelle dans son règne absolu pénètre profondément la légitimité relative des fins et passions unilatérales [...] Dès lors donc que [...] le tragique repose principalement sur la contemplation d'un conflit de ce genre et de son dénouement, la poésie dramatique est en même temps, par tout son mode de représentation, la seule qui soit capable de faire du tragique dans toute son ampleur et son déroulement le principe de l'œuvre d'art et de lui donner sa complète configuration. C'est pourquoi aussi j'ai seulement saisi ici l'occasion de parler de la vision tragique des choses bien que celle-ci, certes à un moindre degré, étende abondamment son efficience sur les autres arts.

(Éditions Aubier.)

Nietzsche (1844-1900)

La Naissance de la tragédie (1872)
(Trad. Philippe Lacoue-Labarthe)

Friedrich Nietzsche est connu pour le caractère provocateur de son œuvre philosophique. Professeur de philologie à Bâle, il a fait de la philologie l'un des lieux de la polémique philosophique, notamment avec La Naissance de la tragédie *qui a immédiatement connu un succès de scandale. L'ouvrage pose une question historique : l'apparition de la tragédie dans un lieu et un temps précis, en Grèce ancienne. Il en propose une solution à partir de ce que Nietzsche appelle une approche «psychologique», c'est-à-dire une analyse des besoins vitaux auxquels répondent, chez un peuple à un moment donné de son histoire comme chez un individu, les comportements intellectuels, politiques ou culturels. Le genre de la tragédie, tel que les Grecs l'ont inventé, apparaît comme destiné à combler un besoin (de nature fondamentalement religieuse) de voir et d'accepter la vie dans sa dimension douloureuse, dans sa dimension de négation des aspirations individuelles : il y a un désir de tragique. La tragédie en tant qu'objet historique – plus précisément la vraie tragédie, celle d'Eschyle et de Sophocle, puisque pour Nietzsche Euripide est déjà le représentant d'une autre vision, de besoins vitaux inférieurs, et qu'après les Grecs il n'y a plus eu de tragédie – est donc l'expression d'un sens de la vie qui est une manière de vivre. C'est en cela que Nietzsche s'oppose aux philologues de son temps qui voient dans le théâtre une institution civique et politique de la démocratie athénienne : pour lui, ni le tragique ni la tragédie n'ont à voir avec la démocratie, et c'est d'ailleurs ce qui fait leur valeur. D'autre part, si le tragique est un mode de vie, il n'est pas une catégorie esthétique, et la tragédie n'est pas la représentation, mais le produit de ce mode de vie là où il a eu la plus grande intensité, le fruit de la capacité qu'ont eue un temps les Grecs et qui a été perdue depuis – par la faute de la philosophie incarnée par Socrate, puis par la faute du christianisme – à tout accueillir de ce qui existe avec joie, la souffrance comme le plaisir. Cette acceptation est renvoyée à Dionysos et au principe dionysiaque, qui s'opposent à Apollon et au principe apollinien comme la fusion avec la totalité naturelle s'oppose à la rationalité qui entend la dominer. Dionysos, c'est la musique qui nous fait participer à la vie du tout, c'est l'extase, c'est aussi la souffrance de notre limitation qui nous empêche de nous fondre totalement dans cette totalité : tout cela, pour Nietzsche, se retrouve dans la tragédie, qui dans sa forme par-*

*faite est plus précisément encore l'expression dominée, apollinienne donc, du délire dionysiaque. Mais, comme l'indique l'*Essai d'autocritique *dans lequel il revient sur ce livre de jeunesse, l'histoire de la tragédie grecque n'est pas ce qui l'intéresse. Il s'agit pour lui de comprendre « les Grecs », c'est-à-dire une forme de vie supérieure, la vie telle qu'elle mérite d'être vécue.*

50. **O**ui, qu'est-ce que le dionysiaque ? – Là-dessus, il y a une réponse dans ce livre, – y parle quelqu'un qui « sait », un initié, et le disciple de son dieu. Peut-être serais-je maintenant plus circonspect et moins disert sur une question psychologique aussi difficile que l'origine de la tragédie chez les Grecs. La question fondamentale est la question du rapport qu'entretient le Grec à la douleur, son degré de sensibilité. – Ce rapport est-il resté le même ? Ou bien s'est-il inversé ? –, la question de savoir si sa *demande* toujours plus forte *de beauté*, de fêtes, de réjouissances, de cultes nouveaux est née du manque, du dénuement, de la mélancolie, de la douleur ? Car à supposer que ce fût vrai – et Périclès (ou Thucydide) nous le donne à entendre dans sa grande oraison funèbre – d'où proviendrait alors la demande opposée, et qui lui est chronologiquement antérieure, la *demande de laideur*, cette manière franche et rigoureuse qu'a l'ancien Hellène de vouloir le pessimisme, le mythe tragique, l'image de tout ce qu'il y a de terrible, de cruel, d'énigmatique, de destructeur, de fatal au fond de l'existence, – d'où proviendrait alors la tragédie ? Peut-être du *plaisir*, de la force, d'une santé débordante, d'une plénitude excessive ? Et quelle est alors, physiologiquement parlant, la signification de ce délire d'où est issu l'art tragique aussi bien que l'art comique, le délire dionysiaque ?

Comment ! Se pourrait-il que le délire ne soit pas nécessairement un symptôme de dégénérescence, de déclin, de culture suravancée ? Se pourrait-il qu'il y ait – question pour aliéniste – des névroses de la *santé* ? De la jeunesse et de la juvénilité d'un peuple ? Que montre cette synthèse de bouc et de dieu dans le satyre ? À partir de quelle expérience, en se livrant à quelle impulsion le Grec fut-il contraint de se représenter le possédé, l'homme dionysiaque originaire comme un satyre ? Et quant à l'origine du chœur tragique, se pourrait-il qu'il y ait eu, dans ces siècles où le corps grec était dans sa fleur et l'âme grecque regorgeait de vie, des extases endémiques, – des visions, des hallucinations qui se communiquaient à des collectivités, à des assemblées religieuses entières ? Comment ? Et si les Grecs, précisément dans toute la richesse de leur jeunesse, avaient voulu le tragique, s'ils avaient été pessimistes ? Et si c'était précisément le délire, pour reprendre un mot de Platon, qui avait dispensé sur l'Hellade les *plus grands* des bienfaits ? Et si d'un autre côté, à l'inverse, les Grecs, aux temps précisément de leur dissolution et de leur faiblesse, étaient devenus de plus en plus optimistes, superficiels, théâtraux, de plus en plus éperdus de logique et de logicisation du monde, et par conséquent de plus en plus « sereins » et « scientifiques » ? Eh quoi ! En dépit de toutes les « idées modernes » et de tous les préjugés du goût démocratique, ne se pouvait-il pas que la victoire de l'*optimisme*, la prédominance de la *rationalité*, l'*utilitarisme* théorique et pratique (avec la démocratie, qui lui est contemporaine), soient un symptôme de force déclinante, de proche vieillesse, d'épuisement physiologique ? Et *non pas*, précisément – le pessimisme ? Épicure était-il optimiste… d'être *malade* justement ? – On le voit, c'est de tout un faisceau de lourdes questions que ce livre est chargé. Ajoutons-y encore la question la plus lourde ! Que signifie, vue dans l'optique de la *vie*, – la morale ?

(« Essai d'autocritique »,
Éditions Gallimard, Folio Essais.)

Clément Rosset

La Philosophie tragique (1960)

Clément Rosset développe une critique nietzschéenne de la morale et de la philosophie, dans la mesure où la philosophie lui apparaît comme un des masques de la morale, et donc de la religion. Il leur oppose la «philosophie tragique» qu'il expose dans le livre éponyme de 1960, mais aussi dans un livre plus connu, L'Anti-Nature, *publié en 1973 et sous-titré* Éléments pour une philosophie tragique. *Pour lui comme pour Nietzsche, écrit-il dans* L'Anti-Nature, *«approuver l'existence, c'est approuver le tragique : consentir à une insaisissabilité de l'existence en général que les notions de hasard, d'artifice, de facticité, de non-durée, décrivent chacune à son niveau conceptuel». C'est donc refuser toute fuite dans les idées destinées à consoler l'homme de sa souffrance devant le caractère purement factuel, donc périssable, de son existence, en lui disant son appartenance à un autre univers, authentique et inaltérable (l'être, l'essence, la nature), mais qui n'est en fait qu'un mensonge. La philosophie tragique est au contraire une philosophie de la joie de se sentir la force d'affronter la vie dans sa fugacité.*

51. La première vérité [...] est qu'il n'y a pas de *situations* tragiques, que l'idée de tragique repose tout entière

dans un rapport entre deux situations, qu'elle est la représentation ultérieure du passage d'un état à un autre, qu'en conséquence, on peut parler de *mécanisme tragique*, pas de situation tragique. Mais, prenons garde que, pour que notre définition soit complète, il faut bien préciser que le tragique n'apparaît que lorsque nous nous représentons – après coup – le mécanisme tragique, et non pas lorsque nous le vivons ; et, s'il arrive qu'on ressente le tragique au moment même où il se joue, c'est alors qu'on anticipe sur le tragique, qu'on se le représente déjà comme achevé, comme passé : on pressent, pourrait-on dire, le mécanisme avant qu'il ait joué, on prévoit l'exacte façon dont le ressort tragique jouera alors même qu'il ne fait que s'amorcer. Il y a donc deux idées essentielles et complémentaires dans le sentiment tragique : l'idée du *mouvement* et l'idée de *l'immobilité* soudain fondues en une seule intuition – *horribile sentitu* ; l'idée d'un mécanisme *figé*, qu'on pourrait représenter, pourrait-on dire, sur un tableau, sans tenir compte du temps, car il s'agit d'un schéma tragique qui, lorsqu'il entre en action, *usurpe* en quelque sorte le temps, se sert du temps, *fait comme s'il était le temps* : et c'est seulement lorsque le mécanisme tragique a achevé son œuvre que l'on s'aperçoit que ce n'était pas le temps, mais bien le tragique déguisé qui avait revêtu les atours du temps pour mieux nous tromper.

Le tragique, c'est d'abord l'idée de l'immobilité introduite dans l'idée du temps, soit une détérioration de l'idée du temps : au lieu du temps mobile auquel nous sommes accoutumés, nous nous trouvons soudain dans le temps tragique, un temps immobile. [...]

Examinons, par exemple, le cas d'une mort accidentelle : je me promène dans la rue, au pied d'un immeuble en construction ; un maçon fait un faux pas sur son échafaudage, tombe de 20 mètres à mes pieds et se tue. La nausée me monte à la gorge, mais, tandis qu'on emporte le corps sur une civière et que je contemple la mare de sang sur laquelle on répand du sable, je m'aperçois que je suis plongé dans une horreur intellectuelle et non sous le coup d'un bouleversement physiologique. En effet, je ne suis pas le témoin d'une « situation », comme le serait le passant qui débouche d'une rue adjacente quelques instants après l'accident et qui, en présence d'un cadavre, croit découvrir la mort. En fait, je suis le seul à avoir saisi le *tragique* de la mort, non pas parce que le maçon s'est écrasé à mes pieds, mais parce que je l'ai vu, l'espace d'une seconde, vivant, mourant, puis mort ; parce que le tragique s'est présenté à moi comme mécanisme, non comme situation [...]. Le tragique, ce n'est pas ce cadavre que l'on emporte, c'est l'idée que ce tas de chairs sanguinolentes est *le même* que celui qui est tombé il y a un instant, qui vient de faire un faux pas ; c'est l'idée du passage entre l'état vivant et l'état mort que je me représente maintenant qu'il est mort, que l'ambulance l'a déjà emporté : « la représentation ultérieure d'un état à un autre », *le mécanisme tragique.*

[...] Examinons à présent ce temps tragique tel qu'il s'est substitué à notre temps ordinaire et voyons quelles sont toutes ses caractéristiques. Nous l'avons vu, ce temps diffère de l'autre par sa *raideur*, sa *fixité* : non qu'il ne bouge pas, mais ses mouvements sont automatiques et déterminés à l'avance par le schéma tragique ; il s'agit du déroulement d'un ressort, qui s'empare de l'espace et du temps nécessaires à son propre déroulement. Nous allons voir qu'à ce temps raide, il faut ajouter une autre caractéristique essentielle [...] : [...] le sens de ce temps est l'*in-*

verse de celui du nôtre [...]. Dans le cas de notre ouvrier, le point de départ du tragique est l'ambulance qui l'emmène, mort, le point d'aboutissement est le faux pas au haut de l'échafaudage... [...] Prenons l'exemple d'une tragédie classique : le temps véritable est l'ordre chronologique des événements de la tragédie, le temps tragique est l'ordre logique des événements tragiques, et cet ordre est l'inverse du premier. Le cas est particulièrement caractéristique dans [...] *Œdipe roi*. [...] L'origine de la tragédie est découverte à la fin de la pièce : le sauvetage du fils de Laïos par le vieux serviteur. Au début, nous sommes au point maximum du développement tragique : la peste qui ravage tout le pays. Toute la démarche de la pièce ne fait que revenir de la fin au début : on apprendra beaucoup de choses nouvelles, mais il n'y aura plus rien de nouveau, nous ne faisons que retourner lentement et sûrement dans un passé déterminé, inchangeable.

(Presses Universitaires de France.)

Yvon Brès

La Souffrance et le Tragique (1992)

Yvon Brès est psychanalyste et enseigne à l'université de Paris 7. Il reprend dans ses travaux les thèses de Freud. Dans La Souffrance et le Tragique, *il propose une anthropologie qui se fonde à la fois sur la psychanalyse et sur une réflexion philosophique sur la condition humaine. L'homme aurait besoin du tragique, ou plutôt en aurait eu besoin, pour affronter la souffrance fondamentale qui est au cœur même de son être. Mais le tragique est présenté dès lors comme une grande*

« forme culturelle », que l'auteur met en regard d'autres formes majeures : la religion, la philosophie, la psychanalyse, comme voie humaine pour assumer cette souffrance. Il met en particulier en perspective la religion chrétienne comme une interrogation sur le sens de cette relation à la souffrance : elle repose sur le sentiment d'une faute première, qu'il appelle la « faute tragique ». Elle va au-delà d'une erreur ou même d'un crime, elle est constitutive de l'être. À ce point de son raisonnement, Brès retrouve Freud : la faute primitive est au cœur du complexe d'Œdipe, un des points fondamentaux de la théorie psychanalytique.

52. […] la notion de « tragique de la condition humaine » est une notion vague : pessimisme généralisé, mise en vedette des malheurs de tous ordres, théorie de l'infinité du « désir », artifices de l'apologétique chrétienne comme chez Unamuno, on peut tout y mettre. Aussi est-il préférable de réserver la notion de tragique à ce qui concerne la tragédie et, de préférence, la tragédie grecque du Ve siècle. C'est un grand problème d'histoire de la littérature que de savoir jusqu'où peut être utilisée l'étiquette de « tragédie ». Les drames de Shakespeare sont-ils encore des « tragédies » et même les pièces de Racine, en dépit de leur nom ? Si, suivant un mot célèbre, « la notion de tragique chrétien est contradictoire », a-t-on pu écrire de véritables tragédies après que le christianisme se fut emparé de la culture occidentale ? De telles questions mettent en jeu un si grand nombre de notions littéraires, philosophiques et religieuses qu'il serait présomptueux de proposer des réponses sommaires. Mais, pour éviter que la réflexion sur le « tragique » ne s'enlise dans des débats où cette notion signifie tout et n'importe quoi, il est méthodologiquement prudent (et

fécond) de réserver, comme le conseille Jean-Pierre Vernant, l'adjectif « tragique » aux grandes productions du Ve siècle grec et de s'aider, dans cette réflexion, des auteurs qui, d'Aristote à Lacan, en passant par Hegel, Hölderlin, Nietzsche, Freud et Heidegger s'y sont directement référés. C'est ainsi, par exemple, qu'on pourra entendre l'épithète « tragicotatos » appliquée par Aristote à Euripide comme désignant en celui-ci non point le poète qui aurait, plus que tout autre, le sentiment du « tragique de la condition humaine », mais celui qui, malgré ses maladresses techniques, aurait su, mieux que les autres, « produire » le tragique, au sens où Hölderlin parle d'une *Darstellung des tragischen*.

À la complaisance dans la proclamation du « tragique de la condition humaine » ou dans le « sentiment tragique de la vie » pourrait se joindre la valorisation éthique, voire épistémologique, de la souffrance. Et là encore on retrouverait les facilités littéraires et les incohérences philosophiques du « pessimisme » : à preuve le succès, et par suite l'incompréhension, dont Schopenhauer[1] fut l'objet dans le grand public à la fin du XIXe siècle. Il faut donc, ici aussi, distinguer la souffrance au sens banal du terme, à savoir ce qui – bobo, deuil ou chagrin d'amour – « fait mal », et une souffrance qu'il vaudrait mieux appeler le « souffrir », si l'emploi substantivé de cet infinitif n'avait quelque chose de barbare. En effet, cette souffrance ou ce « souffrir » originaire n'est pas forcément douloureux. Elle se trouve aussi à la base du plaisir, voire de la joie. Pourquoi alors ne pas user d'une expression plus neutre (comme, par exemple, « affectivité fondamentale ») et s'exposer à être

1. Schopenhauer (1788-1860) : philosophe allemand.

mal compris ? Si on continue à parler de « souffrance » en ce sens, ce n'est pas seulement parce que les termes techniques de la philosophie n'ont pas droit de cité dans les œuvres littéraires, mais aussi parce que, du point de vue épistémologique, ou du moins gnoséologique [1], la souffrance, au sens de ce qui fait mal, dit « mieux » que le plaisir, ou même que la joie, l'essence du vivre ou du souffrir originaires, de ce pathos qui constitue le fond de l'homme. Il n'y a là nul dolorisme, nulle préférence de la souffrance-douleur par rapport au plaisir ou à la joie. Choisir, comme l'ont fait les tragiques, le passage du bonheur au malheur plutôt que le passage du malheur au bonheur comme thème littéraire, n'empêche nullement que l'on fuie devant la souffrance, fût-ce « sous la peau d'un veau » et que l'on cherche avant tout le plaisir et la joie. Mais on en saura plus sur l'homme et sur son « souffrir » fondamental en méditant sur la souffrance qui fait mal qu'en réfléchissant sur le plaisir. Et les formes culturelles qui prennent en charge la condition humaine (tragédie, religion, philosophie, psychanalyse) ont judicieusement choisi comme point de départ la souffrance qui-fait-mal plutôt que les joies, même passives. [...].

Il n'y a pas que la souffrance dans la vie humaine. Il y a, heureusement, aussi des plaisirs, des joies et même des bonheurs, au moins partiels (si la notion de bonheur partiel n'est pas contradictoire). Mais tout homme a fait l'expérience de la souffrance. Il se pourrait même que les plaisirs et les joies ne se réalisent que sur fond d'un pathos originaire, qui serait une possibilité permanente de souffrance enracinée dans les souffrances de l'enfance, à commencer

1. Gnoséologique : fondé sur le souci de la connaissance.

par celles de la naissance. Bref, le fait de la souffrance est inéluctable, et il n'est peut-être pas de culture qui n'en ait proposé une « gestion ». La voie indiquée par le bouddhisme sera reprise au XIXe siècle par Schopenhauer. Mais, plus directement liée à la tradition occidentale, la tragédie grecque est aussi, à sa manière, une réponse à la souffrance humaine. « Le héros de la tragédie devait souffrir », rappelle Freud, après Nietzsche, Aristote et tant d'autres. Et on a pu se demander récemment si un auteur comme Euripide, dont la maladresse à construire des intrigues était déjà blâmée par Aristote, n'en mérite pas moins aux yeux du même auteur le titre de *tragicotatos... tan poiiètan* (le plus tragique des poètes) pour la seule raison qu'il a poussé à l'extrême, dans ses tragédies, le chant de la souffrance. Le chant et la représentation tragiques de la souffrance seraient alors le moyen par lequel la tragédie remplit sa fonction. Son rôle serait la prise en charge esthétique de la souffrance humaine, et, par-delà les souffrances spécifiques [...] le traitement du pathos qui est à la racine de la condition humaine. [...]

Avec la simplicité admirable qui est la sienne lorsqu'il veut communiquer à un public non averti des idées difficiles, Freud évoquera, en 1917, dans *L'Introduction à la psychanalyse*, le caractère immoral d'*Œdipe roi*, tragédie dont le héros est puni pour des fautes qu'il n'a pas commises volontairement, et donnera l'impression de vouloir dissiper, à l'aide de la psychanalyse, l'étonnement du lecteur moderne devant une bizarrerie de la tragédie grecque. Mais il avait montré dans *Totem et Tabou* qu'il avait de la notion de faute tragique une connaissance plus sérieuse :

« On ne peut pas toujours en saisir les raisons ; le plus

souvent, cette faute n'a rien de commun avec ce que nous considérons comme une faute dans la vie courante. Elle consistait le plus souvent en une rébellion contre une autorité divine ou humaine… »

De quelle sûreté fait ici preuve Freud dans sa connaissance de la tragédie ! Il sait qu'il y a un problème de la faute tragique. […] D'une manière plus générale, la question de la « faute tragique » est depuis longtemps un des grands thèmes philosophiques liés à la tragédie ; et Freud savait bien que cette faute ne se réduit ni à une faute morale, ni à une « erreur » (comme le pensent imprudemment certains traducteurs français).

(Presses universitaires de France.)

Arrêt sur lecture 5

Dans la partie de l'anthologie que nous venons de lire, deux sortes de textes sont proposés. Les uns sont des extraits de travaux historiques et critiques, les autres, des textes philosophiques. Notre choix a été guidé par un critère principal pour chacune de ces deux sections. Ce qui fait la différence entre les deux ensembles d'extraits présentés ici est la portée du propos, non le statut de leur auteur : ce sont des textes historiques et critiques, qui s'attachent à comprendre des formes artistiques et des objets culturels propres à une époque donnée, et des textes philosophiques, qui considèrent ces objets comme des instruments pour réfléchir sur autre chose, l'art ou la vie des hommes.

Regards historiques : contextualiser pour mieux comprendre

La question de l'histoire

Jacqueline de Romilly (**40**) comme Florence Dupont (**42**) manifestent une attention très soutenue pour les contextes historiques respectifs des œuvres dont elles proposent une interprétation. Le point commun des textes 40 et 52, c'est l'effort de leurs auteurs pour reconstituer tout un contexte historique : ils se livrent à un travail de contextualisation. Ces textes mettent en lumière l'importance d'éléments historiques dans le processus d'appropriation des œuvres du passé par un lecteur actuel. Il est tout d'abord question de la situation de création des œuvres, de leurs conditions de représentation et des termes employés par les contemporains. Mais des éléments tels que le rôle social dévolu aux textes et aux spectacles sont fondamentaux, tout comme les façons de penser et les sensibilités. Négliger tous ces aspects dans l'analyse est pour ces auteurs risqué : pour mieux nous approprier les œuvres du passé, pour comprendre le présent, il faut d'abord admettre les différences qui nous en séparent.

Les limites de la contextualisation

Chacun de ces textes très attachés au contexte historique présente ses propres limites. Elles sont bien mises en évidence par Jacqueline de Romilly (**40**) : ce que l'on peut dire des tragédies grecques tient à ce que l'on en connaît, qui est une fraction très restreinte de ce qu'elles furent. De même, Jacques Rancière (**46**) insiste sur l'incapacité de la lecture d'une œuvre limitée à fournir une matière solide pour des généralisations. Même souci chez Jean-Pierre Vernant et Pierre Vidal-Naquet (**41**) : contre Freud, qui fonde sa théorie psychanalytique sur la tragédie d'Œdipe*, ils soulignent la diversité du corpus concerné. Mais en retour, ces analyses sont elles-mêmes affectées par les limites qu'elles avouent. Chacune ne porte que sur une période et un corpus limités. Surgit alors la question la plus retorse des études de lettres : le nombre des textes étant immense, il est impossible de les lire tous, et chacun est donc conduit à des réflexions généralisantes à partir d'un corpus restreint. Parce que de telles études ne peuvent échapper aux risques qu'elles signalent et combattent, elles indiquent une voie possible : garder la conscience des limites, tout en s'efforçant de constituer des intertextes diversifiés. La question du tragique est souvent ramenée à celle de la tragédie. Même lorsque Lucien Goldmann (**44**) tente de prendre en compte le tragique pascalien, il reste largement tributaire de la référence au théâtre. Ces études ont cependant en commun une idée fondamentale : le théâtre tragique met en images des questions que les hommes qui l'écrivent, le jouent ou le regardent ont à affronter dans leur vie.

Regards philosophiques

Entrée en matière

Un parcours historique – Les textes 47 à 52 émanent de philosophes ayant traité de la tragédie et du tragique. Présentés dans un ordre chronologique, ils nous font assister à l'apparition d'une interrogation sur la notion de tragique, à son extension et à sa diversification. Dans les écrits les plus anciens, il n'est question que de tragédie, et, durant des siècles, la philosophie n'a guère donné de textes neufs sur le sujet, s'occupant surtout de reprendre et de commenter ceux de Platon et d'Aristote. L'essor d'une interrogation plus abondante est en lui-même un signe de l'extension de la notion comme des objets concernés. Le XIXe siècle, notamment à travers la philosophie allemande – avec Hegel, Schopenhauer, Nietzsche –, a fait du tragique une des catégories de l'interrogation sur l'homme, le monde et l'histoire.

Le tragique sans complexe – Dans ce parcours philosophique, nous n'avons pas fait place à la question de la psychanalyse appliquée à la tragédie et au tragique. Freud en est notamment absent, alors même que l'un des motifs les plus largement connus de la psychanalyse freudienne est le « complexe d'Œdipe », auquel le personnage tragique du même nom a fourni un modèle. Cette impasse n'est pas motivée par un refus d'accorder à la psychanalyse une portée philosophique, mais tient au fait que Freud, s'il analyse le mythe d'Œdipe, ne traite pas à proprement parler de la tragédie ni du tragique. Nous avons donc préféré citer un spécialiste de Freud, Yvon Brès (**52**), qui, lui, traite explicitement de ces questions. Ce texte est ainsi l'occasion d'une mise en perspective des propositions de la psychanalyse dans la critique littéraire sur les œuvres tragiques, propositions très abondantes dans la critique du XXe siècle. De même, nous n'avons pas retenu tous les auteurs que la tradition considère comme des philosophes tragiques. Ainsi, Kierkegaard, souvent perçu comme un philosophe tragique, mais dont l'œuvre ne traite pas directement du tragique : c'est bien plutôt son attitude de pensée qui est qualifiée de tragique.

La force des affirmations – Tous ces textes se présentent comme des prises de position sur le tragique, sous forme d'un discours argumentatif – dialogué, dans le cas de Platon (**47**) – et non d'une fiction. De là deux caractéristiques, et d'abord la présence de l'affirmation. Que ce soit sur le mode descriptif comme chez Platon ou chez Aristote (**47, 48**), que ce soit par référence à des faits historiques, ou même, d'emblée, par la déclaration d'une certitude née d'un savoir exceptionnel, comme chez Nietzsche (**50**), ces textes sont affirmatifs et didactiques, parfois aussi mêlés de polémique, comme chez Yvon Brès (**52**). D'autre part, on notera le rôle d'une énonciation personnelle. Si Aristote (**48**) s'exprime à la troisième personne, il introduit une première personne du pluriel, un « nous », qui renvoie à des savoirs ou des expériences partagées. Les autres auteurs font tous intervenir une première personne individuelle, fût-elle du pluriel, par civilité rhétorique, comme chez Yvon Brès (**52**). De façon remarquable, le personnage de Socrate (**47**) et la voix de l'auteur pour Nietzsche et Rosset (**50, 51**) mentionnent des expériences personnelles.

Le tragique : tentatives de définition

Un besoin humain – Ces prises de position sont diverses. Platon et Aristote (**47, 48**) s'en tiennent au tragique théâtral, les autres étendent davantage le champ de la notion, en la rattachant à une expérience humaine générale. Mais chez tous ces auteurs, le tragique est regardé comme un besoin humain.

Chez Aristote, sa raison d'être est la catharsis* ; on notera qu'il ne s'attarde pas sur cette idée, qu'il estime allant de soi et partagée par ses auditeurs – puisque à l'origine son ouvrage est un cours qu'il a professé devant ses élèves. Chez Platon, il s'agit du besoin d'éducation au sein de la cité, et c'est bien à cet égard que le tragique lui semble poser un problème. Enfin, chez les autres auteurs, modernes, il s'agit d'attitudes que les hommes doivent adopter devant des faits qui leur infligent de la souffrance, donc une nécessité puisque la souffrance est inéluctable ; ces attitudes peuvent être regardées comme relevant du passé antique ou comme pertinentes au moment où l'auteur écrit, mais elles sont en tous les cas des exigences de la vie.

Une façon de ressentir – Tous ces textes philosophiques affirment que le tragique est une façon de réagir à une réalité en l'éprouvant plutôt qu'en la pensant. Ainsi, de façon exemplaire, l'analyse de Clément Rosset (**51**) s'appuie-t-elle sur le récit de ce qu'on peut éprouver devant un événement de l'ordre du fait divers, la mort accidentelle, et ce que fait ressentir, de façon plus profonde, la vision de la chute elle-même, c'est-à-dire le déroulement de faits sentis comme inéluctablement enchaînés. De même, Hegel (**49**), en opposant la « sympathie » et la « véritable pitié », fait apparaître une gradation des émotions et des sentiments. Il s'agit donc bien de réactions affectives. Ces réactions sont étroitement liées, chez tous ces auteurs, à deux traits. Tout d'abord, une structure profonde de l'être humain, être d'affects, et en particulier, chez les modernes, être confronté à la souffrance et à la mort. Ensuite, un rôle de l'art qui, mieux que d'autres langages, actions et créations humaines, peut prendre en compte ces données affectives, puisqu'il s'inscrit dans la logique de la sensibilité, des affects, du plaisir. À cet égard, le texte de Platon (**47**) est particulièrement significatif, puisqu'il s'interroge sur les formes qui sont les plus aptes à émouvoir et les façons par lesquelles le spectateur peut être conduit à partager les sentiments des personnages que l'on représente.

Un dépassement – Considérons un instant deux de ces textes, celui d'Aristote (**48**) et celui d'Yvon Brès (**52**). Aristote, on l'a dit, passe rapidement sur la définition de la catharsis* : terreur* et pitié* éprouvées devant le spectacle tragique « purgent » de ces sentiments dans la vie hors du moment de la représentation théâtrale. Yvon Brès, en revanche, analyse longuement – nous n'en avons donné ici qu'un bref extrait – la « souffrance fondamentale » qui caractérise selon lui l'être humain. Après quoi il en arrive à l'assertion que les « grandes formes culturelles » sont destinées à prendre en charge ce « souffrir fondamental » et à permettre à l'homme de vivre sans en être écrasé. C'est à ce titre qu'il réunit la tragédie et la psychanalyse dans un même espace : l'une et l'autre proposent des moyens d'affronter la souffrance et de ne pas en rester victime sans ressources. Chez les deux auteurs, on retrouve donc le même souci de dépassement d'un trait inéluctable de la condition de l'homme. De façon plus nette encore, les autres auteurs, et en particulier Hegel (**49**), soulignent que le tragique relève d'un mouvement de dépassement de la souffrance et de la mort.

Les interprétations que chaque auteur propose de ce dépassement sont diverses. Mais la recherche de moyens d'assumer et de dépasser la relation passionnelle ou émotionnelle de l'homme à sa propre vie est constante.

De l'interprétation

Tous ces textes manifestent le besoin, soit en leur début, soit dans le cœur même de leur propos, de délimiter un corpus de faits et d'œuvres qui méritent le nom de « tragique ». Leur travail d'interprétation est indissociable de celui de définition. Mais les résultats sont contrastés. Plusieurs rejettent ce qui n'est pas la tragédie grecque comme ne relevant pas du tragique : Yvon Brès, Hegel, Nietzsche (**52, 49, 50**) ; sans compter Platon et Aristote (**47, 48**), pour qui cela va de soi. Clément Rosset (**51**), lui, envisage un corpus plus large. Mais au sein de ce corpus, il distingue, à son tour, deux sortes d'objets : ceux qui relèvent de l'horreur banale devant le malheur, un accident vu après coup par exemple, et ceux qui permettent la perception – tragique – du temps. Reste que dans cette diversité même, le besoin de délimiter apparaît toujours : la définition est la condition de la prise de position interprétative. Aussi doit-on retenir que chaque interprétation est tributaire de la délimitation sur laquelle elle se fonde.

Ainsi l'hypothèse d'Yvon Brès et de Freud selon laquelle le tragique serait lié au sentiment d'une faute « fondamentale » a-t-elle été suivie de nombre d'interprétations du tragique situées sur le terrain d'une anthropologie générale : tous les hommes seraient façonnés par le complexe d'Œdipe, et donc sensibles à la tragédie qui en est une figuration. Thèse qui a été critiquée au nom de l'histoire (**41**). Et, à notre tour, nous devons constater que tous ces textes s'inscrivent dans une histoire : comme le signale d'ailleurs Yvon Brès lui-même, dans d'autres civilisations, comme l'Orient bouddhiste, le tragique est absent. Mais les interprétations qui limitent le tragique à la seule Grèce antique ne sont pas non plus recevables sans critique, puisque nous avons vu au long de l'anthologie qu'il était sans cesse, et sans cesse davantage, présent dans l'art depuis la Renaissance.

à vous...

Corpus et définition :

En vous inspirant des remarques de Jean-Pierre Vernant et de Pierre Vidal-Naquet à propos de la démarche de Freud et du complexe d'Œdipe, faites une lecture analytique des textes 46, 49, 51, 52 auxquels on joindra l'extrait cité de Miguel de Unamuno (page 24) et relevez, pour chacun d'eux, les œuvres, et éventuellement les faits tragiques, auxquels ils font référence.

Bilans

Du registre tragique

L'extension du tragique

Le mot et l'idée : parcours historique – Dans l'Antiquité, il ne semble pas que l'idée et le mot de tragique soient employés sans appeler une référence directe à la tragédie. Mais au moins dans la littérature française à partir de la Renaissance, le mot et l'idée concernent des réalités plus diverses. À côté du genre de la tragédie, qui est repris et se développe largement, le genre nouveau de l'« histoire tragique » est en expansion. Ensuite, la poésie, le récit et, au théâtre, le drame et le mélodrame* sont concernés aussi bien que la tragédie. Des genres non exclusivement littéraires, comme l'opéra*, peuvent être eux aussi des lieux d'expression du tragique ; c'est le cas, par exemple, de la peinture.

Enfin, comme on l'a vu dans la première partie, l'idée et le mot de « tragique » s'appliquent de façon sans cesse plus large à des faits non artistiques, aux événements graves et funestes, et même au quotidien. Si dans l'Antiquité « tragédie » et « tragique » sont étroitement liés, à partir du XVIIe siècle ils peuvent apparaître séparément ; le mot « tragique » a bientôt été employé seul pour désigner des choses de plus en plus diverses. De même, ce sont plutôt les philosophes modernes qui ont été amenés à faire du tragique un objet de réflexion. Ce que dit ainsi une série d'œuvres d'art – ici, l'art littéraire avant tout –, c'est que le tragique s'est défini à partir d'un genre, puis d'un ensemble de textes qui s'est enrichi au fil du temps. Certains de ces textes sont presque toujours présents dans le corpus utilisé pour définir le tragique : c'est le cas en particulier des tragédies grecques. D'autres, comme l'opéra ou le mélodrame*, peuvent en disparaître après un temps, ou n'y faire que des apparitions épisodiques. Le corpus dont dépendent les traits caractéristiques de la notion de tragique, à chacun des moments de son histoire, est donc le résultat d'une sélection au sein d'un corpus en constante augmentation. De plus, les textes qui le constituent ne conservent pas isolément un sens stable à travers le temps, mais agissent les uns sur les autres, de même que les différents usages de la notion de tragique élaborés en relation avec ces textes agissent sur les auteurs qui choisissent à leur tour d'écrire dans le registre tragique.

Un modèle culturel – Il s'est ainsi créé un modèle qui s'est transmis au fil du temps, à travers des variations et des vicissitudes : on peut l'appeler à bon droit un modèle institué. Le mot « institué » désigne, en son sens premier, ce qui est transmis, enseigné. Si « tragique » et « tragédie » continuent à impliquer ou à connoter quelques idées qui semblent résister à toutes les altérations subies par les deux termes de ce couple, c'est bien, sans doute, parce que ces mots sont encore aujourd'hui fortement liés à un canon littéraire transmis par un savoir scolaire et académique. La tragédie, pour nous, est encore un grand genre ; les usages et les sens du tragique conservent quelque chose de cette instauration d'un modèle. Il est d'ailleurs frappant que les genres concernés soient diversement présents dans ce que l'on appelle le « canon » littéraire (c'est-à-dire les textes les plus reconnus et les plus enseignés) : la tragédie l'est beaucoup depuis longtemps, les histoires tragiques, moins et depuis moins longtemps, l'opéra moins encore – mais il est pourtant prestigieux pour les amateurs de musique. Si l'on réfléchit ainsi à l'idée d'un « modèle culturel », alors il apparaît que la force de ce modèle n'est pas seulement dans la permanence des genres qui en forment le centre, mais aussi et peut-être surtout dans l'extension qu'il a prise. Ainsi, quand Victor Hugo discute de la tragédie mais garde l'idée de tragique, il élargit le domaine des possibles ; et ses œuvres les plus tragiques sont des récits, comme *Le Dernier Jour d'un condamné* (dont l'une des préfaces, qui met en scène un salon bourgeois occupé à une ridicule et scandaleuse critique du livre, s'intitule « Une comédie à propos d'une tragédie »), *L'Homme qui rit*, tout autant que certains de ses drames comme *Le roi s'amuse*. Enfin, certains auteurs du xxe siècle ont pu reprendre les traits du tragique en les présentant de façon dérisoire, comme Beckett (**31**) ou encore Ionesco : ces jeux fonctionnent parce qu'il existe une conscience commune assez forte du modèle. Mais, en retour, cette force suppose que quelques traits caractéristiques soient assez sensibles pour former le noyau du modèle.

Les caractères du tragique

Souffrance et grandeur – Il est possible de parler de constance du modèle tragique parce que, dans ses variations mêmes, deux traits persistent : l'idée de malheur et celle de souffrance, le plus souvent associée à celle de mort, et l'idée que, dans la souffrance, la peine est dite sur un mode qui manifeste une certaine grandeur. La mort et la douleur peuvent susciter la plainte, la lamentation, l'indignation, ou même le rire comme un moyen de se défendre de la peur. Ou encore en adoptant une attitude empreinte d'une dignité qui refuse le « laisser aller ». Cette tendance à la dignité, voire à transcender la douleur – ni la nier, ni s'y résigner – est sans doute ce qui correspond le mieux au noyau du sens de « tragique ». Si l'on revient un instant sur les détails de chaque genre, on voit que les Grecs associaient le tragique avec l'idée d'*hybris**, les Romains avec celle de *furor* et de *nefas*, les modernes avec celle de démesure et de passion : ces notions ont du rapport entre elles, mais elles ne sont pas identiques. Les anciens y voyaient un effet de l'intervention des dieux, les modernes y ont souvent vu de la fatalité*, ce qui n'est pas non plus identique. En revanche, la plupart ont retenu qu'il n'y avait de héros* tragique que s'il pouvait inspirer de la compassion et du respect. Un personnage qui meurt par suite d'un forfait qu'il a accompli de façon volontaire et vile ne touche pas les sentiments de ceux qui le voient périr : sa souffrance, voire sa mort, paraissent méritées ; s'il arrive à un tel personnage d'être présenté comme tragique – par exemple dans les histoires tragiques –, c'est du fait de son acceptation du châtiment. Un personnage qui se lamente et se laisse aller à la panique n'inspire pas non plus de considération ; s'il a de la dignité, sa souffrance, voire sa mort, sont plus frappantes. Les philosophes qui ont réfléchi sur le tragique ont tous pris en compte ces questions des « valeurs » que le tragique met en jeu.

Regard et langage – La référence au tragique est une manière de voir, de regarder, de qualifier, les événements qui affectent ou peuvent affecter les hommes. Ou, en d'autres termes, une façon de qualifier les choses de la vie et de la mort. Cette manière de voir se manifeste par des choix dans le langage. D'abord dans celui d'un langage élevé : on disait autrefois dans le « style sublime », on dit aujourd'hui dans un « registre soutenu ». Un choix s'opère aussi dans les émotions que l'on dit et que l'on invite à partager : « terreur* » et « pitié* » pour la catharsis* antique et classique, mais aussi « admiration* » chez la plupart des auteurs modernes, car leurs personnages sont des héros, fussent-ils, de nos jours, des héros dérisoires. Le registre de langue et le registre d'émotion ont partie liée : adopter une attitude de dignité tient d'abord au choix d'un langage lui-même digne. Une attitude en face des choses du réel tient avant tout aux mots que l'on choisit pour qualifier ces choses, et ces mots eux-mêmes disent une émotion, ou quelques émotions dominantes. Le tragique est ainsi une catégorie du réel, celle de la mort, de la souffrance et de la peine, et une catégorie de qualification de ces réalités.

Qu'est-ce qu'un registre ?

Une catégorie de perception du monde – Dans notre avertissement, nous nous demandions ce que signifiait le fait d'utiliser des termes littéraires pour nommer et comprendre le réel. Le cas du tragique permet de voir qu'un modèle littéraire – un ou quelques genres inscrits dans une tradition, et en l'occurrence une tradition dont l'histoire est particulièrement longue – fixe certaines manières de percevoir la réalité. Ces manières de voir une fois définies, ici dans la tragédie grecque, peuvent évoluer, faire l'objet dans la réalité de modifications qui vont entraîner des modifications du modèle littéraire par rapport auquel elles prennent leur sens, au risque, peut-être, de dissoudre en partie la spécificité des genres concernés. Reste, si l'on considère le tragique, quelque chose qui résiste à ces modifications, ici, l'idée de souffrance associée à celle de grandeur. Là réside aussi un des rôles de l'art en général, et de l'art

Voici un détail de *Guernica*, une œuvre majeure de Pablo Picasso (1937) : vous chercherez ce à quoi se réfère ce titre et vous réfléchirez sur le choix que nous avons fait d'illustrer le tragique par ce tableau.

littéraire en particulier : il trace des façons de ressentir, et donc ensuite de penser, qui sont un fonds commun à une culture. Il donne des catégories pour envisager le monde qui passent ensuite dans les usages courants, comme on l'a vu dans la première partie. Ce sont de telles catégories que l'on peut nommer des « registres* ».

Un « vieux mode de compréhension... » – Mais, dernier enseignement de ce qui a été ici envisagé, cela a une histoire. Le tragique, comme catégorie de perception de l'homme et du monde, n'a pas toujours existé : on peut dater l'apparition du mot et du registre. Il n'a pas non plus été parfaitement stable ni n'existe dans toutes les cultures : il semble être lié à la culture gréco-latine puis occidentale. La souffrance, la mort, la pitié pour les victimes injustement frappées, l'admiration et la compassion pour les efforts de résistance sont peut-être des faits universels. Mais cette manière de les dire dans la dignité du langage est inscrite dans une culture de très longue durée. Aussi pourra-t-on dire que le tragique, comme les autres registres esthétiques, est un fait qui caractérise les manières d'être des hommes dans une histoire. Lorsqu'il s'agit de ce qui caractérise un grand nombre d'hommes dans une histoire de très longue durée, mais non tous les hommes en général par-delà les différences de culture et par-delà les évolutions historiques, on parle d'« anthropologie culturelle », qui forme une partie – celle qui rend compte de la très longue durée – de l'histoire culturelle. Lire ou voir au théâtre des œuvres tragiques, c'est entrer dans la connaissance lucide du registre tragique et par là s'inscrire dans une réflexion sur notre histoire culturelle ainsi entendue. Comme l'écrit Gilles Deleuze :

« Nous avons vite fait d'oublier les vieux pouvoirs qui ne s'exercent plus, les vieux savoirs qui ne sont plus utiles, mais, en matière morale, nous ne cessons de nous encombrer de vieilles croyances auxquelles nous ne croyons même plus, et de nous produire comme sujet sur de vieux modes qui ne correspondent plus à nos problèmes. »

C'est l'histoire d'un de ces vieux modes de compréhension de l'existence humaine, fondé sur de vieilles croyances et inscrit dans des modèles culturels solidement institués, que nous avons voulu esquisser ici.

Annexes

De vous à nous

Arrêt sur lecture 4 (p. 244)

1 – Voici les orientations de lecture développées pour le commentaire du texte de Barbey d'Aurevilly :

Le texte apparaît d'abord comme **une tragédie « spirituelle »**. Barbey insiste sur les données nouvelles introduites par un état de civilisation qu'il juge « extrême » ; donc un état des rapports sociaux où les actes violents ne sont plus admis, où les lois répriment les crimes de sang que des civilisations antiques pouvaient tolérer : par exemple un homme ne peut plus punir de mort son épouse ou ses enfants, et les personnages d'Œdipe ou d'Antigone ne pourraient exister dans une société moderne policée. Pour autant, les faits tragiques n'ont pas disparu, mais ils ont changé de nature. Pour mettre en lumière cette idée, l'auteur recourt à la référence à l'« Inquisition », cet appareil répressif mis en place par l'Église catholique au Moyen Âge pour donner la chasse aux incroyants. Il en fait un éloge paradoxal : d'un côté, il blâme cette répression, mais d'un autre il affirme qu'elle provenait d'une idée juste. Selon Barbey, les « crimes spirituels » sont les plus « grands », il désigne ainsi ceux qui ne font pas couler le sang, mais qui relèvent des idées. « Spirituel » renvoie donc à la fois aux croyances religieuses et à tout ce qui touche à l'ordre des idées et aux valeurs morales. Il oppose cette pratique à celle des criminalistes de son temps, qui souhaitent des peines amoindries et espèrent qu'elles contribueront à régénérer les coupables. Illusion, selon lui, contre laquelle il s'insurge, d'où son choix de relater une histoire qui démontre ses assertions : une « vengeance » qui frappe par son « originalité » en ce qu'elle n'est pas un meurtre.

Le texte se donne comme ayant **un rôle de salubrité publique**. Barbey combat l'idée que seuls les héros mythiques ou historiques pourraient être dignes de donner des personnages tragiques. Ceux-ci doivent au contraire provenir de l'actualité et de tous les milieux. Éminemment polémique, le texte dénonce un état de mentalité qui refuse de voir les horreurs du présent et récuse une littérature qui serait vraie, sous le prétexte qu'elle serait trop « horrible ». La virulence polémique est sensible dans le choix du vocabulaire, qui mêle avec ironie des termes triviaux à des questions de la plus haute importance. Les hommes modernes sont ainsi qualifiés de « têtes de linotte », autrement dit d'esprits qui préfèrent oublier plutôt que de regarder le réel comme il est, qui sont à ce titre dignes d'être « escarbouillés » par des institutions répressives telles que l'Inquisition. Ce vocabulaire est aussi caractérisé par l'abondance d'adjectifs qualificatifs insistant sur les absolus : « extrême civilisation et extrême barbarie », « atroce », « supérieur », « effroyable ». À la virulence du vocabulaire se joint la violence du ton. Là encore, l'ironie triomphe. Ainsi une exclamation comme « Bénéfice de la philanthropie » est à interpréter selon son sens contraire : la philanthropie cause ici un tort et non un profit. Barbey dénonce de la sorte une idéologie précise : la « philanthropie », en effet, fut un mouvement fort au XIXe siècle, inspiré des idées des Lumières, et qui croyait en une possible amélioration de l'homme. Contre cet humanisme moderne, Barbey appelle à une littérature lucide, qui démasque les turpitudes de l'homme moderne plus encore que les anciens états de mœurs. Cette littérature vise à dévoiler les crimes cachés. Elle est une forme moderne d'Inquisition contre les masques, les mensonges et les hypocrisies de tous ordres.

Cette littérature qui s'écarte des modèles établis et de leur hypocrisie procède d'**« un tragique inconnu »**. Elle vise à créer un « genre de tragique » jusque-là inconnu pour rendre sensible le « tragique spirituel ». Il s'agirait d'ailleurs plus de révéler que de créer : il ne s'agit pas tant de fiction, prétend-il, que de chronique fondée sur des faits vrais. Barbey reprend ainsi le chemin du genre de l'« histoire tragique », qui depuis la Renaissance retrace le caractère tragique de faits réels en s'inspirant de faits divers. La littérature est donc une façon de déchiffrer le monde, et non la création d'un autre monde. Aussi Barbey ne se tourne-t-il pas vers le théâtre, mais vers la forme la plus immédiate pour la chronique : le récit. Il s'agit bien de « raconter », le terme est employé deux fois à la fin du passage, et non de représenter. Dans ce but, l'auteur opère une distinction entre la matière du récit et la « manière de raconter ». Le rôle de l'écrivain est de donner une présence par le langage à des faits qui sont tragiques en eux-mêmes, de révéler par ces choix de forme le caractère tragique du réel. C'est que le

« tragique moderne », ce « tragique inconnu » des modèles traditionnels, puisqu'il est d'ordre spirituel, parle moins aux « sens » – comme au théâtre – qu'à l'esprit. Et Barbey souligne alors que ce tragique est « profond » parce que « la pensée est ce qu'il y a de plus profond en nous ». L'émotion que le texte peut proposer n'est donc pas celle de la pitié* et de la terreur* qui créent la catharsis*, mais celle de la surprise douloureuse qui, par l'horreur, suscite la méditation autant que l'indignation. À tragique nouveau, formes littéraires et émotions esthétiques autres ; donc Barbey écrit moins pour un public populaire ou bourgeois – celui des tragédies classiques à la Comédie-Française – que pour des intellectuels lucides. Il rêve aussi de trouver une forme qui puisse réformer les habitudes du public, sa verve polémique vise d'ailleurs à attirer l'attention et à entraîner l'adhésion.

Il est certain que Barbey est excessif. Il est également certain qu'il donne pour nouvelles des idées qui ont circulé avant lui. Ainsi la critique du modèle traditionnel de la tragédie avait-elle été engagée dès le siècle précédent, et Victor Hugo (**24**) avait contesté la pureté du genre, en appelant un tragique où le sublime et le grotesque aient leur place. De même, l'idée que le récit peut et doit être aussi tragique que le théâtre est déjà ancienne lorsque Barbey écrit, puisque l'« histoire tragique » est alors un genre constitué de longue date. Mais Barbey écrit cependant dans un temps où les modèles de la tragédie antique et classique restaient forts, notamment dans l'enseignement scolaire et dans l'institution chargée du répertoire théâtral, la Comédie-Française. Aussi son virulent appel à une réactivation d'un tragique moderne avait-il ses raisons d'être. Et c'est là le trait le plus marquant du texte : sa virulence polémique révèle que le tragique n'est pas un modèle stable au fil de l'histoire, mais un registre*, un regard sur l'homme en ce qu'il a de mortel, de douloureux et de criminel, qui se renouvelle selon les époques et les milieux.

Glossaire

Noms communs

Action : s'agissant de tragédie ou d'histoire tragique, « action » désigne les événements représentés dans l'œuvre. On peut distinguer l'action générale et l'intrigue, qui est le réseau des manœuvres des personnages lorsqu'ils sont en lutte les uns contre les autres. Mais il peut y avoir des pièces sans

« intrigue » à proprement parler, dont l'action est alors réduite à un seul fait. L'« unité d'action » suppose qu'il n'y a qu'une action et donc une seule intrigue.

Admiration : au sens premier, le latin *admirari* signifie « s'étonner ». Dans la dramaturgie classique, l'étonnement devant des faits hors du commun, des malheurs extraordinaires, s'ajoute à la pitié et à la frayeur et même en est la condition ; l'admiration peut alors aller du spectateur vers des personnages qui font preuve d'une force ou d'une grandeur d'âme exceptionnelle.

***Agôn*, agonistique** : en grec, l'*agôn* est un terme de rhétorique, il désigne un affrontement verbal, comme il pouvait y en avoir lors d'un procès ou d'une délibération, dans la confrontation de deux points de vue opposés. Cette forme de discours est très souvent utilisée dans la tragédie (**40**).

Amant, amante : en français classique, « amant » ou « amante » signifie « qui aime et qui est aimé en retour », sans qu'il y ait implication de relation sexuelle. « Amoureux » signifie alors : « qui aime sans être aimé ». Le tragique fait souvent intervenir des couples d'amants dont l'amour est impossible, et à l'âge classique cette dimension des passions est un des sujets principaux.

Catastrophe : en français classique, désigne le dénouement d'une tragédie ; donc une forme de dénouement où les personnages subissent un malheur.

Catharsis : désigne chez Aristote l'action exercée par le spectacle tragique sur les spectateurs. En grec, le mot appartient au langage médical, et signifie « purgation », c'est-à-dire « évacuation d'un excès ». L'idée était que les spectateurs étaient émus de frayeur et de compassion pour les personnages, et qu'au sortir du spectacle tragique ces deux « passions » étaient donc chez eux débarrassées de leurs excès, qu'ils pouvaient reprendre leur vie en étant en meilleur équilibre affectif.

Chœur : groupe d'acteurs qui, dans la tragédie grecque et dans les pièces qui l'ont imitée, parlent ou parfois chantent ensemble, et qui commentent les actions des héros. Il était souvent censé être représentatif de la collectivité : groupe de gens du peuple, groupe de femmes, de vieillards…

Coryphée : le chef du Chœur, celui qui « mène » le Chœur ; dans la tragédie grecque, seul le Coryphée pouvait dialoguer individuellement avec les protagonistes.

Crime : dans la tragédie classique, le mot « crime » s'emploie au sens de

« faute grave » mais pas seulement de faute à l'égard des lois de l'État ; il a son sens premier de : transgression d'une règle fondamentale de la morale.

Dénouement : la façon dont une situation, une action, une intrigue, une pièce, s'achèvent. Voir « Catastrophe » et « Nœud ».

Destin : dans la mythologie grecque, désignait une divinité qui décide du sort des hommes sans qu'ils puissent y échapper ni le modifier. Les oracles étaient les messages – toujours ambigus – par lesquels le destin était signifié aux hommes. En français, le sens s'est affaibli jusqu'à signifier : le futur de quelqu'un. Mais en français classique et aujourd'hui encore dans nombre de ses emplois, le mot est lié à l'idée de fatalité et s'oppose à « providence ».

Diégèse, *diégèsis* : en grec, le récit. On oppose le récit proprement dit, ou *diégèsis* pure, c'est-à-dire celui où le narrateur seul a la parole et jamais les personnages, et les « scènes » ou moments mimétiques, où les personnages parlent et non plus le narrateur. Mais à noter qu'au sens le plus général de « mimèsis », le récit ou diégèse est un des moyens de la *mimèsis* entendue comme « représentation » (**47**).

Dieux : le terme est employé dans la tragédie classique et dans ses imitations modernes en référence à la religion grecque, qui croyait à une pluralité de dieux. Il est aussi, souvent, une simple interjection. Enfin, dans la tragédie française, les dieux antiques sont souvent une façon de désigner l'idée de divinité, puisqu'il était interdit, ou mal vu du moins, de représenter le dieu chrétien et la providence sur la scène théâtrale ; les « dieux » étaient alors une figure de la providence.

Exposition : au théâtre, partie initiale de la pièce – le premier acte, au moins les premières scènes, parfois le premier acte et le début du second – où sont données au spectateur toutes les informations nécessaires pour comprendre la suite de l'action. L'exposition est suivie du « nœud » (voir ce mot) de l'action.

Fatalité : le *fatum*, c'est, en latin, le sort auquel l'homme ne peut échapper. La fatalité serait donc la force supra-humaine qui détermine le devenir d'un personnage. Couramment appliquée à la tragédie, cette notion est discutée (**40**).

Fierté : en français classique, plutôt que l'attitude de dignité, le mot est employé en langage soutenu avec le sens d'origine latine de son doublon « férocité » (voir aussi par exemple l'espagnol *fiera* : bête sauvage).

Foi : la parole donnée. Dans *Phèdre* de Racine, par exemple, il ne s'agit pas du sens religieux (le fait de croire en un dieu), mais du sens premier – celui que l'on retrouve dans « confiance » : la parole donnée est un engagement qui ne peut être remis en cause.

Fortune : désigne le sort ; dans la tradition, la Fortune est une divinité qui détermine ce qui arrive à chaque homme, mais est représentée sous l'aspect d'une femme aux yeux recouverts d'un bandeau : elle est « aveugle », donc injuste selon le jugement des hommes. Elle est aussi instable, changeante, souvent représentée par l'image de la Roue : après un temps de prospérité, elle frappe et fait perdre tous les avantages, sans raison logique apparente.

Funeste : qui cause la mort, ou du moins le malheur.

Fureur : en latin, le *furor* est l'état d'une personne qui a perdu le contrôle de soi ; dans cette culture, on considérait que c'étaient les dieux qui aliénaient de la sorte l'esprit des hommes. En français classique, « fureur » désigne un état de trouble profond et incontrôlable.

Genre : catégorie d'œuvres, de textes. La recherche est divisée entre l'idée qu'il y aurait des genres universels et celle qu'il n'y aurait que des cas historiques plus ou moins généraux. L'idée qu'il puisse y avoir des genres universels et éternels conduit à en formuler les « règles ».

Héros : au sens propre, un être dont l'un des parents est humain et l'autre divin – comme Achille, Hercule... Au sens moderne, celui qui accomplit un exploit extraordinaire, et souvent qui se sacrifie ou du moins se met en danger pour cela. Souvent, le prix de cet exploit est l'*hybris*. En un sens plus faible, qui s'est banalisé, les personnages principaux d'une pièce ou d'une histoire.

Histoire tragique : genre littéraire apparu à la fin du XVIe siècle, et qui comporte un récit d'un fait divers malheureux et sanglant, suivi souvent d'une leçon de morale à en tirer. Genre extrêmement prolifique, sous ce nom ou sous celui plus vague et général de « nouvelles ».

Humeurs : dans la médecine antique, et encore dans la médecine de l'âge classique, l'opinion dominante était que le corps était régi par les « fluides » qui y circulent, les « humeurs ». On distinguait quatre humeurs : le sang, le flegme – ou lymphe – la bile jaune et la bile noire. Le dosage des humeurs donnait un « tempérament » à chacun. Trop de sang fait l'emportement – mais le sang est aussi source de courage et de force d'âme –, trop de bile la colère, trop de flegme la faiblesse, et la bile noire était la source de la mélancolie, tendance à la tristesse, la dépression, la folie. Les humeurs provoquaient donc les « passions » (voir ce mot).

Hybris : en grec, a le sens de « démesure ». L'idée générale en ce temps était que l'homme de bien est équilibré à tout point de vue, que tout déséquilibre est signe d'un danger. L'*hybris* est un déséquilibre dû à un emportement par excès de « fierté » ou d'« orgueil », parfois provoqué par la volonté des dieux, emportement qui mène à vouloir dépasser sa condition, voire à vouloir s'égaler aux dieux ou à les défier.

Machines (tragédies à...) : à l'âge classique en France, « machines » désigne les appareillages utilisés dans un théâtre pour produire des effets scéniques « spéciaux » (personnages qui s'envolent sur des chariots de feu, terre qui s'ouvre sur les flammes de l'enfer, etc.). Ces procédés étaient utilisés dès le Moyen Âge dans les mystères – pièces à sujet religieux. La tragédie à machines renonce au « vraisemblable » pour susciter le spectaculaire. Elle a été suivie par l'opéra. Elle était très prisée, notamment dans les fêtes de cour.

Mélodrame : genre qui se développe au XVIIIe et surtout au XIXe siècle. Le mot signifie d'abord : alliance de chant et de musique (« mélo ») et de drame. Ensuite, il désigne un récit ou surtout une pièce où les personnages sont mis dans des situations pathétiques.

Merveilleux : au sens premier, ce qui relève d'un ordre surhumain, donc de l'intervention des dieux dans l'univers des hommes. Les miracles, les oracles, les prodiges. Il suscite l'« admiration ». Souvent confondu, à tort, avec le fantastique, qui désigne seulement l'étrange inexplicable.

Mimèsis : en grec, l'art de représenter – au sens premier : imiter. Les moyens peuvent en être divers. Les Grecs et les classiques après eux considéraient que tout art est « mimétique ». En un sens plus restreint, une des figures du récit.

Mythe : en grec, *mythos* signifie « récit » (et s'oppose à *logos* qui signifie « propos raisonné »). Par là, on entend : récit fictif et fabuleux. Les mythes concernaient d'abord les dieux et les héros (voir ce mot) et, plus largement, croyance commune et confuse exprimée par un récit.

Néfaste : du latin *nefas*, crime, signifie : qui cause du malheur, voire la mort.

Nœud : on appelle « nœud de l'action » le moment où toutes les données sont agencées de telle façon que les événements ne peuvent ensuite que s'enchaîner, où une question est posée qui exige réponse. Par exemple, Antigone sera-t-elle mise à mort ou acceptera-t-elle de se plier à la loi édictée par Créon ? C'est le moment où la « machine infernale » – selon le mot de Cocteau – de la tragédie se met en marche.

Opéra : genre théâtral musical. Le nom vient de l'italien (*opera* : œuvre), l'opéra étant né en Italie d'où il passe en France à partir du XVIIe siècle, et prend la suite de la « tragédie à machines ». Désigne spécialement alors des pièces à sujets mythologiques, qui concurrencent la tragédie (**22**).

Orgueil : dans la culture chrétienne, l'orgueil est le péché qui consiste à être trop fier et confiant en soi. Il est, dans la tragédie, une façon moderne de signifier l'*hybris*.

Passions : les « troubles de l'âme » en français classique, ce dont on souffre (voir le verbe « pâtir ») comme d'un déséquilibre. La médecine antique et classique considérait que les mouvements affectifs étaient dus aux mouvements des « humeurs », sources physiques de déséquilibres psychiques, ou « passions ». Le mot dépasse donc de loin le seul cas de la passion amoureuse.

Pitié : un des deux sentiments que la tragédie ou les œuvres tragiques devaient éveiller chez le spectateur ou le lecteur pour susciter la catharsis. La terreur, ou crainte, ou effroi, naît de la menace qui pèse sur les héros, et le spectateur éprouve pour eux de la compassion ou pitié en les voyant tomber dans un malheur qu'ils n'ont pas pleinement mérité.

Protagoniste : en grec, « celui qui agit en avant » ; de là, les personnages principaux d'une action, d'une pièce, d'un récit.

Registre : un mode d'expression, lié à un registre de langage ou un « style », et à un type de contenu et surtout d'effet sur les destinataires. Plus profondément, une façon de considérer et qualifier des faits ou situations – vrais ou fictifs.

Règles : dans la dramaturgie classique en France, la tragédie était soumise à un certain nombre de principes : l'unité de temps, l'unité de lieu, l'unité d'action ; on les désigne couramment sous le nom de « règles des trois unités ». Il existait aussi des règles de bienséance : ne pas montrer ce qui peut choquer le spectateur, et montrer les personnages sous un aspect cohérent ; et des règles de vraisemblance : que ce qui est montré soit crédible et sans contradictions ni sans abus des effets de hasards ou de « miracles ».

Style : le mot a évolué avant de prendre son sens actuel en littérature : manière personnelle marquante d'écrire ; il signifiait en français classique soit la manière convenant à un genre (on pouvait ainsi parler par exemple de style satirique, tragique, etc.) soit, plus globalement, les registres d'expression : le « grand (ou "héroïque", ou "soutenu") style », le « style moyen », le « style bas ou familier ». On voit donc que pour partie l'ancien emploi de « style » recoupe le sens de « registre ». Le style tragique était une manière soutenue de traiter de sujets graves et malheureux.

Terreur : sentiment de peur extrême. Un des deux sentiments que, selon la tradition instaurée par Aristote, la tragédie doit éveiller chez le spectateur pour amener à la catharsis (voir ce mot).

Transport(s) : en français classique, mouvement affectif violent, qui met (« transporte ») hors de soi ; quasi synonyme de « folie ».

Unités : la dramaturgie classique considérait qu'une pièce devait représenter une action, et une seule, se déroulant en vingt-quatre heures et en un seul lieu, afin que les spectateurs aient le sentiment que le spectacle était « vraisemblable ».

Principaux personnages historiques et mythologiques figurant dans l'anthologie

Agrippine la Jeune : impératrice romaine du Ier siècle après J.-C. Elle était l'arrière-petite-fille d'Auguste, fondateur du régime impérial. Elle épousa en 49, en troisièmes noces, son oncle Claude, empereur. De son premier mariage, elle avait eu un fils, Néron, qu'elle fit adopter par Claude qui le désigna comme son successeur. Elle voulut gouverner sous le nom de son fils. Mais celui-ci la fit assassiner en 59 apr. J.-C. Racine en a fait un des protagonistes de sa tragédie *Britannicus*.

Ajax : héros mythique de l'*Iliade* (épopée homérique de la guerre de Troie). Il était l'un des chefs grecs, réputé pour sa force et sa vaillance. Après la mort d'Achille, Ulysse et lui se disputèrent les armes de celui-ci. Les Grecs tranchèrent en faveur d'Ulysse. Ajax devint furieux, et, pris de délire, tua le troupeau de bétail du ravitaillement de l'armée grecque en croyant tuer ses rivaux. Revenu à la raison, il se suicida. Sophocle en a fait le protagoniste d'une de ses tragédies.

Andromaque : personnage mythique célèbre dans l'épopée de l'*Iliade* (récit de la guerre de Troie), épouse d'Hector, chef militaire des Troyens. Elle fut l'exemple même de l'amour conjugal et de l'amour maternel pour leur fils Astyanax. Racine en a fait l'héroïne de sa tragédie *Andromaque*, mais avant lui Euripide en a fait un personnage de sa tragédie des *Troyennes*, et Virgile la mentionne dans son épopée de l'*Énéide*. Au xxe siècle, Giraudoux reprend ce personnage dans sa tragédie *La guerre de Troie n'aura pas lieu*.

Antigone : personnage mythique, fille d'Œdipe (voir ce nom) et de Jocaste. Selon la légende, lorsque Œdipe, ayant découvert son crime, se creva les yeux, elle lui servit de guide. Puis, lorsque ses frères s'entre-tuèrent, elle veilla à ensevelir Polynice, contre l'interdiction qui en avait été promulguée. Elle est donc un exemple de la piété filiale et fraternelle. De nombreux auteurs en ont fait une protagoniste de leurs tragédies, dont Sophocle (textes 3 et 4), Racine (*La Thébaïde*), Anouilh (**28** et **29**).

Antiochus : nom de nombreux rois de Syrie. Racine dans *Bérénice* fait un de ses personnages d'un roi du petit État indépendant de la Comagène (nord de la Syrie) qui fut absorbé par l'Empire romain sous Vespasien (fin des années 60 apr. J.-C.).

Ariane : personnage mythique, fille de Minos, roi de Crète, et de Pasiphaé (voir ce nom) et sœur de Phèdre (voir ce nom). Lorsque Thésée se rendit en Crète pour combattre le Minotaure, elle en devint amoureuse et l'aida en lui donnant un fil conducteur (le « fil d'Ariane ») pour se retrouver dans le Labyrinthe qui abritait le monstre. Thésée l'emmena ensuite avec lui, puis l'abandonna au retour, sur l'île de Naxos.

Britannicus : fils de l'empereur romain Claude et de Messaline, né en 42 apr. J.-C., il fut écarté du trône au profit de Néron, qui le fit empoisonner en 56. Racine en a fait le héros éponyme de sa tragédie *Britannicus*, en modifiant les durées (il le représente plus âgé qu'il n'était en réalité, et engagé dans un amour avec Junie, qui est de son invention).

Burrhus : militaire et préfet du prétoire à Rome, il fut précepteur de Néron, et son conseiller ; Néron le fit assassiner en 62. Personnage de la tragédie de Racine *Britannicus*.

Cassandre : personnage mythique de la guerre de Troie ; fille de Priam et d'Hécube (voir ce nom), elle avait le don de prophétie et annonça la défaite de Troie. Elle fut emmenée captive par les Grecs. Héroïne de nombreuses pièces, dont *Les Troyennes* d'Euripide et, au xxe siècle, *La guerre de Troie n'aura pas lieu*, de Giraudoux (**26**).

Christophe (Henri) : né en 1767 dans une famille en servitude, il fut un des leaders du soulèvement des Noirs en Haïti lors de la révolution en 1790. Les chefs de celle-ci, Toussaint Louverture et Dessalines, le protégèrent. Il prit le pouvoir sur une partie de l'île et se fit couronner roi en 1811, au Cap-Haïtien. Son règne fut tyrannique, semble-t-il. Il se suicida en 1820, devant la révolte de ses sujets. Protagoniste de la tragédie écrite par Aimé Césaire (**30**).

Claude : né en 10 av. J.-C., empereur de Rome de 41 à 54. Époux de Messaline, puis d'Agrippine, et père de Britannicus (voir ces noms), il était réputé instruit mais faible de caractère (son nom était devenu une injure populaire signifiant « sot »).

Créon : personnage mythique, frère de Jocaste et donc beau-frère d'Œdipe (voir ce nom) ; après qu'Œdipe eut été banni et que ses fils se furent entretués, il accéda au pouvoir. Protagoniste de nombreuses tragédies consacrées à Œdipe et, plus encore, à Antigone (voir ce nom) : Sophocle (**3**, **4**), Anouilh (**28**, **29**).

Dionysos : dieu grec d'origine orientale, dieu de la vigne, du vin, et des réjouissances où une part de folie a place. Il était un des dieux réputés inspirer les créations théâtrales.

Égée : personnage mythique, qui fut roi d'Athènes et père de Thésée. Il avait tué un fils de Minos, roi de Crète, et en punition, celui-ci exigea qu'Athènes donne chaque année sept jeunes gens et sept jeunes filles sacrifiés au Minotaure. Thésée alla tuer le monstre. À son retour, il ne hissa pas le signal convenu pour annoncer sa victoire et son père se jeta dans la mer qui est depuis appelée mer Égée. Égée est un personnage cité dans les pièces dont Thésée est le héros (dont *Phèdre* de Racine).

Électre : personnage mythique, fille d'Agamemnon et de Clytemnestre ; son père, chef des Grecs durant la guerre de Troie, fut tué par sa mère à son retour ; elle s'employa à le venger, avec son frère Oreste. Très souvent personnage des pièces consacrées à Oreste, elle est la protagoniste de la tragédie éponyme de Giraudoux.

Faust : personnage mi-historique mi-légendaire : la légende s'inspire de faits advenus en Allemagne au XVIe siècle. Très vite devenu un héros mythique de diverses pièces de théâtre, il est en particulier le protagoniste de celle de Goethe (**23**). Il était réputé sorcier, et accusé d'avoir pactisé avec le diable (voir Méphistophélès).

Hamlet : prince du Jutland, qui aurait vécu au IIe siècle, connu davantage comme héros légendaire que comme personnage historique. On dit qu'il aurait feint la folie pour venger son père assassiné. Protagoniste de l'œuvre éponyme de Shakespeare (**9**, **10**), qui transpose les faits en son temps.

Hector : personnage mythique de la guerre de Troie. Fils du roi troyen Priam, époux d'Andromaque et père d'Astyanax. Chef militaire des Troyens, il fut sur le point de vaincre les Grecs, puis fut tué par Achille. Cité dans de nombreuses œuvres concernant la guerre de Troie, et dans les tragédies consacrées à Andromaque, il est un protagoniste de *La guerre de Troie n'aura pas lieu*, de Giraudoux (**26**).

Hécube : personnage mythique, reine de Troie, épouse de Priam et mère d'Hector (voir ce nom) ; elle fut emmenée captive par les Grecs. Protagoniste des *Troyennes* d'Euripide.

Hippolyte : personnage mythique, né d'un mariage de Thésée avec une reine du peuple légendaire des Amazones. Il était réputé sportif, grand chasseur, et désireux de se vouer à la chasteté par contraste avec les nombreuses aventures amoureuses de son père. Protagoniste de la légende de *Phèdre* reprise par Racine (**16** et **17**).

Junie : personnage inventé par Racine pour sa tragédie *Britannicus* (**15**), bien qu'il s'en défende dans sa préface. Descendante d'Auguste, fondateur de l'Empire, elle aurait été selon sa fiction amoureuse de Britannicus.

Locuste : célèbre à Rome comme empoisonneuse, elle fut mise à mort sur ordre impérial en 68 apr. J.-C. Racine la mentionne dans *Britannicus* (**15**).

Macbeth : roi d'Écosse qui régna de 1040 à 1057. Il avait pris le pouvoir par traîtrise. Shakespeare en a fait le héros de son œuvre éponyme, en donnant large part à la fiction (**11**).

Méphistophélès : un des noms du diable ; plus exactement, un des démons envoyés par le diable sur la terre selon la légende. Protagoniste du *Faust* de Goethe (**23**).

Narcisse : personnage historique pris comme protagoniste dans *Britannicus* de Racine (à ne pas confondre avec le personnage mythique homonyme, qui était obsédé de sa beauté). Esclave affranchi de l'empereur Claude (voir ce nom) qui en fit son conseiller, il fut tué sur ordre d'Agrippine en 51 (en en faisant le confident de Britannicus et l'espion de Néron, Racine a donc modifié l'histoire selon les besoins de son intrigue).

Néron : fils d'Agrippine (voir ce nom), il fut empereur de Rome de 54 à 68 apr. J.-C. Adopté par Claude (voir ce nom), il lui succéda et régna d'abord avec bienveillance, puis devint tyrannique et fit tuer ceux qui le gênaient. Se voulait amateur d'art, de musique et de poésie. Il fut chassé par une révolte et se suicida. Protagoniste du *Britannicus* de Racine (**15**).

Œdipe : personnage mythique, au centre d'un des mythes les plus célèbres de la culture grecque. Fils de Laïos et de Jocaste, souverains de Thèbes, un oracle annonça à sa naissance qu'il serait cause de la mort de son père et épouserait sa mère. Ses parents le confièrent à un esclave pour que le bébé fût laissé à l'abandon dans la montagne, livré aux bêtes sauvages, les pieds liés (Œdipe signifie : « pied enflé »). Recueilli par un berger, il fut amené aux souverains de Corinthe qui l'adoptèrent. Mais ayant appris l'oracle le concernant, il les quitta pour éviter de commettre des forfaits envers ceux qu'il croyait être ses vrais parents. Parti à l'aventure, il se trouva dans un défilé montagneux en conflit avec un voyageur et ses serviteurs, qui ne voulaient pas lui céder le passage. Il les tua tous, ignorant que ce voyageur était en fait son propre père. Puis, apprenant qu'un monstre – le Sphinx – terrorisait la ville de Thèbes, il alla l'affronter : le Sphinx soumettait les passants à des énigmes, et dévoraient ceux (tous, bien sûr) qui ne savaient les résoudre. Œdipe y réussit et tua le Sphinx. Il fut porté au trône de Thèbes, la reine Jocaste ayant promis d'épouser celui qui délivrerait la ville. Ils eurent plusieurs enfants. Mais ensuite la peste s'abattit sur la cité. La cause en était, selon les prêtres, l'assassinat impuni de Laïos. Œdipe engagea une enquête, et, découvrant sa culpabilité, il se creva les yeux et se bannit. Sa fille Antigone resta avec lui pour le guider. Réfugié près d'Athènes, il y fut innocenté : voir texte **7**. Ses fils jumeaux, Étéocle et Polynice, se disputèrent le trône et s'entre-tuèrent : voir Antigone. La légende d'Œdipe a donné le sujet de très nombreuses œuvres : textes **7**, **28**, **29**, entre autres.

Œnone : selon la fiction de Racine dans *Phèdre*, nourrice (donc bien : celle qui a donné son lait) de Phèdre (voir ce nom) : texte **16**.

Ophélie : personnage de fiction, inventé par Shakespeare dans *Hamlet* (**9** et **10**) mais devenu si célèbre qu'elle fait depuis partie de la mythologie européenne moderne.

Pasiphaé : personnage mythique, descendante du Soleil. Épouse de Minos, roi de Crète, elle était persécutée par Aphrodite : celle-ci lui inspira une passion délirante pour un taureau blanc. Pasiphaé fit construire un faux corps de génisse, se plaça à l'intérieur et eut des rapports sexuels avec l'animal. Il en naquit un monstre, homme à tête de taureau, le Minotaure ; Minos fit construire par l'architecte Dédale le Labyrinthe, pour y enfermer le Minotaure, qui fut tué plus tard par Thésée (voir ce nom). Pasiphaé, symbole de la passion folle, fut la mère de Phèdre et d'Ariane (voir ces noms).

Phèdre : personnage mythologique, fille de Minos et de Pasiphaé, et donc descendante du Soleil (son nom signifie : la brillante). Aimée de Thésée, elle l'épousa. Puis elle devint amoureuse du fils que Thésée avait eu d'un précédent mariage, Hippolyte (voir ce nom). Elle symbolise dans l'œuvre de Racine qui porte son nom la passion amoureuse incontrôlable : textes **16** et **17**.

Prométhée : figure mythologique du dieu ou du génie du feu. Fils du Titan Japet et frère d'Atlas, il fut un protecteur des hommes, déroba le feu aux dieux pour le leur donner. Zeus pour le punir le fit clouer par Vulcain au sommet du Caucase, où un vautour (ou un aigle) venait lui dévorer le foie (qui se reformait sans cesse). Il symbolise les divinités civilisatrices (**1**).

Rodogune : il existe une Rodogune historique, fille d'un Mithridate roi des Parthes, et mariée en 141 av. J.-C. avec le roi de Syrie. Corneille s'en est inspiré librement pour sa tragédie du même nom (**13**).

Scédase : paysan de Leuctres – village près de Sparte ; ses filles furent violées par des nobles de Sparte et il alla en demander justice au roi de cette cité (**12**).

Sémiramis : reine légendaire de Babylone, qui domina la Perse, l'Arabie, l'Arménie, l'Égypte et la Libye. Elle créa les fameux jardins suspendus de Babylone. Mais pour accéder au pouvoir, elle avait assassiné son mari, le roi Ninus. Elle céda le trône à son fils Ninias et, selon la légende, fut transportée au ciel sous la forme d'une colombe. Protagoniste de la pièce éponyme de Voltaire (**21**).

Socrate : philosophe grec, 468-400 ou 399 av. J.-C. Immortalisé par les dialogues de Platon. Il figure la philosophie qui privilégie l'exercice de la raison sur les savoirs et sur les belles paroles. Il ne laissa aucun ouvrage. Il est considéré comme le philosophe par excellence, universel en son temps, et le père de la philosophie.

Thésée : héros mythique, roi d'Athènes. Compagnon d'Hercule, il accomplit comme lui des « travaux » (exploits... mais seulement sept et non douze), dont l'élimination du Minotaure, fils de Pasiphaé (voir ce nom). Il fut celui qui unifia Athènes en un seul royaume, mais pour cela il dut tuer les descendants de Pélops, qui étaient ses rivaux pour le trône. Personnage souvent présent dans des œuvres tragiques, il est le protagoniste de *Phèdre* de Racine (**16**). Il est ensuite le plus souvent un personnage seulement cité.

Tibère : empereur romain (14-37 apr. J.-C.) qui succéda à Auguste. Son règne fut glorieux, mais il était réputé tyrannique et cruel. Personnage de diverses tragédies, cité par Racine dans *Britannicus* (**15**).

Ulysse : héros mythologique, figure majeure des œuvres d'Homère, l'*Iliade*, épopée de la guerre de Troie, et l'*Odyssée*, qui est le récit de son retour difficile de Troie vers son île d'Ithaque dont il était le roi. Il était un des chefs grecs dans cette expédition, réputé pour son intelligence et pour son art de persuader. Il est un personnage présent dans de très nombreuses œuvres littéraires, mais rarement comme héros principal d'une tragédie. En revanche, il en est souvent un des protagonistes, comme dans *La guerre de Troie n'aura pas lieu*, de Giraudoux (**26**).

TABLE DES MATIÈRES

ÉVOLUTIONS DU THÉÂTRE TRAGIQUE : DU XVIIIe AU XXe SIÈCLE

LE TRAGIQUE DANS LA POÉSIE, LE ROMAN, L'ESSAI

Dans la même collection

Collège

La Bible (extraits) (73)
25 Fabliaux (74)
La poésie engagée (anthologie) (68)
La poésie lyrique (anthologie) (91)
Victor Hugo, une légende du 19e siècle (anthologie) (83)
Homère, Virgile, Ovide – **L'Antiquité** (textes choisis) (16)
Marcel Aymé – **Les contes du chat perché** (contes choisis) (55)
Honoré de Balzac – **La vendetta** (69)
Robert Bober – **Quoi de neuf sur la guerre ?** (56)
Évelyne Brisou-Pellen – **Le fantôme de maître Guillemin** (18)
Chrétien de Troyes – **Le chevalier au lion** (65)
Arthur Conan Doyle – **Le chien des Baskerville** (75)
Pierre Corneille – **Le Cid** (7)
Jean-Louis Curtis, Harry Harrison, Kit Reed - **3 nouvelles de l'an 2000** (43)
Didier Daeninckx – **Meurtres pour mémoire** (35)
Alphonse Daudet – **Lettres de mon moulin** (42)
Régine Detambel – **Les contes d'Apothicaire** (2)
François Dimberton, Dominique Hé – **Coup de théâtre sur le Nil** (41)
Alexandre Dumas – **La femme au collier de velours** (57)
Georges Feydeau – **Feu la mère de Madame** (47)
Émile Gaboriau – **Le petit vieux des Batignolles** (80)
William Golding – **Sa Majesté des Mouches** (97)
Eugène Labiche – **Un chapeau de paille d'Italie** (17)
Jean de La Fontaine – **Fables** (choix de fables) (52)
Guy de Maupassant – **13 histoires vraies** (44)
Prosper Mérimée – **Mateo Falcone et La Vénus d'Ille** (76)
Molière – **Les fourberies de Scapin** (4)
Molière – **Le médecin malgré lui** (3)
Molière – **Le bourgeois gentilhomme** (33)
Molière – **Les femmes savantes** (34)

Molière – **L'avare** (66)
Molière – **George Dandin** (87)
James Morrow – **Cité de vérité** (6)
Charles Perrault – **Histoires ou contes du temps passé** (30)
Marco Polo – **Le devisement du monde** (textes choisis) (1)
Jules Romains – **Knock** (5)
George Sand – **La petite Fadette** (51)
Robert Louis Stevenson – **L'île au trésor** (32)
Jonathan Swift – **Voyage à Lilliput** (31)
Paul Verlaine – **Romances sans paroles** (67)
Voltaire – **Zadig** (8)

Lycée

128 poèmes composés en langue française, de Guillaume Apollinaire à 1968 (anthologie de Jacques Roubaud) (82)
Le comique (registre) (99)
Le didactique (registre) (92)
L'épique (registre) (95)
Portraits et autoportraits (anthologie) (101)
Le satirique (registre) (93)
Guillaume Apollinaire – **Alcools** (21)
Honoré de Balzac – **Mémoires de deux jeunes mariées** (100)
Honoré de Balzac – **Ferragus** (10)
Honoré de Balzac – **Mémoires de deux jeunes mariées** (100)
Honoré de Balzac – **Le père Goriot** (59)
Jules Barbey d'Aurevilly – **Le chevalier des Touches** (22)
Charles Baudelaire – **Les Fleurs du Mal** (38)
Charles Baudelaire – **Le spleen de Paris** (64)
Beaumarchais – **Le mariage de Figaro** (28)
Béroul – **Tristan et Yseut – Le mythe de Tristan et Yseut** (63)
Pierre Corneille – **L'illusion comique** (45)
Denis Diderot – **Supplément au voyage de Bougainville** (104)
Annie Ernaux – **Une femme** (88)

Gustave Flaubert – **Un cœur simple** (58)
Théophile Gautier – **Contes fantastiques** (36)
André Gide – **La porte étroite** (50)
Goethe – **Faust (mythe)** (94)
Nicolas Gogol – **Nouvelles de Pétersbourg** (14)
J.-C. Grumberg, P. Minyana, N. Renaude – **3 pièces contemporaines** (89)
Victor Hugo – **Les châtiments** (13)
Victor Hugo – **Le dernier jour d'un condamné** (46)
Eugène Ionesco – **La cantatrice chauve** (11)
Sébastien Japrisot – **Piège pour Cendrillon** (39)
Alfred Jarry – **Ubu roi** (60)
Thierry Jonquet – **La bête et la belle** (12)
Madame de Lafayette – **La princesse de Clèves** (86)
Jean Lorrain – **Princesses d'ivoire et d'ivresse** (98)
Marivaux – **Le jeu de l'amour et du hasard** (9)
Roger Martin du Gard – **Le cahier gris** (53)
Guy de Maupassant – **Une vie** (26)
Guy de Maupassant – **Bel-Ami** (27)
Henri Michaux – **La nuit remue** (90)
Molière – **Dom Juan – Mythe et réécritures** (84)
Molière – **Le Tartuffe** (54)
Molière – **Le Misanthrope** (61)
Molière – **L'école des femmes** (71)
Montaigne – **De l'expérience** (85)
Montesquieu – **Lettres persanes (lettres choisies)** (37)
Alfred de Musset – **On ne badine pas avec l'amour** (77)
Raymond Queneau – **Les fleurs bleues** (29)
Raymond Queneau – **Loin de Rueil** (40)
Jean Racine – **Britannicus** (20)
Jean Racine – **Phèdre** (25)
Jean Racine – **Andromaque** (70)
Jean Racine – **Bérénice** (72)
Jean Renoir – **La règle du jeu** (15)

William Shakespeare – **Roméo et Juliette** (78)
Georges Simenon – **La vérité sur Bébé Donge** (23)
Catherine Simon – **Un baiser sans moustache** (81)
Sophocle - **Œdipe roi – Le mythe d'Œdipe** (62)
Stendhal – **Le rouge et le noir** (24)
Villiers de l'Isle-Adam – **12 contes cruels** (79)
Voltaire – **Candide** (48)
Émile Zola – **La curée** (19)
Émile Zola – **Au Bonheur des Dames** (49)

Cet ouvrage a été composé
et mis en pages par In Folio à Paris,
achevé d'imprimer
sur les presses de l'imprimerie Firmin-Didot
en octobre 2002.
Imprimé en France.

Dépôt légal : octobre 2002
N° d'imprimeur : 60983
ISBN 2-07-042446-4

13745